GERALD HERES

DRESDENER KUNSTSAMMLUNGEN

GERALD HERES

DRESDENER KUNST-SAMMLUNGEN

IM 18. JAHRHUNDERT

E. A. SEEMANN
BUCH- UND KUNSTVERLAG
LEIPZIG

ISBN 3-363-00464-8

INHALT

DIE DRESDENER SAMMLUNGEN IM ZEITALTER DER AUFKLÄRUNG, DES KLASSIZISMUS UND DER ROMANTIK 1763–1794

Vorwort

Die Dresdener Kunstsammlungen zählen heute zu den bedeutenden Museen der Welt und erfreuen sich eines stetig wachsenden Interesses. Hervorgegangen aus der im 16. Jahrhundert entstandenen Kunstkammer der sächsischen Kurfürsten, im Laufe des 19. Jahrhunderts zu einem modernen Museumskomplex ausgebaut, empfingen sie ihre besondere Prägung jedoch im 18. Jahrhundert. Damals wurden in vielen europäischen Residenzen Kunstwerke gesammelt, die den Grundstock großer Museen bildeten. Deutsche Fürsten waren leidenschaftliche Sammler und gaben der Museumsentwicklung entscheidende Impulse. Die Sammlungen in Wien und München, in Düsseldorf und Kassel, in Braunschweig und Salzdahlum etwa kamen den Dresdener Sammlungen an Menge und Qualität zumindest in Teilbereichen nahe oder übertrafen sie sogar. Doch in Dresden haben sich, in lebendiger Wechselwirkung mit der europäischen Museumstradition, museale Strukturen und Funktionen früh, klar und vorbildlich ausgeprägt. Dafür gibt es mehrere Gründe: ökonomischer Reichtum des Landes, kontinuierliche Kunstliebe der regierenden Fürsten, reges Bildungsbedürfnis eines aufgeschlossenen Bürgertums. Sodann hatte Dresden als Reiseziel, als Verbindungspunkt zwischen West und Ost, zwischen Nord und Süd erhebliche Bedeutung. Reisende waren früh die eifrigsten Besucher der Dresdener Sammlungen, was deren europäischen Ruhm förderte.

Das Ziel der vorliegenden Darstellung ist nicht eine Chronik der mit Ausnahme der Kunstkammer noch heute bestehenden Einzelsammlungen, auch nicht eine Provenienzgeschichte berühmter Kunstwerke – obwohl beide Aspekte gelegentlich durchaus eine Rolle spielen. Vielmehr will sie die Entwicklung der musealen Organisation schildern, die Wandlungen in Präsentation und Funktion der Sammlungen. Dabei durften die naturkundlichen Komplexe nicht ausgeklammert werden. Sie gingen aus der gleichen Quelle hervor, und bis in unser Jahrhundert wurden die »Königlichen Sammlungen für Kunst und Wissenschaft« gemeinsam verwaltet. War einerseits die Schaffung systematisch gegliederter Spezialsammlungen um 1720 eine Errungenschaft, die den aktuellen Bedürfnissen entsprach, so wurden andererseits gerade die Kunstsammlungen ziemlich spät als museale Einrichtungen begriffen: die »Gallerie der antiquen und modernen Statuen« erst 1744 unter dem Inspektorat des Bildhauers Mattielli, die Gemäldegalerie letztlich erst 1746 mit der Einrichtung des Galeriegebäudes. Das Kupferstichkabinett dagegen war zunächst, wie die naturkundlichen Komplexe, den »sciences« zugewiesen, nicht zuletzt wohl wegen des dokumentarischen Charakters vieler seiner Bestände, und wurde erst 1764 mit der Gemäldegalerie und der Skulpturensammlung dem Direktor der Kunstakademie als Zwischeninstanz unterstellt.

Naturkundliche und künstlerische Sammlungsbereiche waren aber nicht nur durch gemeinsame Unterbringung und Verwaltung, sondern auch durch Gemeinsamkeiten der Ausstattung verbunden. Die Idee der universalen Kunstkammer lebte in dem Bestreben fort, neben das Naturprodukt das daraus geschaffene Kunstprodukt zu stellen, etwa in der Animaliengalerie neben einen Elefantenstoßzahn einen Elfenbeinpokal. Heute knüpfen gemeinsame Ausstellungen des Münzkabinetts und des Grünen Gewölbes mit dem Mineralogischen Museum an diese Tradition an.

Die Geschichte der Dresdener Sammlungen wird zuerst durch die erhaltenen Bestände und Ausstattungen, dann durch Inventare und Archivalien der einzelnen Sammlungen dokumentiert. Die Generaldirektion der Königlichen Sammlungen hat 1902 ihre alten Akten an das damalige Haupt-Staatsarchiv des Königreiches Sachsen überwiesen. Gerade dieser umfangreiche Bestand, der für unsere Fragestellungen besonders ergiebig gewesen wäre, ist im zweiten Weltkrieg vernichtet worden. Im Staatsarchiv Dresden erhaltene Akten des Geheimen Kabinetts, des alten Geheimen Archivs, des Oberhofmarschallamts und der Finanzbehörden können die Lücken nur zum Teil füllen. Bilddokumente haben sich auch im Planarchiv des Instituts für Denkmalpflege erhalten.

Bei den Vorarbeiten konnte sich der Verfasser vielfacher Unterstützung erfreuen. Der Generaldirektor der Staatlichen Kunstsammlungen, Obermuseumsrat Prof. Dr. Dr. h. c. Manfred Bachmann, hat die Arbeiten des Verfassers mit Interesse verfolgt und gefördert. Ihm und den Kollegen der Gemäldegalerie, der Skulpturensammlung, des Kupferstichkabinetts, des Historischen Museums, des Grünen Gewölbes, des Münzkabinetts und der Porzellansammlung sei herzlich gedankt. Dank gebührt auch dem Direktor des Mathematisch-Physikalischen Salons, Dr. sc. Klaus Schillinger, sowie den Mitarbeitern des Staatsarchivs Dresden, der Sächsischen Landesbibliothek und der Arbeitsstelle Dresden des Instituts für Denkmalpflege.

Gerald Heres

vorhergehende Seite
Louis de Silvestre: König August II., um 1723. Leinwand. 225 × 132 cm. Gemäldegalerie Alte Meister Nr. 3945

Louis de Silvestre: König August II., Ausschnitt aus Abb. S. 10

Anton Raphael Mengs: König August III., 1745. Pastell, 55,5 × 42 cm. Gemäldegalerie Alte Meister P 173

Louis de Silvestre: Peter Robert Toparel Graf von Lagnasco, 1724. Leinwand, 146 × 119 cm. Gemäldegalerie Alte Meister Nr. 3960

Louis de Silvestre: Jakob Heinrich Graf von Flemming, nach 1728. Leinwand. Verschollen, ehemals Sächsisches Armeemuseum

Johann Gottlob Matthäi: Wandfeld der Abgußhalle im Galeriegebäude. Aquarell in: Catalogue des jets de stuc, 1794, Tafel 42

Johann Gottlob Matthäi: Fensterfeld der Abgußsammlung im Galeriegebäude. Aquarell in: Catalogue des jets de stuc, 1794, Tafel 41

Innere Ansicht des Königl.
Sr: Königl: Hoheit, dem Prinzen

Sächs. Mengsischen Museums.
FRIEDRICH AUGUST, Herzog zu Sachsen.
ehrfurchtsvoll zugeeignet
von J. G. Matthaei.
Bild: u: Inspector.

vorhergehende Seiten
Johann Gottlob Matthäi: Ansicht der Abgußhalle im Galeriegebäude. Aquarell in: Catalogue des jets de stuc, 1794, Titel

Bernardo Bellotto gen. Canaletto: Dresden vom rechten Elbufer, 1748. Leinwand, 133 × 237 cm.
Gemäldegalerie Alte Meister Nr. 606

gegenüberliegende Seite
Die Brühlsche Gemäldegalerie. Ausschnitt aus Abb. S. 18

Bernardo Bellotto gen. Canaletto: Der Neumarkt mit der Gemäldegalerie. Das Bild wurde 1751 geliefert. Leinwand, 136 × 237 cm. Ausschnitt. Gemäldegalerie Alte Meister Nr. 610

Bernardo Bellotto gen. Canaletto: Der Zwingerhof. Das Bild wurde 1753 geliefert.
Leinwand, 134 × 237 cm. Gemäldegalerie Alte Meister Nr. 629

Walter Hahn: Eingangshalle im Japanischen Palais, 1914. Sächsische Landesbibliothek Dresden. Leinwand, 78 × 68 cm.

Walter Hahn: Bibliothekssaal im Japanischen Palais, 1914. Sächsische Landesbibliothek Dresden. Leinwand, 78 × 68 cm.

folgende Seite
Otto Ewel: Das Juwelenzimmer im Grünen Gewölbe. Aquarell, 32,7 × 26,5 cm.
Institut für Denkmalpflege Dresden, Inv. Nr. 494/1963

AUGUST DER STARKE UND DER AUFBAU DER DRESDENER SAMMLUNGEN

1694–1733

DRESDEN ALS RESIDENZ ZU BEGINN DES 18. JAHRHUNDERTS. Der kunstliebende Besucher Dresdens kennt die Gemäldegalerie und das Kupferstichkabinett, das Grüne Gewölbe und das Historische Museum, die Porzellansammlung und den Mathematisch-Physikalischen Salon. Er weiß, daß die Sammlungen museale Strukturen des 18. Jahrhunderts überliefern und daß sie mit dem Namen eines Fürsten verbunden sind, der sie unverwechselbar prägte: Kurfürst Friedrich August I. von Sachsen, als August II. König von Polen, allbekannt aber als August der Starke.

Mehrere Voraussetzungen trafen zusammen, um bald nach 1700 in Dresden einen Museumskomplex wachsen zu lassen, der seinen Rang durch zwei Jahrhunderte behaupten konnte. Da waren zunächst die wissenschaftlichen und künstlerischen Interessen des Königs und seine Sammelleidenschaft; da war die gesteigerte repräsentative Funktion der Kunst, vor allem der Plastik und der Malerei, in einer glanzvollen, an den großen Zentren Europas orientierten Hofhaltung; da war schließlich eine Anteilnahme weiter bürgerlicher Kreise, die der König berücksichtigen mußte. So blieben die Dresdener Sammlungen nicht auf die höfische Sphäre beschränkt, sondern entwickelten sich zu musealen Institutionen mit großer Publikumswirksamkeit. Dieser Prozeß läßt sich in mehreren Phasen bis in die Gegenwart verfolgen.

Als der junge Kurfürst Johann Georg, der vierte seines Namens, im April 1694 unvermutet starb, folgte ihm sein vierundzwanzigjähriger Bruder Friedrich August in der Regierung.[1] Liebenswürdig und leidenschaftlich, tollkühn und kunstbegeistert war der Prinz, Schulung und Erfahrung in der Staatsverwaltung besaß er nicht. Aber neben Temperament und Phantasie, die ihn oft hinrissen, verfügte er durchaus auch über Realitätssinn, konnte sich bescheiden und Kompromisse schließen, wenn es nötig war.

Das Kurfürstentum Sachsen hatte sich gegen Ende des 17. Jahrhunderts von den Zerstörungen des Dreißigjährigen Krieges erholt und dank seiner Wirtschaftskraft zu einem der wichtigsten Länder im Verband des Heiligen Römischen Reiches Deutscher Nation entwickelt.[2] Die politische Verfassung hatte mit dieser Entwicklung nicht Schritt gehalten. Trotz aller Bemühungen der Kurfürsten, die Privilegien des Adels zu beschränken, hatten die Stände ihre Machtstellung behauptet: Sie bewilligten und verwalteten Steuern, konnten Landtage einberufen und sich dem Willen des Landesherrn widersetzen. In zähem und wechselvollem Ringen mit den Ständen versuchte Friedrich August, eine absolutistische Zentralgewalt aufzubauen, wie sie etwa in Brandenburg bereits weitgehend verwirklicht war. Dazu dienten neue Behörden und ein neues Steuersystem; prachtvolle Hofhaltung und Pflege kurfürstlicher Institutionen wie der Sammlungen waren nicht zuletzt auch Demonstration absolutistischer Ansprüche.

Als 1696 der legendäre König Jan Sobieski starb, bewarb sich Friedrich August um die polnische Krone.[3] Nicht Abenteuerlust und Ruhmsucht haben ihn dazu bewogen, sondern politische und ökonomische Erwägungen, die er mit dem Kaiser in Wien ebenso abstimmte wie mit dem Kurfürsten von Brandenburg, der sich wenige Jahre später zum König in Preußen krönte.

Einen deutschen König in Polen hatte sich schon Leibniz gewünscht, und neben dem französischen Kandidaten hatte der Sachse auch drei deutsche Mitbewerber.[4] Der König wurde von der mächtigen polnischen Adelsversammlung gewählt. Durch den Übertritt zum Katholizismus, den er auf seinen Reisen kennengelernt hatte und der ihn nicht beunruhigte, und durch üppige Geldgeschenke suchte der Kurfürst die Wähler günstig zu stimmen. Es gelang ihm auch, die Mehrzahl der Stimmen zu gewinnen; er wurde im September 1697 in Kraków gekrönt und zog zu Beginn des nächsten Jahres in seine neue Hauptstadt Warszawa ein.

Am Ende seines Lebens sagte August der Starke bitter, er habe eine Dornenkrone getragen. Leicht war seine Stellung gewiß nicht. Er herrschte in zwei territorial getrennten Staaten von unterschiedlicher Struktur und Tradition. Mußte er sich in Sachsen gegen die Stände durchsetzen, so war es in Polen der selbstbewußte Adel, der dem König so wenig Macht wie nur möglich zugestand. Trotz des Königs Beteuerung, er werde »jedwedem sein Gewissen freilassen«, fürchtete man in Sachsen katholische Aktivitäten; in Polen wiederum klagte der Kardinal-Primas, die protestantischen Feldprediger der sächsischen Regimenter würden das Volk verderben. Versuche, die Regierung beider Länder zu vereinigen, waren von vornherein zum Scheitern verurteilt; nicht einmal eine gemeinsame Hofhaltung in den beiden Residenzen konnte der König durchsetzen. Dennoch haben sich in den mehr als sechs Jahrzehnten der sächsisch-polnischen Union auch fruchtbare Berührungen ergeben.[5]

Der Übertritt zum Katholizismus, zunächst ausdrücklich nur für seine Person, später auch vom Kurprinzen, endlich vom ganzen Haus vollzogen, veränderte die Position Sachsens im Reich und in Europa. Von nun an war die Heiratspolitik der Wettiner nicht mehr auf den protestantischen Norden, sondern auf den katholischen Süden und Westen gerichtet. Dies hat das Gesicht Dresdens bis ins 19. Jahrhundert geprägt. Katholisches Herrscherhaus und protestantische Bevölkerung mußten lernen, miteinander zu leben. Das erforderte eine religiöse Toleranz, die der König, in zähem Kampf mit der lutherischen Geistlichkeit, auch auf Juden und Reformierte auszudehnen bestrebt war. Sein Interesse am Judentum fand später einen musealen Ausdruck in der Aufstellung von Modellen des Salomonischen Tempels und einer Synagoge sowie von Kultusgeräten.

Als junger Prinz hatte August der Starke eine Reise durch mehrere europäische Länder unternommen. Er hatte die Höfe von Versailles, Madrid und Lissabon besucht und Kunstzentren Italiens: Mailand, Venedig, Florenz. Gern und häufig weilte er in Wien. Die Begegnung mit Landschaft und Architektur, mit höfischem Prunk und buntem Volksleben hat ihn nachhaltig beeindruckt. Neben seiner polnischen Hauptstadt sollte auch Dresden zur modernen Residenz umgestaltet werden, zumal von hier die Fäden zum Reich und zu Westeuropa leichter zu knüpfen waren als von der Weichsel. So begann für die Stadt das »Augusteische Zeitalter«. Dieser Begriff umfaßt keine historische Epoche und keine künstlerische Stileinheit, sondern bezeichnet lediglich die Zeit der sächsisch-polnischen Union, in der Dresden zu europäischer Geltung gelangte und seine höchste kulturelle Entfaltung erlebte.

Zunächst aber beanspruchten kriegerische Verwicklungen den König und seine Länder: Im Spanischen Erbfolgekrieg fochten Sachsen in den Niederlanden gegen Frankreich; im Nordischen Krieg, den August der Starke an der Seite Dänemarks und Rußlands 1700 gegen Schweden begann, überrannte Karl XII. Polen, besetzte Sachsen und erzwang 1706 im Frieden von Altranstädt Augusts Thronverzicht.[6] Nach der schwedischen Niederlage bei Poltawa gewann der König schon drei Jahre später Polen zurück, und der Besuch des dänischen Königspaares im Juni 1709 wurde von prachtvollen Festlichkeiten begleitet. Fortan zählten die Dresdener Karnevalsredouten und Opernaufführungen zu den berühmtesten in Europa.

Bis zum Beginn des 17. Jahrhunderts dominierte in Dresden die bürgerliche Renaissance-Architektur.[7] Höfische Bauten gruppierten sich um den Schloßkomplex, ein starker Festungsgürtel umzog die Stadt. Vor den Mauern dehnte sich der Große Garten mit dem eleganten Palais, das Johann Georg Starcke für Kurfürst Johann Georg II. seit 1679 errichtet hatte. Die Ausgestaltung des Gartens sollte August den Starken über Jahrzehnte beschäftigen.

In der Wahl seiner Künstler bewies der König ein sicheres Urteil.[8] Neben den führenden Architekten wie Pöppelmann und Longuelune, die während ihrer langen Tätigkeit das Gesicht der Stadt prägten, arbeiteten viele solide Baumeister, beflügelt von den hohen Ansprüchen und dem schöpferischen Fluidum. Von grandiosen Planungen wurde nur wenig realisiert, aber was vollendet wurde, zählt zu den Glanzleistungen des europäischen Barock. Der Zwinger, hervorleuchtendes Sinnbild des augusteischen Dresden, gehört zu den schönsten und eigenartigsten Ensembles, die damals entstanden. Im Japanischen Palais, dessen Vollendung der König nicht mehr erlebte, kündigt sich bereits eine klassizistische Haltung an. Beide Bauten werden in der Geschichte der Dresdener Kunstsammlungen eine besondere Rolle spielen.

Plastik und Malerei haben ihren gewichtigen Anteil am Dresdener Barock; die Namen Balthasar Permoser und Louis de Silvestre stehen für zahlreiche Künstler, die längere oder kürzere Zeit in Dresden tätig waren.[9] Bemerkenswert ist, daß zu den zentralen Gestalten des augusteischen Dresden ein genialer Goldschmied zählt, in dessen Umkreis die Juwelierkunst eine hohe Blüte erlebte: Johann Melchior Dinglinger.[10]

Im Jahre 1719 vermählte sich der Kurprinz Friedrich August, der spätere König August III., mit Maria Josepha, einer Tochter Kaiser Josephs I. Diese Verbindung mit dem Kaiserhaus sollte der sächsisch-polnischen Politik eine neue Dimension verleihen. Zwar hatte der regierende Kaiser Karl VI. mit der Pragmatischen Sanktion 1711 die Erbfolge für seine (auch weiblichen) Nachkommen festgeschrieben und damit die Töchter Josephs I. und deren Gatten ausgeschlossen; doch bei einer Aufkündigung dieser Sanktion durch die Kurfürsten hätte der sächsische Kurprinz seine Ansprüche geltend machen können.

Entsprechend ihrer eminenten politischen Bedeutung wurden die Hochzeitsfestlichkeiten mit großem Aufwand vorbereitet.[11] Sie dehnten sich über den ganzen September des Jahres 1719, und im Zusammenhang mit ihnen stehen umfangreiche bauliche Aktivitäten: Der Zwinger wurde als

Festplatz provisorisch vollendet, ein neues Opernhaus und ein Redoutensaal wurden ihm angefügt, das Residenzschloß und die Schlösser der Umgebung wurden für die Feiern hergerichtet.

In jener Zeit nun begann der König auch, sich intensiv mit der Reorganisation der Dresdener Sammlungen zu beschäftigen. Bis zu seinem Tode mühte er sich in immer neuen Projekten, eine optimale Gliederung und Aufstellung aller Sammlungsbereiche durchzusetzen. Dabei bewährte sich seine Fähigkeit, Probleme von allen Seiten zu sehen und originelle Lösungen zu finden. Standen zunächst noch Aspekte der Repräsentation und spezielle Sammelinteressen im Vordergrund, so entwickelte August der Starke im Laufe weniger Jahre einen eminenten Sinn für museale Spezifik.

Die Museumsprojekte des Königs blieben auf Dresden beschränkt; an die Gründung von Sammlungen in Warschau hat er offenbar nicht gedacht. Das alte Warschauer Königsschloß war ihm lediglich zur Nutzung überlassen, er konnte es nicht einmal nach freiem Willen umbauen.[12] Als er dann später Grundbesitz erwarb und den großzügigen Ausbau des Sächsischen Palais plante, gab es in den Entwürfen wohl eine Bibliothek, eine Galerie für Gemälde und »Antiquités de Sculpture«, auch ein »Chambre des bijoux« – aber alles dies gehörte zur Hofhaltung und war nicht als museale Institution gedacht.[13] Für eine solche fehlte in Warschau offenbar noch das gesellschaftliche Bedürfnis, wie es sich in Dresden seit Jahrzehnten entwikkelt hatte.

* * *

DIE MUSEALE TRADITION IN DRESDEN. Nachdem Herzog Moritz von Sachsen 1547 die Kurwürde für die albertinische Linie des Hauses Wettin gewonnen hatte, begann er mit dem Ausbau Dresdens zur Residenz. Bereits sechs Jahre später erlag er den Wunden, die er im Kampf gegen ein kaiserliches Heer empfangen hatte. Die Regierung übernahm sein siebenundzwanzigjähriger Bruder August, der in drei Jahrzehnten des Friedens nicht nur Wirtschaft und Verwaltung des Landes organisierte, sondern, selbst Leipziger Student und begeisterter Lateiner, auch Wissenschaften und Künste förderte.[14] Von seinen Büchern soll er gesagt haben: »Dergleichen Schachte und Stolln sind mir lieber denn alle Erzminen zu Freiberg und Wolkenstein« – ohne die er freilich kaum in der Lage gewesen wäre, eine umfangreiche Bibliothek zusammenzubringen, die zuerst im Dresdener Residenzschloß, später in Annaburg aufgestellt war, nach dem Tode des Kurfürsten 1586 jedoch wieder nach Dresden zurückkehrte.[15]

Eine andere bedeutsame Gründung des Kurfürsten blieb kontinuierlich mit der Residenz verbunden: die Kunstkammer. Mit dem Aufbau einer solchen Sammlung folgte August durchaus den Tendenzen seiner Zeit, leitete aber in Dresden eine Tradition ein, die über Jahrhunderte fortwirken sollte.

Seit den Anfängen des Humanismus hatten Künstler und Gelehrte Antiken gesammelt.[16] Patrizier und Fürsten schufen um die Mitte des 16. Jahrhunderts Sammlungen, die geistige Strömungen der Zeit, Finanzkraft und Marktlage, und natürlich Neigungen der Besitzer widerspiegelten. Die humanistische Tradition kannte keine strikte Trennung von Natur und Kunst, wie der hochgeschätzte Plinius in seiner Naturgeschichte nicht nur die physikalischen und chemischen Eigenschaften der Stoffe beschrieb, sondern auch ihre daraus resultierende Verwendung in Kunst und Handwerk.[17] Ulisse Aldrovandi, Professor zu Bologna, trug in seinen »Statue antiche per tutta Roma« (1556) den Antikenbestand der Ewigen Stadt zusammen und plante zugleich ein Werk über das gesamte Naturreich, das er auch in einer musealen Sammlung dokumentierte.[18]

Die Theorie des Museums als Widerspiegelung des Universums hat grundlegend Samuel van Quiccheberg formuliert.[19] Der holländische Arzt hatte die italienischen Sammlungen kennengelernt, ehe ihn Herzog Albrecht V. von Bayern 1553 mit dem Aufbau und der Verwaltung seiner Kunstkammer betraute. Die Bezeichnung Kunstkammer für eine universal orientierte Sammlung mit dem Schwerpunkt bei Erzeugnissen von Kunst und Handwerk (Artificialia), nachweisbar erstmals 1576 für die Münchener Sammlung, hat sich im deutschen Sprachraum über Jahrhunderte erhalten.[20]

Quiccheberg entwarf in seinen »Inscriptiones vel tituli theatri amplissimi« (1565) ein ideales Museum, ein »theatrum«, ohne jedoch bei abstrakter Systematik zu beharren; als Praktiker kannte er dynastische Interessen, Neigungen und Möglichkeiten der Sammler, auch die Marktsituation. Er betonte den enzyklopädischen Charakter des Museums, das er mit einer Bibliothek verbunden wissen wollte; es hatte weniger der Schaulust zu dienen als der Bildung, auch der praktischen Tätigkeit. Zunächst aber ist das »Theatrum« ein Denkmal des Besitzers, in Quicchebergs Modell eines christlichen Fürsten. So beginnt die erste Klasse mit den Denkmälern der Religionsübung, des Landesherrn und seiner Familie, des Territoriums. Die zweite Klasse vereint Skulpturen, Münzen und kunsthandwerkliche Dinge; die dritte ist der Naturkunde gewidmet; die vierte enthält Instrumente, Werkzeuge, Waffen, Kostüme; die fünfte schließlich Gemälde und Kupferstiche.[21]

Quiccheberg bedachte auch die Präsentation der Objekte; so betonte er, daß kleinere Gemälde über alle Sammlungsräume verteilt werden sollten – wie es in der Dresdener Kunstkammer geschah.

Die Kunstkammer Albrechts V., aus deren Anlage Quiccheberg seine Erfahrungen vor allem schöpfte, wurde 1558 nach München gebracht; der Herzog ließ für sie 1563–1567 ein eigenes Gebäude im Verband der Münchener Residenz errichten, dem zur Aufstellung antiker Plastik das Antiquarium folgte – lange Zeit das einzige autonome Antikenmuseum nördlich der Alpen.[22]

Für die Dresdener Kunstkammer ist als Gründungsjahr 1560 überliefert, allerdings nur in einer Sekundärquelle; archivalische Belege wurden bislang nicht bekannt.[23] Der Aufbau einer Kunstkammer läßt sich ohnedies nicht auf ein Jahr festlegen; wenn die Sammlung als Institution fixiert wird, muß ein beträchtlicher Bestand bereits vorhanden sein. Eine Anregung aus München ist wahrscheinlich, zumal Kontakte nachweisbar sind: Aus dem Besitz des Herzogs Wilhelm von Bayern gelangten antike Münzen nach Dresden, und Jacopo da Strada, als Antiquar lange im Dienst der Bayernherzöge, wurde vom Kurfürsten August 1576 nach Dresden geladen.[24] Auch Beziehungen des Kurfürsten zu Kaiser Rudolf II., der auf der Prager

Burg eine der großartigsten Sammlungen der Zeit anlegte, blieben nicht ohne Einfluß; bekanntlich ist die berühmte Smaragdstufe des Grünen Gewölbes ein Geschenk des Kaisers[25]. Doch entscheidend waren gewiß nicht Anregungen von außen, sondern die Erfordernisse des Landes: Kursachsen war reich, verfügte über bedeutende Bodenschätze und über Traditionen in Bergbau, Industrie und Wissenschaft, die der Landesherr nutzen und fördern mußte, und in diesem Zusammenhang steht auch die Gründung der Dresdener Kunstkammer.[26]

Im Gegensatz zu den Sammlungen in München und Ambras war die Dresdener Kunstkammer nicht in einem separaten Gebäude oder Schloßflügel untergebracht, sondern blieb auch im 17. Jahrhundert auf einige nicht einmal repräsentative Räume im dritten Stock des Residenzschlosses beschränkt.[27] Nach dem Tode des Kurfürsten August ließ sein Sohn und Nachfolger Christian I. ein Inventar anfertigen, das einen Überblick über die Bestände und ihre Unterbringung vermittelt.[28]

Die Sammlung war ohne erkennbare Systematik auf fünf Zimmer verteilt, von denen zwei durch ein Zwerchdach abgeschrägte Außenwände hatten. Im Bestand sind alle fünf Klassen Quicchebergs vertreten, jedoch in unterschiedlichem Umfang. Die erste Klasse ist klar akzentuiert, zumal sich viele Objekte der übrigen Klassen hier einordnen lassen, sofern sie mit Religion, Dynastie und Territorium zusammenhängen, wie etwa Landkarten, Porträts, persönliches Gerät oder eigenhändige Produktionen des Kurfürsten. Schmal und eher zufällig ist der Bestand an eigentlichen Kunstwerken; zum großen Teil handelt es sich dabei um Präsente befreundeter Fürsten. Neben kostbaren Möbeln finden sich Bronzen von Giovanni da Bologna und Alabasternachbildungen der Liegenden von Michelangelos Medicigrab. Bedeutend ist der Bestand an Schnitz- und Drechselwerken aus Elfenbein, da sich August für Elfenbeinarbeit besonders interessierte, auch selbst an der Drehbank tätig war. Unmittelbar über der Kunstkammer lag der Arbeitsraum der Hofdrechsler.

Gemälde finden sich in jedem Zimmer; es sind überwiegend Fürstenporträts, Stadtprospekte, biblische Historien und Darstellungen besonderer Tiere. Ansehnlich ist die Menge der Karten, Pläne und Modelle, auffallend gering dagegen die Zahl der Naturalien. Neben Hirschgeweihen und Gemsengehörnen, also Jagdtrophäen, dem als »Einhorn« geschätzten Narwalzahn und einigen Konchilien und »Seegewächsen« findet sich eine von Giovanni Maria Nosseni angelegte Kollektion sächsischer Mineralien.[29]

Den Schwerpunkt der Dresdener Kunstkammer bildeten damals Werkzeuge und Instrumente, wie sie Quiccheberg seiner vierten Klasse zuordnet: Schreib- und Reißzeuge, physikalische und astronomische Meßgeräte, Druck- und Prägezeuge, Gartengerät und chirurgische Instrumente, Uhren und Automaten – sämtlich meisterliche Arbeiten, oft wahre Wunder der Technik. Vieles davon hat der Kurfürst persönlich benutzt, auch ausgeliehen. Noch am Ende des 17. Jahrhunderts war ein Kenner, der Mathematiker und Architekt Leonhard Christoph Sturm, in der Dresdener Kunstkammer vor allem von der Menge und Qualität der Instrumente beeindruckt, »die man sonst nirgend solcher gestalt zu sehen bekömmt«.[30]

Zur Kunstkammer gehörte eine erlesene Spezialbibliothek von 288 Bänden, überwiegend Schriften zur Mathematik, Astronomie, Geographie und Technik; andere Wissensgebiete waren in der kurfürstlichen »Librarey« vertreten.

Die Vorliebe für Mathematik und Astronomie, Technik und Handwerk entsprang gewiß dem nüchtern-praktischen Sinn des Kurfürsten. Doch wie eingangs betont, waren zu jener Zeit die Widersprüche zwischen Natur und Kunst, Technik und Kunst durchaus nicht absolut. Der bereits erwähnte Antiquar Jacopo da Strada befaßte sich auch mit Technik; sein Buch über Mühlenkonstruktionen wurde noch 1618 aus dem Nachlaß gedruckt.[31] Wäre Strada, wie vorgesehen, 1576 in den Dienst des Kurfürsten August getreten, so hätte er als Goldschmied und Architekt, als Numismatiker und Kunsthändler der Dresdener Kunstkammer vielleicht einen weiteren Horizont gegeben.[32]

Der Maler Gabriel Kaltemarckt widmete Christian I., der 1586 seinem Vater in der Regierung gefolgt war, »Bedenken, wie eine Kunst-Cammer aufzurichten seyn möchte«.[33] Der knappe Text enthält vor allem einen Abriß der Kunstgeschichte seit der Antike und bietet Hinweise, »wie man zu vilen guten Bildern und Gemelden kommen möchte«. Mit »Bildern« sind hier Skulpturen gemeint, und auf Plastik und Malerei konzentriert sich der Verfasser; dies waren offenbar die Bereiche, die ihm in der Dresdener Kunstkammer nicht genügten.

Christian I. starb bereits 1591; er und sein gleichnamiger Sohn, der erst 1601 nach erlangter Volljährigkeit die Regierung übernahm, haben die Kunstkammer zwar nicht zur reinen Kunstsammlung umgeformt, aber doch den Anteil an Kunstwerken bedeutend vermehrt. Schon 1595 war ein neues Inventar erforderlich, ein drittes fünfzehn Jahre später; sie alle haben

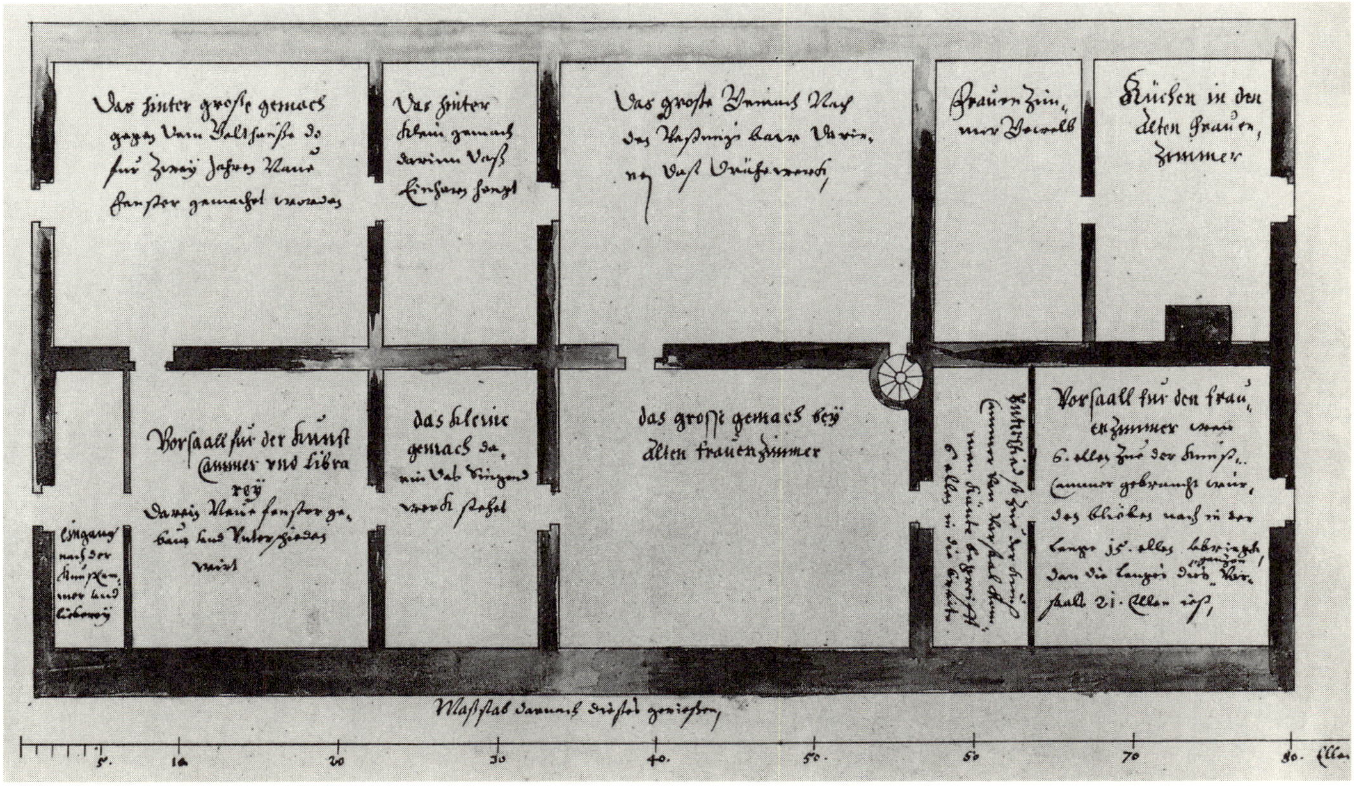

Grundriß der Kunstkammer im Dresdener Schloß, um 1615. Staatsarchiv Dresden
Der Raumkomplex im dritten Obergeschoß des Westflügels, in dem die Kunstkammer seit dem 16. Jahrhundert untergebracht war, wurde während des 17. Jahrhunderts mehrfach umgebaut und erweitert. Der links an die abgebildete Raumgruppe anschließende große Ecksaal hatte nach dem Tode des Kurfürsten August die Bibliothek aufgenommen, kam dann 1630 zur Kunstkammer. Um 1710 wurden die Bestände deponiert. Nach zahlreichen Entnahmen für die Spezialsammlungen in den zwanziger Jahren war die Kunstkammer von 1730 bis 1733 noch einmal in ihrem alten Domizil aufgestellt, bevor sie in den Zwinger übertragen wurde.

sich erhalten.[34] Immer wieder wurden zu jener Zeit neben manieristischen Gemälden auch Werke Dürers und Cranachs erworben; 1606 gelangte der Nachlaß des Hofmalers Zacharias Wehme in die Kunstkammer. Beträchtlich war auch der Zuwachs an Kunstuhren und Automaten, an Prunkmöbeln und Elfenbeindrechseleien. Die Bestände waren 1610 so angewachsen, daß sie völlig neu aufgestellt werden mußten.

Johann Georg I. berief 1619 den Mathematiker Lukas Brunn zum Inspektor der Kunstkammer.[35] Nach bedeutenden Erwerbungen (1622 kaufte der Kurfürst den Nachlaß Nossenis) und Aussonderungen begann Brunn mit einer Neuordnung der Sammlung, die nach seinem Tode 1628 von dem Nachfolger Theodosius Häsel abgeschlossen und 1640 durch ein neues Inventar dokumentiert wurde.[36] Dies Inventar blieb das letzte vor der Evakuierung der Kunstkammer zu Beginn des 18. Jahrhunderts. Tobias Beutel, seit 1658 Nachfolger Häsels, begnügte sich mit Zugangsverzeichnissen, ließ aber 1671 eine lateinisch-deutsche Beschreibung der Kunstkammer und anderer »Regal-Wercke« (Rüstkammer, Bibliothek, Zeughaus, Anatomiekammer) drucken.[37] Dieser Text und die weitaus präzisere Beschreibung Anton Wecks (1679) zeigen, daß Häsels Ordnung im wesentlichen unverändert blieb.

Die Sammlung war nunmehr in acht Zimmern aufgestellt. Eine konsequente Systematik ließ sich nicht verwirklichen, doch wurden Akzente gesetzt, so daß jeder Raum seinen inhaltlichen Schwerpunkt hatte. Die Beschreibungen zeigen das klar, ja Weck rühmt ausdrücklich die »Disposition und gute Ordnung«; er hebt hervor, »daß / weil der Höchstlöbliche Churfürst zu Sachsen / etc. Herr Augustus, Christmilden Andenckens / als ein Kunstliebhabender: auch in Mechanicis und Mathematicis wohlerfahrener Potentat und Herr / gleichsam dieses wichtigsten Wercks Fundator und Urheber gewesen / Sr. Churfürstl. Gn. Contrefait / auf unterschiedene Arten / zu mehrern Andencken / in allen Gemächern der Kunst-Cammer zu befinden ist«.[38]

Ein Vorgemach, dekoriert mit Fürstenporträts »meistentheils in gantzem Stande«, ist »darzu gewiedmet / daß die Frembden / so diesen Ort zu sehen

Modell der Kunstkammerräume, Zustand um 1615. Angefertigt für die Jubiläumsausstellung 1960

Ansicht eines Raums der Dresdener Kunstkammer um 1610. Rekonstruktion 1960
Die Ausstattung der Kunstkammer war schlicht und funktionsbezogen. Regale und Kunstschränke, Tische mit grünen Decken und die über alle Räume verteilten Gemälde setzten sparsame Farbakzente. Die 1610 eröffnete, noch über der Kunstkammer gelegene Anatomiekammer war dagegen mit programmatischen Wand- und Deckenmalereien geschmückt.

kommen / darinnen abtreten / auch zu solcher Zeit und sonsten die Kunst-Cämmerer ihren Auffenthalt daselbst nehmen können«; es dient also zugleich als Empfangs- und Dienstraum.[39]

Im ersten Zimmer dominieren »Mechanische Werck-Zeuge«, darunter vor allem jene, wie Beutel hervorhebt, die »der Fundator selbst mit seiner eigenen Hand gebraucht hat«. Der Raum ist also speziell dem Gedächtnis des Kurfürsten gewidmet; dem entsprechen die Fürstenporträts an den Wänden, die wohl die Reihe des Vorgemachs fortsetzen.

Das zweite Zimmer enthält in vier Repositorien »Edelgestein Geschirr / die seynd aus Crystall / Topaß / und Achat / mit Golde beschlagen«, ferner die berühmte Kristallkugel, »viel silberne / vergüldete Becher / mit Corall gezieret«, »Muschel- und Perl-Mutter Geschirre in Silber / Gold und Edelgestein gefaßet«, »Straussen Eyer / und Indianische Nuß Schalen Geschirre« – sämtlich Werke, die später zum Grundstock des Grünen Gewölbes gehören. Im dritten Zimmer finden sich auf vier Tafeln und ebenso vielen Tischen »schöne Behältnüße / so zu Apothecken / Schreibe-Tischen und Nehe-Kästgen / auch Kleinodien zu verwahren / dienlich ...«, auch sie zum Teil im Grünen Gewölbe erhalten.

Im vierten Zimmer dominieren »Mathematische Kunst-Sachen«, also Instrumente verschiedenster Art, auch Musikinstrumente. Das fünfte Zimmer enthält »Fünff Taffeln und Drey Tische voll trefflicher schöner Kunst-Stücken«: Miniaturen, »Federwercke«, kostbare Brettspiele, vor allem aber Prunkspiegel. Hier hing auch das Einhorn »von der Decke herunter in einer güldenen großen Glieder-Ketten«; noch Weck schwört auf seine Heilkraft.

Das sechste Zimmer hat den Charakter eines Naturalienkabinetts, es vereinigt »mancherley naturalia, antiquitäten und raritäten«: Stufen und Handsteine, »indianisches« Gerät, »auch in Italien / Deutschland und diesem Lande (sc. Sachsen) gefundene irdene und Gläserne Urnen / darinnen noch der verstorbenen alten Römer oder Wenden ihre Cineres liegen«, auch Tier- und Pflanzenpräparate.

Der siebente Raum schließlich, der große Saal an der Nordecke des Westflügels, enthält wieder Artificialia, und zwar »Bilder aus Stein / Metall und anderen Materien / auch gedrechselte und bewegliche Kunst-Sachen und Uhrwercke«. Hier steht die umfangreiche Sammlung von geschnitzten und gedrechselten Elfenbeinen, hier stehen die Bronzen des Giovanni da Bologna und des Adriaen de Vries, die Kaiserbüsten des Carlo di Cesare, auch die Hirschapotheke, hier ist endlich der berühmte Dresdener Kirschkern zu bestaunen.

Die Gemälde, deren Zahl im Lauf des 17. Jahrhunderts bedeutend gewachsen war, verteilen sich auf alle Räume. Es sind Werke berühmter Meister darunter, freilich auch viele falsch zugeschriebene Stücke.[40] Sieht man von den programmatisch verstandenen Fürstenporträts in den ersten beiden Räumen ab, so läßt ihre Verteilung nur in einem Fall ein ikonographisches Programm erkennen: Das sechste Zimmer, das Naturalienkabinett, ist vornehmlich mit Landschaften, Jagdstücken und Tierdarstellungen dekoriert.[41]

Der Kunstkämmerer Theodosius Häsel schrieb 1648 an den Kurfürsten, daß die Dresdener Kunstkammer »in ganz Europa vor anderen berühmet und dannenhero offt frembde Personen einig und allein dieselbe zu besehen uff viel meil weges anhero zu reißen pflegen«.[42] Im Gegensatz zu den gewiß größeren und bedeutenderen Sammlungen Kaiser Rudolfs II. in Prag und Erzherzog Ferdinands in Ambras, deren Besitzer ihre Schätze sorgfältig vor fremden Blicken verbargen, war die Dresdener Kunstkammer seit ihrer Gründung Besuchern zugänglich. Allerdings war der Besuch an die persönliche Genehmigung des Kurfürsten gebunden, was den Personenkreis von vornherein stark beschränkte. Erst Johann Georg II. ermächtigte den Hausmarschall und den Kunstkammerinspektor, die Besuchsgenehmigung nach eigenem Ermessen zu erteilen. Verzeichnete das Besucherbuch 1642 lediglich 120 Gäste, so betrug deren Zahl 1684 bereits 800. Unter ihnen finden sich Fürsten und ihr Hofstaat, Adlige und Diplomaten, Gelehrte, Studenten und Kaufleute vieler Nationen. Häufig kamen Goldschmiede, um den reichen Bestand an Meisterwerken ihrer Kunst zu studieren. Am 3. Januar 1686 trug Tobias Beutel »den Durchlauchtigsten Prinzen Friedrich Augustus, Herzog zu Sachsen« ins Besucherbuch ein; bereits als Sechzehnjähriger lernte also der Fürst die Dresdener Sammlungen kennen, der sie später so nachhaltig erneuern sollte.

Die Lage im dritten Stock behinderte die museale wie die repräsentative Funktion der Kunstkammer. Neben der veralteten Struktur der Sammlung war dies eine entscheidende Ursache dafür, daß die Sammlung am Ende des 17. Jahrhunderts den Ansprüchen nicht mehr genügte.

Die Ausstattung der Kunstkammer war stets bescheiden geblieben. Wände und Decken waren schlicht gehalten, abgesehen von einzelnen Kunstschränken waren es einfache Repositorien und Tafeln, auf denen die Werke dicht gedrängt standen. Es gab keine Raumdekoration mit ikonographischem Programm.

Im Dachgeschoß des Residenzschlosses, unmittelbar über der Kunstkammer, befand sich eine weitere kurfürstliche Sammlung, die seltener genannt, aber von Weck und Beutel wenigstens summarisch beschrieben wird: die Anatomiekammer.[43] Vier Jahre, von 1616 bis 1620, hatte man an ihrer Einrichtung gearbeitet, und entsprechend aufwendig und kostbar war die Ausstattung. Der Saal war »an den Wänden herumb mit Landschafften / und an der Decke als ein gewölckigter Himmel ausgemahlet / sonst aber mit allerhand also formirten Citronen / Pommerantzen / Palmen und anderen Bäumen / auch Weinreben / so allerseits Blätter und Früchte haben / auf Art eines Baumgartens ausgeputzet«.[44] Zwischen diesen Bäumen, deren Blätter aus Kupferblech bestanden, konnte der Besucher in »sieben geraumen Spatzier-Gängen ... hingehen und die Sceleta auff beyden Seiten besehen«.[45] Offenbar war das Ensemble als Abbild des Paradieses gedacht, oder doch der Natur. Denkwürdig bleibt, daß es die Anatomiekammer war, und nicht die Kunstkammer, die damals programmatisch dekoriert wurde.

Das durch Christian I. errichtete Stallgebäude am Neumarkt barg in seinen oberen Geschossen die Rüstkammer, die im Laufe des 17. Jahrhunderts immer stärker museale Züge annahm.[46] Sie enthielt nicht nur Prunk- und Jagdwaffen, Turnier- und Reitzeuge unterschiedlicher Herkunft, sondern auch Prunkmöbel, Kostüme und »Außländische Indianische Raritäten und Naturalien«, die ihren Platz ebenso in der Kunstkammer hätten finden können. Über die Ausstattung des großen Raumkomplexes ist wenig bekannt; die Sammlung wirkte, wie es ein Reisender des 18. Jahrhunderts empfand, als »die alte Garderobbe, das Magazin von allen zum kostbaren Aufputze des Hofes gehörigen Sachen«.[47]

Auch andere Institutionen des Hofes bewahrten Gegenstände von musealem Charakter, der im Laufe der Zeit immer stärker hervortrat: die Silberkammer altes Tafelgeschirr, die Hofkellerei kostbare Glasgefäße, die Hofapotheke zwei »ägyptische« Mumien, die Geheime Verwahrung Edelsteine und Pretiosen. Eine der ältesten kurfürstlichen Sammlungen, das Münzkabinett, zählte unter Johann Georg II. allein 319 goldene Medaillen und Münzen.[48]

Als Prinz Friedrich August die Regierung antrat, fand er ein reiches museales Erbe vor, dessen Erhaltung und Vermehrung eine seiner Lebensaufgaben werden sollte – wohl diejenige, deren Lösung ihm vorbildlich gelang.

* * *

DIE DRESDENER SAMMLUNGEN BIS 1720 UND DIE FRÜHEN MUSEUMSPROJEKTE AUGUSTS DES STARKEN. Am 25. März 1701 brach im Residenzschloß ein Brand aus, der den Riesensaal und die Räume des Georgenbaus zerstörte.[49] Obwohl der Westflügel nicht betroffen war, hat man angenommen, daß dieser Brand die Evakuierung der Kunstkammer zur Folge hatte; Quellenbelege haben sich dafür nicht gefunden; vielmehr spricht manches dafür, daß die Kunstkammer erst später ausgelagert wurde.[50]

Beutels ›Cedern-Wald‹ erschien noch einmal 1703, in dritter Auflage; wäre die Kunstkammer damals bereits unzugänglich gewesen, hätte dieser Druck wenig Sinn gehabt. Im Januar 1704 weilte August der Starke wenige Wochen in Dresden. Vor seiner Abreise nach Warschau ließ er »das schöne Goldne mit Edelstein versetzte Thee Service, welches H. Dinglinger verfertiget, durch diesen, nebst dem Futteral, in dero Kunstkammer bringen und aufsetzen«.[51] Dies ist nicht an einem entfernten Auslagerungsort denkbar; eher noch hätte sich, wie später beim Hofstaat des Großmoguls, die Geheime Verwahrung im Erdgeschoß des Westflügels angeboten. Schließlich heißt es in einer Gemäldespezifikation von 1707, die noch zu erörtern ist, der König habe die Bilder »aus dero Kunstkammer hinunter zu nehmen und auf den Redoutensaal, wie auch in die anderen Zimmer setzen und aufmachen zu lassen allergnädigst beliebet«.[52] Diese Formulierung setzt voraus, daß sich die Kunstkammer noch im dritten Obergeschoß des Residenzschlosses befand. Auch das Argument, die Kunstkammer sei aus Sicherheitsgründen evakuiert worden, trifft nicht – denn wo wäre sie sicherer gewesen als im gut bewachten Schloß? Schließlich wurde ja der Restbestand später (1730–1733) noch einmal in den alten Räumen aufgestellt.

Hinweise auf das Datum der Evakuierung geben vielleicht Notizen zu Dinglingers Kabinettstücken: Der Hofstaat des Großmoguls wurde 1709 bereits nicht mehr in der Kunstkammer aufgestellt, sondern in der Geheimen Verwahrung, und 1710 übernahm Dinglinger das Teezeug, um es erst 1729 ins Grüne Gewölbe zu liefern.[53]

Als Aufbewahrungsort der Kunstkammerbestände nach der Räumung ist der Klepperstall belegt, ein schmales Gebäude an der Festungsmauer, der späteren Brühlschen Terrasse.[54] Von dort sind die Bestände 1718 in andere Räumlichkeiten verbracht worden.[55]

Die Dresdener Kunstkammer entsprach in ihrer Struktur und in ihrer Präsentation nicht mehr den Ansprüchen, die zu Beginn des 18. Jahrhunderts an eine museale Institution gestellt wurden. August der Starke besaß ein ausgeprägtes Modernitätsbewußtsein, und vor allem im naturkundlichen Bereich machten sich auch Forderungen des Publikums geltend. Die fortschreitende Spezialisierung der Wissenschaften verlangte Spezialsammlungen, die ästhetischen und repräsentativen Ansprüche ausgedehnte Raumkomplexe für Gemälde und Skulpturen. Tendenzen und Wünsche jener Zeit hat der Mathematiker und Architekt Leonhard Christoph Sturm im 1707 erschienenen, später mehrfach nachgedruckten dritten Teil des ›Geöffneten Ritter-Platzes‹ unter dem Titel ›Die Geöffnete Raritäten- und Naturalien-Kammer‹ zusammengefaßt.[56] Zugleich veröffentlichte er den Entwurf eines idealen Museumsbaus mit ausführlichen Erläuterungen der einzelnen Komplexe. August der Starke hat Sturms Buch zweifellos gekannt und benutzt.

Der König hatte 1704 die Ämter angewiesen, den Bestand von Kunstwerken in den Schlössern zu melden, und zur Dekoration einiger Räume wurden 1707 die in der Kunstkammer vorhandenen Gemälde benutzt.[57] Doch bei der Reorganisation der Sammlungen ging es nicht nur um die Nutzung und Neuordnung vorhandener Bestände. August der Starke war leidenschaftlicher Sammler; bevorzugte er zunächst Pretiosen, Gemmen, Porzellan, Gemälde und Skulpturen, so sorgte er auch für den systematischen Ausbau der Sammlungen, die ihm persönlich ferner lagen. Der König und seine Beauftragten, vor allem die Grafen Flemming und Wackerbarth, nutzten Reisen zu Ankäufen und zum Knüpfen von Verbindungen. Auch die Leipziger Messe bot Gelegenheit zu Erwerbungen.

Im Juni 1713 erließ der König in Warschau ein Reskript an den Oberhofmarschall Baron von Loewendal: »Nachdem Wir der Intention sind, zu beßerer Anrichtung Unseres Münz-Cabinets alles was von alten und curieusen Münz-Sorten und Geprägen vor die Hand kommen möchte, erhandeln und an Uns lösen zu laßen: Und Wir auch sonderlich zu solchem Ende Unserem Ober-Rechnungs-Cammer-Praesidenten von Schönberg diesfalls Commission mit aufgetragen: Als begehren Wir an Euch hiermit gnädigst, ihr wollet demselben zu diesem Behuff jährlich zweÿ hundert Thlr. auf Verrechnung gegen seinen Schein auszahlen laßen, damit er, wenn ein oder ander rares, curieuses oder antiques Stück antreffen möchte, solches alsofort an sich lösen könne, und, aus Mangel des hierzu benöthigten Geldes, es nicht dürffte aus Händen gehen laßen«.[58] Im Jahr darauf bot der Kammerherr von Birckholz eine bedeutende Sammlung von Münzen und Medaillen an, und als 1721 eine große Menge von Münzen aus dem Nachlaß des Herzogs von Sachsen-Zeitz in seinen Besitz gelangte, ließ der König zunächst prüfen, welche Stücke für sein Münzkabinett in Frage kämen.[59] Dies zeigt den Ernst, mit dem sich August der Starke dem Aufbau

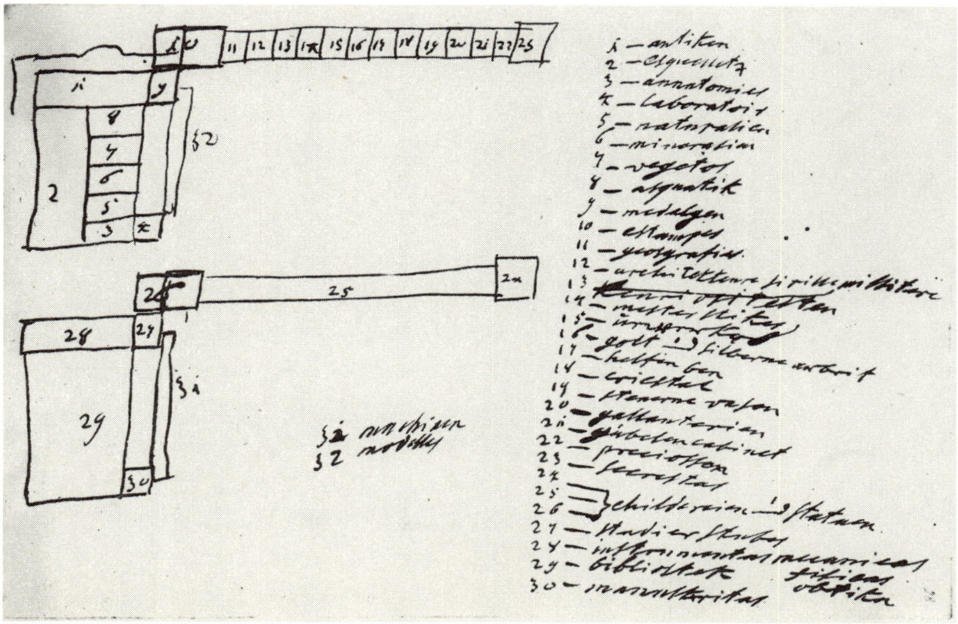

August der Starke: Funktionsskizze eines Museums, um 1717. Staatsarchiv Dresden

Der älteste überlieferte Museumsentwurf des Königs, vor 1718 entstanden, verbindet einen massiven zweigeschossigen Baukörper mit einem schmalen Galerieflügel. Der Raumkomplex sieht neben den Sälen für Bibliothek, Kupferstichkabinett und Antiken eine Gemälde- und Skulpturengalerie sowie Kabinette für die naturkundlichen und kunsthandwerklichen Sammlungen vor. Während August der Starke für seine späteren Entwürfe authentische Grundrisse benutzt, ist die frühe Ideenskizze offenbar nicht mit einer konkreten architektonischen Vorstellung verbunden. Ebenso wie Leonhard Christoph Sturm in seinem Idealentwurf eines Museumsgebäudes und vielleicht von ihm beeinflußt hält der König an der Konzeption einer systematisch gegliederten Universalsammlung fest.

einer Sammlung widmete, deren repräsentative Funktion gering war und die erst gegen Ende des 18. Jahrhunderts museal aufbereitet werden sollte.

Als frühester Versuch musealer Planung ist eine vor 1718 entstandene Funktionsskizze des Königs überliefert.[60] Im Gegensatz zu allen späteren Projekten ist dieser Entwurf nicht auf eine konkrete Situation bezogen; ohne Kenntnis des Autors und des historischen Zusammenhangs ließe sich kaum ein Zusammenhang mit Dresden beweisen.

Die Skizze kombiniert einen massiven Baukörper mit einer betont schmalen Galerie. Im Hinblick auf einen repräsentativen Museumsbau, etwa im Sinne von Sturms Idealgrundriß, ist sie unergiebig; man könnte vermuten, sie beziehe sich auf eine vorhandene und bekannte Raumgruppe – aber in solchen Fällen hat der König stets authentische Grundrisse benutzt, um seine Vorschläge nach Prüfung der Situation anzumerken. Eher darf man deshalb annehmen, daß seine museale Konzeption zu jener Zeit noch nicht jenen hohen Grad von Konkretheit erreicht hatte, wie ihn spätere Projekte eindrucksvoll zeigen.

Auf zwei Geschosse verteilen sich 32 Räume, deren Bestimmung der König in seiner abenteuerlichen Orthographie bezeichnet hat. Der Kernbau sollte im Erdgeschoß naturkundliche Sammlungen aufnehmen: die Anatomiekammer (»esquelleten«, »annatomieh«), das Naturalienkabinett (»naturalia«, »mineralia«, »vegetos«, »ahquatik«), die Modellkammer (»model-

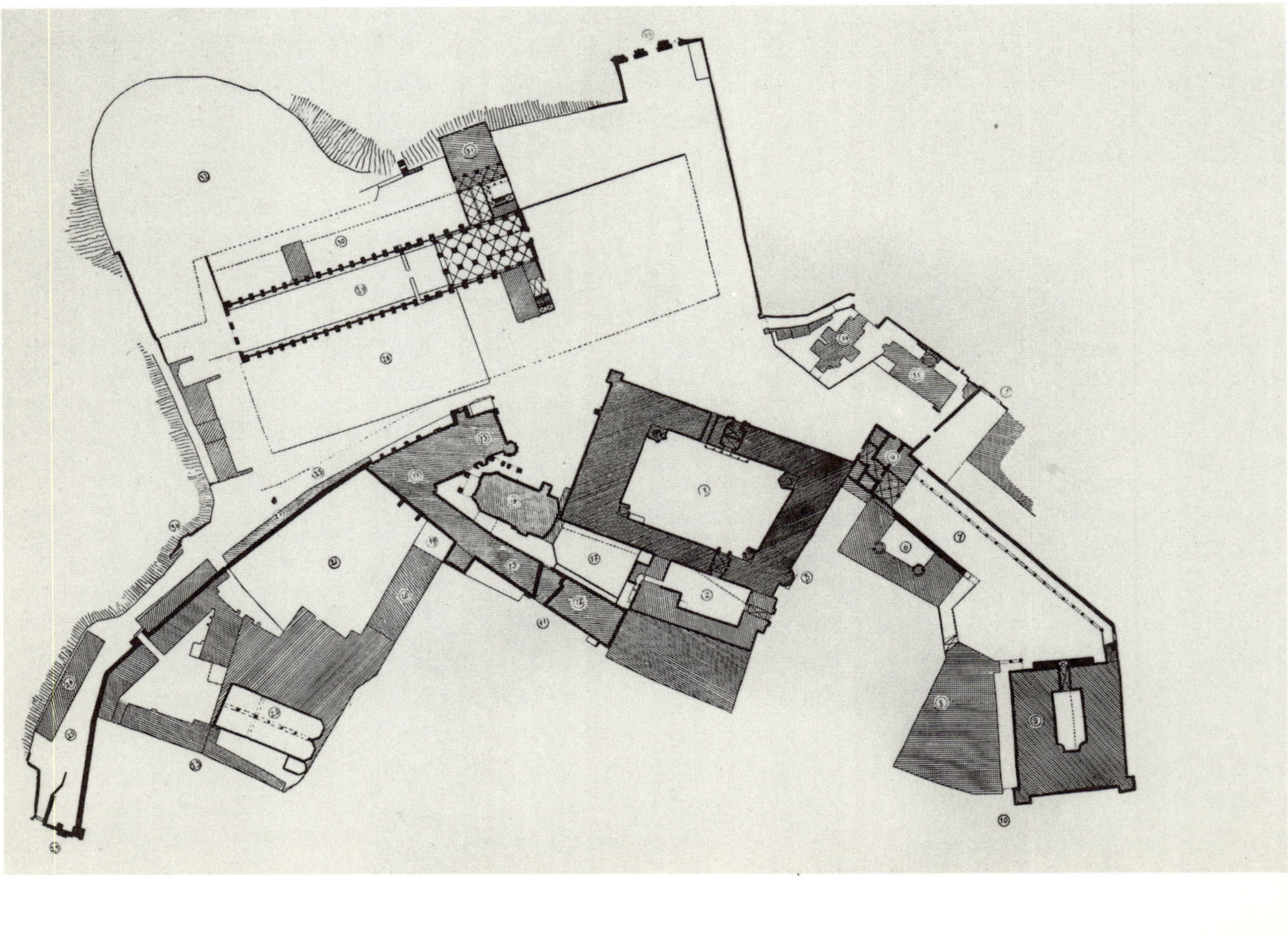

Das Dresdener Schloß und seine Umgebung, 1694. Nach: C. Gurlitt, die Kunstdenkmäler Dresdens (1903) Taf. 14
Der Plan zeigt den Schloßkomplex im Zustand des Jahres, in dem August der Starke die Regierung übernahm. In der Mitte das Schloß mit großem und kleinem Hof, rechts anschließend Georgenbau und »Langer Gang« zum Stallgebäude. Die Anbauten im Südwesten wurden später umgebaut, schließlich abgebrochen. Der Gebäudekomplex im Norden, Reithaus und Schießhaus mit dazugehörigen Gärten, mußte im frühen 18. Jahrhundert dem Zwingerbau weichen.

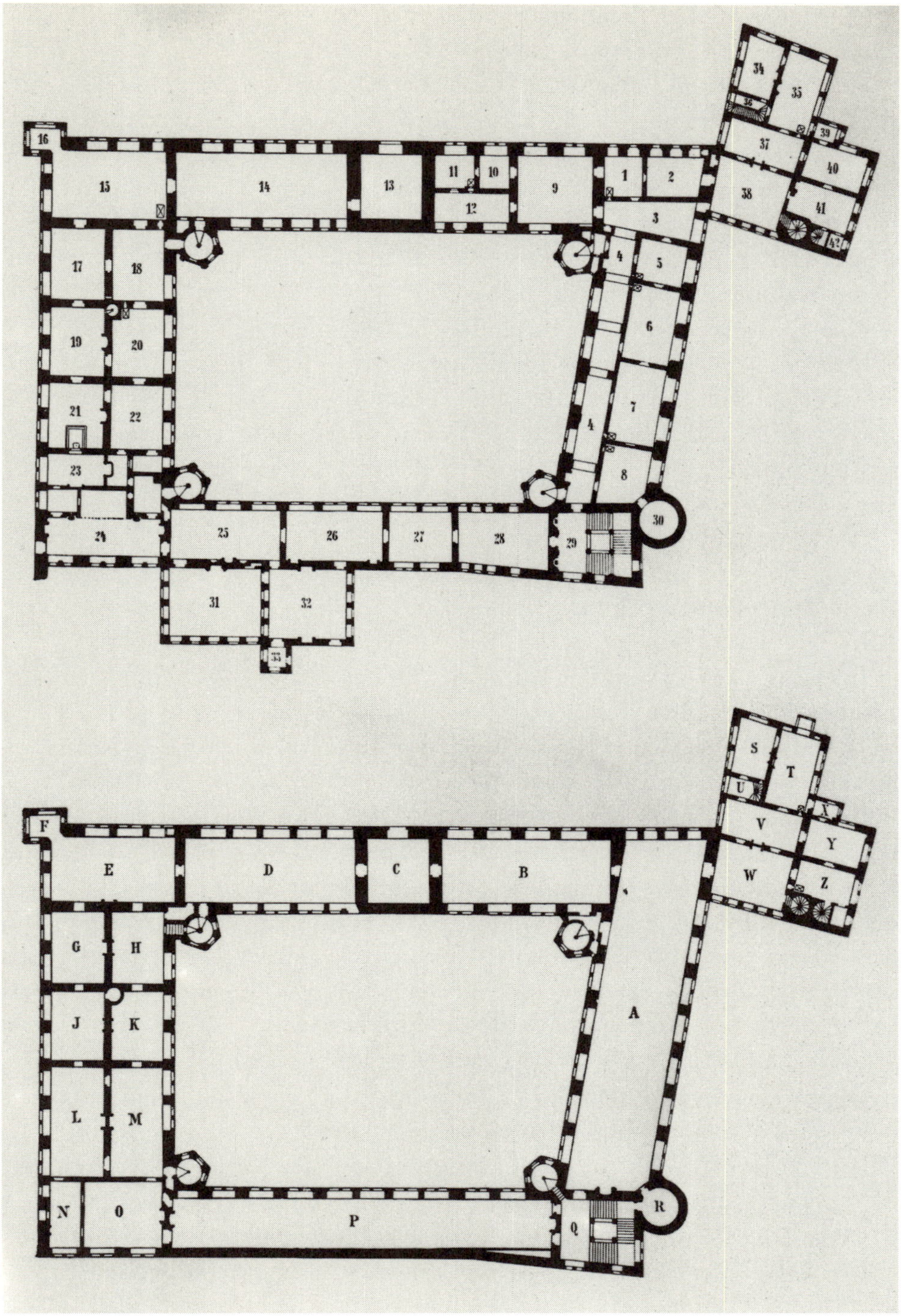

Dresdener Schloß, Grundriß des ersten und zweiten Obergeschosses, Anfang des 18. Jahrhunderts. Nach: C. Gurlitt, Die Kunstdenkmäler Dresdens (1903) Taf. 16
Die musealen Pläne Augusts des Starken bezogen sich 1718 vornehmlich auf die westlichen und südlichen Räume im ersten Obergeschoß. Die Raumdisposition des Westflügels entspricht, abgesehen von den um die Hälfte kleineren Abmessungen des Bronzen- und Elfenbeinzimmers, dem 1723–1730 im Erdgeschoß eingerichteten Grünen Gewölbe. Die Räume im zweiten Obergeschoß dienten traditionell der Repräsentation und wurden von August dem Starken zu einer Folge festlich dekorierter Galerien und Säle ausgebaut. Der »Redoutensaal« im Süden (etwa 60 × 8 m) diente von 1718 bis 1726, der Riesensaal im Osten (etwa 57 × 14 m) von 1726 bis etwa 1733 als Gemälde- und Skulpturengalerie.

les«) und einen Arbeitsraum (»laboratoire«). Diesem Komplex gleichsam vorgelagert und zum Galerieflügel überleitend schließen sich Antikensammlung (»antiken«) und Münzkabinett (»medalgen«) an, im Galerieflügel folgen Kupferstichkabinett (»estampes«), Kartensammlung (»geohgrafieh«), Plankammer (»architektura siville millitare«), schließlich in einzelnen Kabinetten der kunstgewerbliche Komplex, wie er später im Grünen Gewölbe vereinigt werden sollte: »curiositetten«, »mesterstikkes« (Kabinettstücke wie diejenigen Dinglingers), »golt und silberne arbeit«, »helfenben« (Elfenbein), »criestal« (Bergkristallarbeiten), »stenerne vasen«

(Steinschnittgefäße), »gallanterien«, »jubelencabinet«, «preciohsen«. Ein Zimmer für den »secretahr« beschließt die Suite.

Im Obergeschoß beginnt die Nummernfolge am rechten Ende des Galerieflügels, der ebenso wie die rahmenden Kabinette »childereien und statuen« aufnimmt. Im Hauptbau schließen sich eine »studier Stubeh« an sowie, über den »antiken«, die später im Mathematisch-Physikalischen Salon vereinigten Bestände (»instrumentas mecanicas fisicas obtika«, »machinen«). Den größten Raum beansprucht die »bibliohtek« mit einem besonderen Kabinett für »manuskrites«.

Der Entwurf setzt ein selbständig durchdachtes Konzept voraus. Vergleicht man ihn mit Sturms Idealentwurf, so finden sich zahlreiche Übereinstimmungen in Systematik und Terminologie. Sturms Gliederung ist umfassender und differenzierter, während August der Starke lapidar formuliert und Akzente setzt.[61] Zwei Abteilungen Sturms fehlen in der Skizze ganz, die alten Waffen und die völkerkundlichen Objekte – beide gehörten in Dresden damals zur Rüstkammer, die der König in seine Komplexplanung noch nicht einbezog. Es wird, schon durch die von Sturm ausgeklammerte Bilder- und Skulpturengalerie, ein künstlerischer Schwerpunkt deutlich.

Im Jahre 1717 erwarb der König das Holländische Palais am Neustädter Elbufer.[62] Er nutzte das Schloß vor allem zur Aufstellung seiner stetig wachsenden Porzellanbestände und zur provisorischen Unterbringung eines Teiles der alten Kunstkammer; davon wird noch zu reden sein.

Eintragungen in einem Grundriß des Dachgeschosses beweisen, daß er ursprünglich hier die Unterbringung größerer Sammlungsbereiche geplant hatte.[63] Neben einem »annatomih sahl« und einem »bibliohtek sahl« waren Kabinette für »mineralien«, »naturalien«, »vegetabillias« und »ahquahticas« vorgesehen, also für den naturkundlichen Komplex. Außerdem dachte der König an die Aufstellung der »meganiches astrollogia und anderes instrumentes«, an ein »antiquahrium« und Kabinette für »medalgen, geschnitene stehnes«, »ur werckes« und »drecksel werck«.

Dieses Projekt könnte noch 1717, unmittelbar nach dem Kauf des Holländischen Palais entstanden sein, jedenfalls aber vor dem Sommer 1718. Es fehlen die Gemälde und Skulpturen, für die der König wohl bereits die Schloßgalerie ins Auge gefaßt hatte, es fehlen die in der Funktionsskizze wie in späteren Projekten so differenzierten kunstgewerblichen Gruppen.

Die Jahre 1718 und 1719 brachten mit ihren weitgespannten Aktivitäten auch einen Wendepunkt in der Geschichte der Dresdener Sammlungen. Die Vorbereitungen der kurprinzlichen Hochzeit spornten alle Kräfte: Nach dem Verzicht auf einen Schloßneubau wurden im alten Residenzschloß Paradezimmer, Georgentrakt und Riesensaal erneuert, die Dänischen Gemächer zur Galerie umgebaut; der Zwinger wurde als Festplatz vollendet und durch Opern- und Redoutenhaus erweitert.[64]

Der König hatte damals eine Unterbringung von Sammlungskomplexen im ersten Obergeschoß des Westflügels, unter den Paradezimmern und über dem späteren Komplex des Grünen Gewölbes erwogen. Ein früher, vielleicht 1718 entstandener Entwurf sieht neben Kabinetten für »zeignungen«, »medalgen« und kunstgewerblichen Gruppen (»cristalle«, »agathe«,

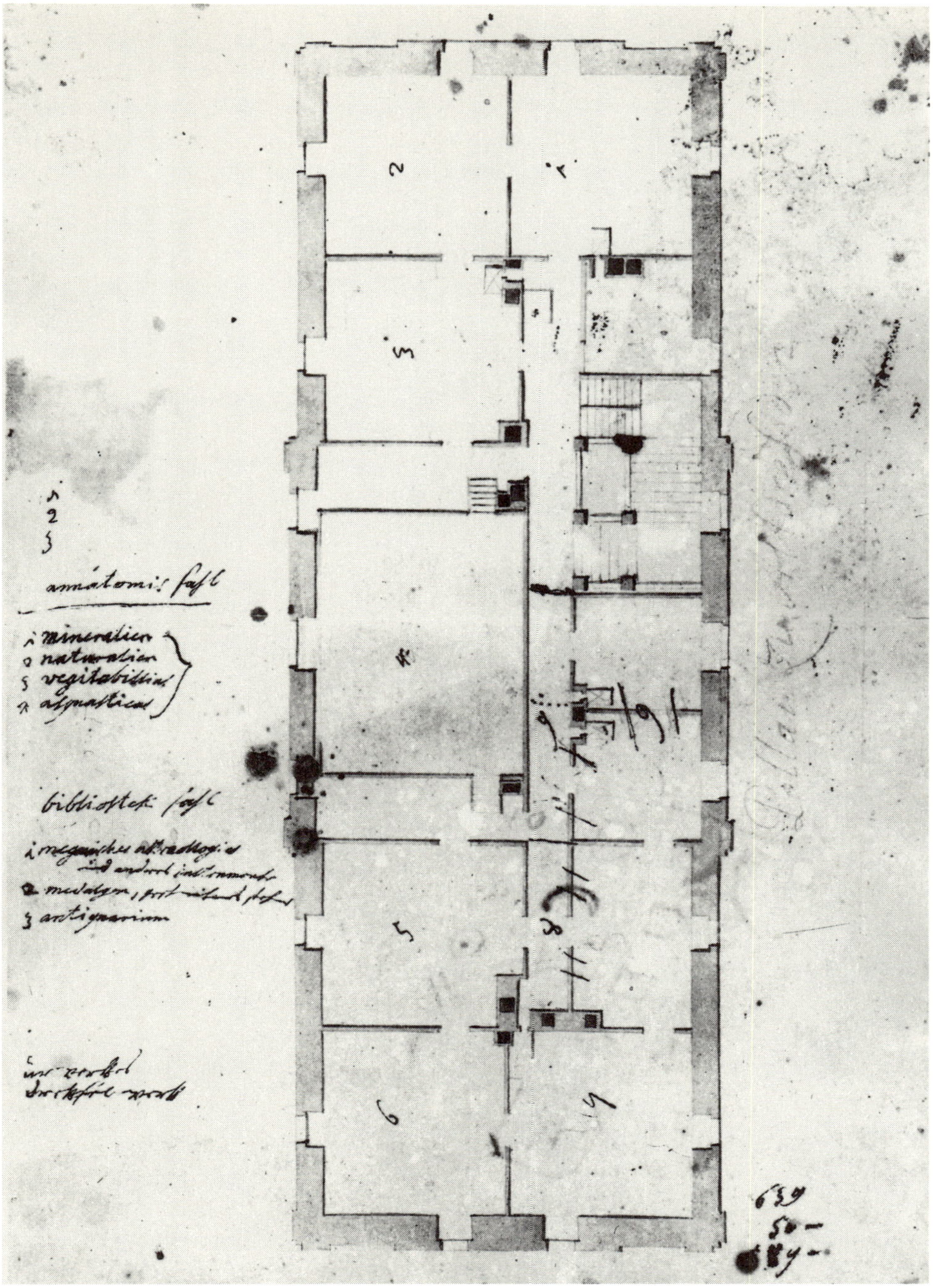

Holländisches Palais, Grundriß vom Dachgeschoß mit Eintragungen Augusts des Starken, vor 1728. Staatsarchiv Dresden
August der Starke nutzte das 1717 erworbene Holländische Palais vor allem zur repräsentativen Aufstellung seiner Porzellansammlung und zur provisorischen Unterbringung der nach Einrichtung der Spezialsammlungen noch übrigen Kunstkammerbestände. Seine Eintragungen im Grundriß des Dachgeschosses belegen, daß er zeitweilig auch an eine Aufstellung der Bibliothek und der wissenschaftlichen Sammlungskomplexe dachte.

»golt schmitsarbeit«) den großen Ecksaal als Bibliothek vor.[65] Dabei war wohl nur an die Handbibliothek des Königs gedacht, denn der gesamte Bücherbestand hätte hier schwerlich Platz gefunden. Überhaupt ist dieser Entwurf stark auf die persönlichen Bedürfnisse des Königs abgestimmt, nicht auf eine Institutionalisierung der Sammlungen. Ein anderer, mit diesem Blatt zeitlich zusammenhängender Entwurf sieht im ersten Obergeschoß des Westflügels »schlaff gemach«, »galleries«, »Ratzimmer«, »garderobes« und »exbedizion« vor; der Ecksaal ist einer »bibliotheck« reserviert.[66]

Ein späterer Entwurf beschränkt sich auf jene kunstgewerblichen Gruppen, die bald darauf im Grünen Gewölbe vereint wurden. Da Bibliothek, Kupferstichkabinett, Naturalienkabinett und Münzkabinett 1720 im Regi-

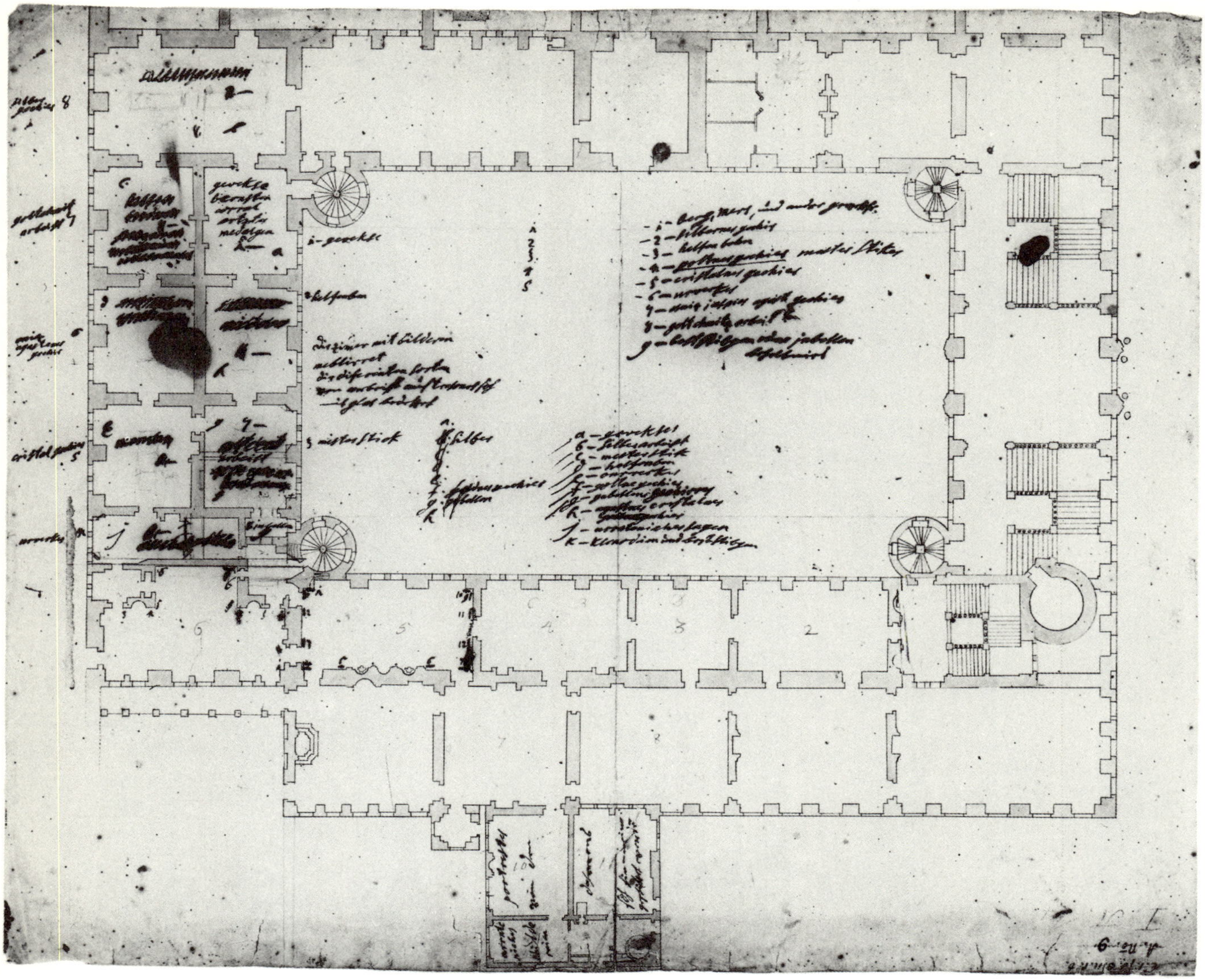

Dresdener Schloß, Grundriß vom ersten Obergeschoß mit Eintragungen Augusts des Starken, um 1720. Staatsarchiv Dresden
Nachdem sich der König 1718 entschlossen hatte, auf einen Schloßneubau ganz zu verzichten und stattdessen das alte Residenzschloß auszubauen, erwog er die Unterbringung der Sammlungen im ersten Obergeschoß des Westflügels, über den Räumen des Grünen Gewölbes. Da sich das Projekt auf die kunsthandwerklichen Gruppen beschränkt, dürfte er bereits nach der 1720 abgeschlossenen Aufstellung der übrigen Sammlungen im Regimentshaus entstanden sein. Der König hat wie die Beschriftungen zeigen, die Raumfolge mehrmals umgedacht. Die Gliederung stellt eine unmittelbare Vorstufe zur Planung des Grünen Gewölbes dar.

mentshaus untergebracht wurden, könnte das Projekt in dieser Zeit entstanden sein.[67] Die Eintragungen des Königs zeigen, daß er die Raumfolge mehrfach umgedacht hat; vier Reihen von Beschriftungen für neun Räume wurden eingetragen. Als allgemeinen Grundsatz der dekorativen Gestaltung hat er notiert: »Die zimer mit bildern mebliret die diferinten sorten von arbeiht auf tresores soh mit glas bedecket«. Der wohl letzte, jedenfalls ausführlichste Text weist den neun Räumen des West- bzw. Südflügels folgende Komplexe zu:

1 – berg, mers, und ander gevechses
2 – silbernes gechir
3 – helfenbehn
4 – goltnes gechier mester stikes
5 – cristalnes gechier
6 – urverkes
7 – ohnix jaspies agaht gechier
8 – goltschmits arbeit
9 – behtstibgen oder jubellen beheltnies

Diese Gliederung stellt eine unmittelbare Vorstufe zu Planung des Grünen Gewölbes dar. Die vierte Variante, die den Südflügel einbezieht, verändert die Gliederung nicht, fügt aber noch zwei Säle an für »portrehtes von den dahmens« (wohl die später in Pillnitz arrangierte Schönheitsgalerie), »arrateniches« (= arazzi, Wandteppiche?) und »childereien«.

Auch das Stallgebäude, das damals noch die Rüstkammer beherbergte, wurde in die Projekte einbezogen. Ein Grundriß, der das zweite Obergeschoß vor dem Umbau (1729–31) wiedergibt, verteilt Sammlungsbestände auf 13 Zimmer.[68] Die (nicht vom König selbst) eingetragenen Bezeichnungen weisen neben der Kunstkammer »medalgen und Andiquitäten« aus sowie das Naturalienkabinett: »Naturalia«, »Mineralia«, »vegetabilia«, »Aquatilia«, also jene Bestände, die im Schloßprojekt fehlen, aber 1720 ins Regimentshaus kamen. Ein Datierungsanhalt ergibt sich daraus jedoch nicht; das Projekt könnte vor 1720 entstanden sein, aber auch später, vielleicht sogar im Zusammenhang mit der Räumung des Stallgebäudes 1722; erst 1729–31 wurde das Stallgebäude zum Gästequartier mit Festräumen umgebaut.[69] Zu dieser Zeit befanden sich die Sammlungen bereits im Zwinger. Die Rüstkammer wurde, unter weitgehender Beibehaltung der alten Gliederung, noch 1722 in einer benachbarten Gebäudegruppe untergebracht (s. unten S. 92).

Keines der Museumsprojekte wurde realisiert. Im Sommer 1718 begann die Räumung des Klepperstalls. Dabei wurden die Bestände der Kunstkammer weitgehend in Spezialkomplexe aufgeteilt. Die »Attesta und Be-

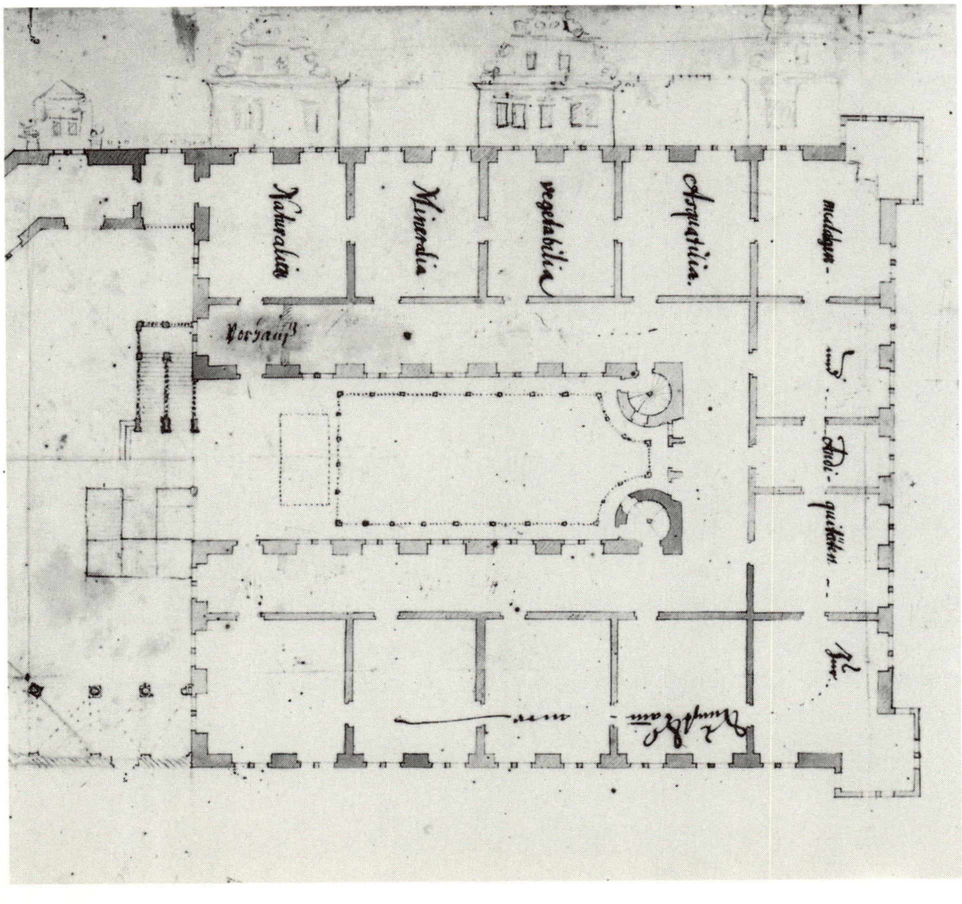

Stallgebäude am Dresdener Schloß, Grundriß des ersten Obergeschosses mit Eintragungen zu musealer Nutzung, vor 1728. Staatsarchiv Dresden
In den Obergeschossen des 1586–88 errichteten Stallgebäudes war, im Anschluß an Repräsentationsräume, die kurfürstliche Rüstkammer untergebracht. Im Laufe des 17. Jahrhunderts hatte die umfangreiche Sammlung von Prunkwaffen, Jagd- und Turniergerät, Festausstattungen und Kostümen einen musealen Charakter angenommen. Sie wurde 1722 evakuiert, um Platz für den geplanten, erst 1729–31 realisierten Umbau des Stallgebäudes zu schaffen. Das Projekt zur musealen Nutzung beschränkt sich auf die Kunstkammer und jene Sammlungskomplexe, die 1720 ins Regimentshaus gelangten, schließt dagegen die kunsthandwerklichen Gruppen aus.

lege von diversen Sachen, so aus der Kunst-Cammer Theils zum Grünen Gewölbe, Theils zu den neuangelegten Naturalien- und Mineralien-Cabinettern, Theils zu der Bilder-Gallerie und Bibliotheque auch sonsten abgeholet worden«, sind leider verloren.[70] Walther Fischer zitiert aus dem Konvolut eine »Specificatio Derer zusammen gesetzten Erzt Stuffen, welche Bey Ausräumung der Kunst Kammer von dem Klepper Stall auff S. Königl. Majt. Allergn. Befehl hinüber auffs Schloß in des Herrn Bergk Secratarij Lichtwers Verwahrung geliefert, und übergeben worden« vom 26. Juli 1718.[71] Die Mineralien wurden also vorübergehend im Schloß deponiert. Die verbliebenen Bestände der Kunstkammer wurden im Holländischen Palais aufgestellt; noch später gelangten einzelne Stücke »aus Dero Kunstkammer auffn Palais zu Altdreßden« in die entsprechenden Sammlungskomplexe.[72]

* * *

DIE BILDUNG DER SPEZIALSAMMLUNGEN UND IHRE AUFSTELLUNG IM REGIMENTSHAUS. August der Starke ernannte 1713 zu seinem Leibmedicus Johann Heinrich Heucher. In Wien 1677 geboren, hatte Heucher in Wittenberg studiert und promoviert, dort sodann 1709 eine Professur für Anatomie und Botanik erhalten.[73] Als praktizierender Arzt und Gelehrter wurde er gleichermaßen geschätzt.

Bald nach seiner Berufung, vielleicht im Zusammenhang mit den Aktivitäten der Jahre 1718–19, wurde Heucher vom König damit beauftragt, die naturkundlichen Sammlungen von der Kunstkammer zu trennen, nach wissenschaftlichen Grundsätzen zu ordnen und museal zu erschließen.[74] Der Gelehrte hat sich bis zu seinem Tode 1746 nach Kräften bemüht, die komplizierte Aufgabe zu lösen.

Nachdem sich das Projekt eines Universalmuseums und andere Planungen als undurchführbar erwiesen hatten, stellte der König 1720 zur Unterbringung einiger Sammlungskomplexe das sogenannte Regimentshaus zur Verfügung. Hier sollten Bibliothek, Naturalienkabinett, Kupferstichkabinett und Münzkabinett aufgestellt, aber auch ein Antikenkabinett angelegt werden. Alle diese Bereiche waren für höfische Repräsentation nicht direkt bedeutsam (wie Gemälde und Skulpturen), aber es bestand für sie ein starkes Publikumsinteresse. Die geplante Raumdisposition hat der König mit roter Tinte in Grundrisse eingetragen.[75]

Der ausgedehnte Gebäudekomplex mit drei Höfen und stattlicher Fassade zum Neumarkt war 1710 als Amtswohnung des Stadtgouverneurs eingerichtet worden.[76] Die Aufstellung der Sammlungen war im Hauptgeschoß geplant. Für Antikenkabinett (»Antiquitet«) und Münzkabinett (»Medailles«) waren die beiden Säle am Jüdenhof vorgesehen, anschließend zwei Räume zum ersten Hof für die Gemmensammlung (»Cornalines«, »pierres graves«). Die übrigen Räume am ersten Hof sollten die »Mineraux« aufnehmen. Um den zweiten Hof gruppieren sich die Räume für »Animaux«, »Vegetaux« und »Coqui« (coquilles, Muscheln), um den dritten Hof zwei Säle für »Estampes«. Die »Vegetaux« setzten sich im zweiten Obergeschoß fort, das im übrigen zusammen mit dem dritten Obergeschoß die Bibliothek beherbergen sollte.

Johann Martin Bernigeroth: Porträt Johann Heinrich von Heucher, Stich 1744 nach einem Gemälde von Johann Christian Beßler. Staatliche Kunstsammlungen Dresden, Kupferstichkabinett
Johann Heinrich von Heucher (1677–1746), Leibarzt Augusts des Starken und Medizinprofessor in Wittenberg, war gleich geschätzt als praktizierender Arzt und vielseitiger Gelehrter. Der König beauftragte ihn mit der Neuordnung der wissenschaftlichen Sammlungen und ihrer Aufstellung im Regimentshaus (1720), später (1728) im Zwinger. Heucher löste die Aufgaben mit großem Erfolg. Für seine Nobilitierung 1721 waren die Verdienste um die Reorganisation der Dresdener Sammlungen entscheidend.

Das sog. Regimentshaus (Neumarkt 15), Fassade zum Jüdenhof. Foto vor der Zerstörung 1945
Der ausgedehnte Gebäudekomplex mit drei Innenhöfen und stattlicher Fassade war um 1710 als Amtswohnung des Stadtgouverneurs errichtet, später mehrfach umgebaut und erweitert worden. Die Fenster im ersten Obergeschoß gehörten zu den beiden Sälen, die Antikensammlung und Münzkabinett aufnehmen sollten.

Es ist nicht nachzuweisen, wie eng man sich an diese Planung gehalten hat. Fraglich ist vor allem, ob die Einrichtung eigener Zimmer für die Gemmen schon möglich und nötig war. Nicht eingetragen dagegen ist die mehrfach belegte Aufstellung der Anatomiekammer. Die Existenz eines Antikenkabinetts ist durch eine Quittung Heuchers belegt, der zufolge 1721 an »Ihro Königl. Maj. antiqvitäten Cabinet richtig geliefert« wurden: »Eine große döhnerne Urna mit verbr. Menschen asche, welche in Ihrer Hoheit p. Garten allhier vor diesen gefunden worden, ohne Deckel. Eine dito noch kleinere mit einem Deckel. Eine dergl. oben verbrochene mit einem Henckel, so bey fortificir. bey Alt Dreßden gefunden. Eine rare gläserne urna, grünl. mit Deckel, in welcher des Röm. Kaysers Trajani Aschen soll enthalten seyn worden laut beyliegender Nachricht«, ferner Steinproben von antiken Tempeln.[77]

Durch Vermittlung des Grafen Flemming wurde Philipp von Stosch, der berühmte Gemmensammler, 1719 zum königlichen Antiquar ernannt.[78] Stosch sollte zwar zunächst den sächsischen Gesandten im Haag vertreten, aber zweifellos hat sich August der Starke von seiner Tätigkeit auch eine intensive Förderung der Dresdener Sammlungen versprochen. Stosch weilte 1718 in Dresden, und es ist sehr wahrscheinlich, daß dies nicht ohne Einfluß auf die Betonung der Gemmen in den Museumsprojekten geblieben ist. Als aber Flemming 1721 Stosch aufforderte, unverzüglich nach Dresden zu kommen und sich endlich den Sammlungen zur Verfügung zu stellen, antwortete dieser ausweichend, erbat Urlaub und reiste schließlich doch lieber als britischer Geheimagent nach Italien. Sein Gehalt wurde noch bis 1727 weitergezahlt, offenbar ohne daß Stosch sich weiter mit den Dresdener Sammlungen befaßt hätte.[79]

Heucher berichtete dem König am 20. August 1720: »Ew. Königl. Maj. sage zuvörderst allerunterthänigsten danck daß Selbige das allergnädigste Vertrauen zu mir gefast, und die reglirung dero Naturalien- und etampen-Cabinets mir allergnädigst anbefehlen wollen; da nun sothane Cabinetter in so weit zu stande gebracht, als Dero mir aus dem grünen Gewölbe, Handbibliotheqve, und anderweit angeschaffte hirzu gehörige Dinge es zu laßen wollen, ich auch hierüber accurate und vollständige Catalogos Verfertiget; So ersuche Ew. Königl. Maj. allerunterthänigst, jemand zu verordnen, deme alles und jedes, was bishero unter Händen gehabt, gerichtlich übergeben und so dann meine darüber ausgefertigte Inventarien beschwöhren möge, damit nicht dermahl eins dieserwegen Verantwortung haben, und ein und anderen inconvenienzien mich exponiret sehen möge.

Solte alsdann Ew. Königl. Maj. gefallen mit der perfectionierung und Completirung dieser und anderer Cabinetter fernerweit zu commitiren; So bitte Ew. Königl. Maj. in aller unterthänigkeit, nicht allein aus dero Ministerio jemand zu bestellen, unterdeßen autorithaet und Direction ich meine

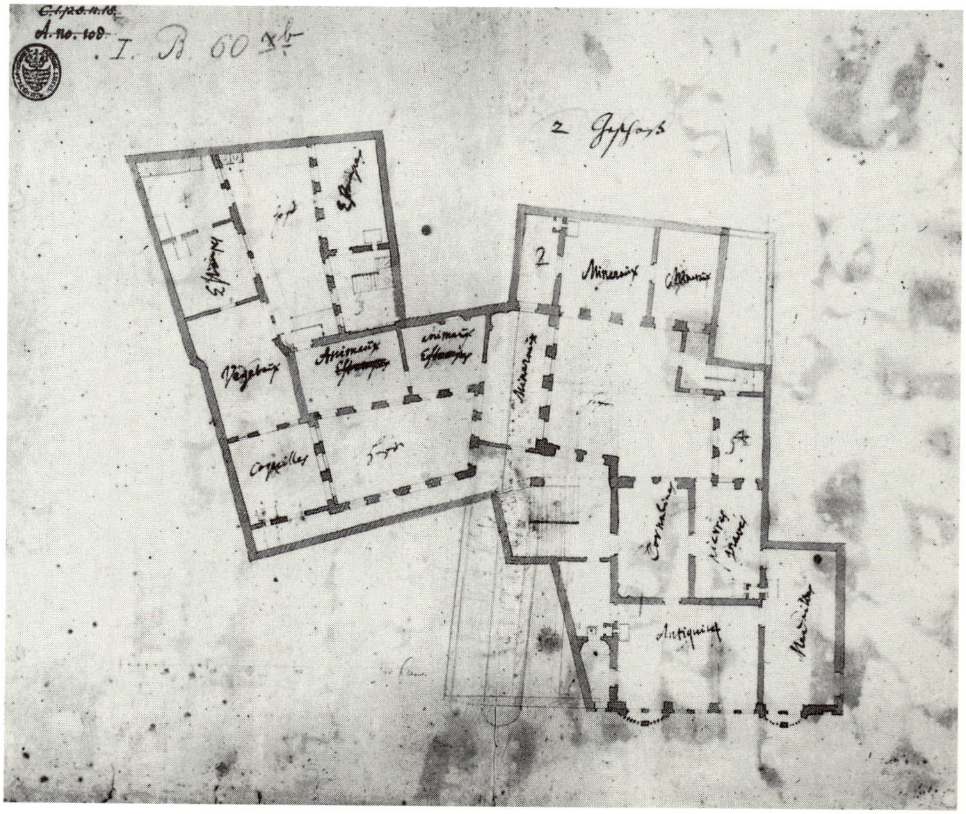

Regimentshaus, Grundriß vom ersten Obergeschoß mit Eintragungen Augusts des Starken, 1720. Staatsarchiv Dresden
Im ersten und zweiten Obergeschoß des Regimentshauses ließ August der Starke 1720 die Bibliothek und einige Sammlungskomplexe aufstellen. Die Raumdisposition hat er selbst mit roter Tinte in die Grundrißzeichnungen eingetragen. Vier zusammenhängende Säle am Jüdenhof sollten Antiken (»Antiquitet«), Münzkabinett (»Medailles«) und Gemmen (»Cornalines«, »pierres gravés«) aufnehmen. Den Mineralien waren drei hintere Räume, dem Naturalienkabinett (»Vegetaux«, »Coquilles«, »Animaux«) vier Räume am zweiten Hof, dem Kupferstichkabinett zwei Räume am dritten Hof bestimmt. Die Bibliothek sollte in 14 Zimmern des zweiten Obergeschosses aufgestellt werden. Inwieweit die Vorstellungen des Königs realisiert wurden, bleibt ungewiß.

Arbeit, so lediglich auf die Gloire Ew. Königl. Maj. gerichtet, continuiren könte; Sondern auch allergnädigsten Befehl zu ertheilen, waß von dergleichen Couriositaeten in Dero grünen Gewölbe, Stalle, Bibliotheqve, Kunst Kammer, und anderweit annoch zerstreuet, gegen hirzu gehörige belege, mir ausgehandiget werde«.[80]

Der König entsprach Heuchers Antrag; indem er dem Kabinettsminister Grafen Manteuffel die Verantwortung für die Sammlungen übertrug, bestätigte er die »Cabinetter« als königliche Institution. In Manteuffels Bestallungsurkunde vom 20. November 1720 heißt es: »Nachdem Wir aus eigener Bewegung und geraumer Zeit her dahin bedacht gewesen, so wohl vermittelst Vermehrung Unserer Bibliothequen, als Anschaffung anderer zur Gelehrsamkeit und zu guten Künsten und Wissenschafften gehöriger vielen Dinge durch unser eigen Exempel zu zeigen, wie sehr Wir derselben Auffnahme in Unsern Landen wünschen; und Wir dannenhero nicht allein umb Unserer Curiositet ein genügen zu thun, sondern auch umb denjenigen, so solchen Wissenschafften obliegen, zu derselben Fortsetzung behülfflich zu seyn, die gnädigste Entschließung gefasset, Unsere Bibliothequen wie auch die bereits etablierte Medailles, Estampes, Conchilien, Vegetabilien und Animalien-Cabineter, ingleichen Unsere Anatomie-Cammer zu noch größerer perfection zu bringen, hiernechst aber auch noch mehrere Cabineter von Antiquiteten, Cornallinen und Camées, Animalien und dergleichen zur Gelehrsamkeit und Curiositet gehörigen Dingen zu etabliren, anbey diejenigen, welche denselben bereits vorgesetzet sind, oder noch künfftig dazu bestellet werden mögten, umb in denen von uns an Hand gegebenen Desseins desto besser zu reussiren, unter der Direction eines Unserer Ministrorum ihre Verrichtungen fortsetzen zu lassen und Wir dan dieserhalb Unser absehen insbesondere auff euch, eurer Uns bekannthen, und hierzu erforderlichen Capacitet und geschicklichkeit halber gerichtet, mithin euch hierdurch zu Unsern Directeur-General Unserer Bibliothequen und Cabineter in Gnaden ernennen, und alle diejenigen, so solche bißhero unter Händen gehabt an euch krafft dieses verweisen; Als ist hiermit Unser gnädigstes begehren, Ihr wollet euch sothaner Verrichtung gebührend unterziehen, von dem Zustand obiger Sachen genaue Erkundigungen einziehen, wie derselben bessere ordnung und perfection zu befördern seyn mögte, behörig überlegen, und was bey fernerer anschaffung und disposition, nach der von Uns euch zu eröffnenden gnädigsten Willens-Meynung zu beobachten seyn mögte, gebührend besorgen, auch sothaner anschaffung und disposition durch euer unterschrifft, welche statt Unserer eigenen jedesmahl consideriret werden soll, legitimiren, ferner Unserm HoffRath Heucher, nach Gehalt seines, in copia hierbey geschlossenen, und von Uns ihm gnädigst zugestandenen petiti, die über Unsere, ihm gnädigst anvertraute Reyse-Bibliothec, auch Cabineter gefertigte Inventaria und Specificationes eydlich beschwören lassen ... Wie Wir dann auch schließlich, daß die in Unsern Bibliothequen, Grünen Gewölbe, Kunst Cammer, Stalle, Hoffapotheke und anderwerts befindliche, und zur vermehrung Unserer Cabineter dienliche Sachen auff euer verlangen ... extradiret und verabfolget werden, behöriger orthen zu verfügen gnädigst entschlossen sind ...«.[81]

Ernst Christoph Graf von Manteuffel, als Diplomat seit 1701 in sächsischen Diensten, war 1715 zum Kabinettsminister ernannt worden.[82] Er hatte in Leipzig Jura studiert, war begeisterter Anhänger der Wolffschen Philosophie und betätigte sich auch als Schriftsteller und Übersetzer.[83] Der König hatte in ihm also zu Recht die »erforderliche Capacitet« gesehen.

Heucher wurde 1721 von Kaiser Karl VI. in den erbländischen Reichsritterstand mit dem Prädikat »Edler von« erhoben. Diese Standeserhöhung würdigte neben Heuchers Verdiensten um die medizinische Wissenschaft und der Gründung des Botanischen Gartens in Wittenberg auch die Einrichtung des Dresdener Naturalienkabinetts.[84]

Heucher war mit der provisorischen Unterbringung der Sammlungen im Regimentshaus nicht zufrieden. Er drängte den König, ein besser geeignetes Lokal zur Verfügung zu stellen: »Und weilln Ew. Königl. Maj. bishero beliebet, die mir anvertraute effecten in einen bürgerlichen Hause verwahrlich zu behalten, dieses aber so wohl Feuers, als anderer gefahr, mehr als zu sehr exponiret; Alß will hirmit Ew. Königl. Maj. allerunterthänigst, die gefahr, darinne diese pretiosa stehen, vorgestellet und dieselben allerunterthänigst gebethen haben, ohne Verzug dahin bedacht zu seyn, daß diese Dero Cabinets in die Ew. Königl. Maj. zugehörige gebäude Transportiret werden, da denn ohne maßgebung, ein solcher Raum choisiret werden müste, daß das Cabinet des Mineraux, als ein Nothwendiges Stück des Naturalien Cabinets, zugleich placiret werden könte ...«.[85] Es vergingen mehrere Jahre, bis diese Bitte erfüllt wurde.

ICCanders Stadtbeschreibung erwähnt die Sammlungen im Regimentshaus, das »An. 1720 ... darzu eingerichtet worden, daß man 1721. nicht nur die Königl. Bibliothec, sondern auch die Königl. ... Raritäten-Cabineter, wie nicht weniger die Anatomie-Cammern in der schönsten Symmetrie, unter Direction Sr. Excell. des Herrn Geh. Cabin. Ministri, Graf Mannteufels, dahin, als in ein Centrum zusammen transferiret. Eine Treppen hoch sind zwey Indianische Schlangen an der Decken der Antichambre angebracht, die 10. bis 12. Ellen lang«.[86]

Noch am 20. Januar 1728 besichtigte Friedrich Wilhelm I. von Preußen »die in dem sogenannten Collection-Hause aufm Jüden-Hof ... befindlichen Cabineter, ingl. die Kön. Bibliothec und Anatomien-Cammer«.[87]

Im Dezember 1722 wurde im Regimentshaus ein skandalöser Diebstahl entdeckt. Der auch für das Münzkabinett verantwortliche Bibliothekar Seebisch hatte die Schlüssel im Vorzimmer liegen lassen, was die Frau des Lakaien Neuber dazu verführte, in den Sammlungsraum einzudringen und aus unverschlossen herumliegenden Paketen einige hundert Münzen zu entwenden. Der Goldschmied, dem die Münzen durch eine Mittelsperson angeboten wurden, schöpfte natürlich Verdacht, und bald konnte die Neuberin mit zwei Helferinnen überführt werden. Der Leipziger Schöppenstuhl empfahl Staupenschläge und ewige Landesverweisung. Der König dagegen wollte die Delinquentin zunächst ins Zuchthaus Waldheim bringen lassen, entschloß sich aber, wegen ihrer drei kleinen Kinder auf eine Haftstrafe ganz zu verzichten unter der Bedingung, »daß sie sich sofort hinwegmache, und niemahls wieder allhier sehen ... laße«.[88]

* * *

DAS GRÜNE GEWÖLBE. Im Westflügel des Residenzschlosses befanden sich einige gewölbte Erdgeschoßräume, die seit ihrem Ausbau im 16. Jahrhundert gegen Brand und Diebstahl hervorragend gesichert waren. Sie wurden deshalb als »Geheime Verwahrung« genutzt und nach dem Wandanstrich »Grünes Gewölbe« genannt.[89] Der nördliche Kopfsaal sollte wohl ursprünglich eher repräsentativen Zwecken dienen, denn seine Dekkengewölbe wurden mit hervorragend feinen Stuckreliefs verziert.[90] Zugänglich war er nur von einem der angrenzenden Räume, die eine Wendeltreppe mit der kurfürstlichen Wohnung verband.

Im Grünen Gewölbe verwahrte der Kurfürst Edelmetallvorräte und Münzen, Juwelen und Geheimpapiere, aber auch Kunstwerke von besonderer Kostbarkeit. August der Starke hatte an diese Tradition angeknüpft und 1704 den Geheimen Cämmerier Friedrich Christian Starcke mit der Aufsicht über die Geheime Verwahrung betraut.[91] Hier wurde 1709 Dinglingers Hofstaat des Großmoguls und 1722, neben anderen Kabinettstükken, der Obeliscus Augustalis untergebracht.[92]

Der König hatte 1719 den bislang im »Retirade Gemach« seiner Woh-

Bernard Vogel: Porträt Johann Melchior Dinglinger, 1736. Schabblatt nach einem Gemälde von Jan Kupezky, um 1712

Der berühmte Hofgoldschmied Johann Melchior Dinglinger (1664 bis 1731), seit 1692 in Dresden tätig, hat mit seinen Juwelengarnituren und Kabinettstücken den Charakter des Grünen Gewölbes wesentlich geprägt.

Entwurf zur Aufstellung des Kaffeezeugs von Dinglinger, um 1723. Staatsarchiv Dresden

Dinglingers erstes großes Kabinettstück wurde zunächst 1704 in der Kunstkammer aufgestellt, gelangte aber 1710, wohl im Zusammenhang mit der Auslagerung der Kunstkammerbestände, wieder in die Werkstatt des Meisters, um erst 1729, überarbeitet und erweitert, im Juwelenzimmer des Grünen Gewölbes aufgestellt zu werden. Der Entwurf des Prunktisches gehört einer früheren Planungsphase an und wurde nicht ausgeführt. Später schnitzten Benjamin Thomae, dann Johann Christian Kirchner Prunktische zur Aufstellung im Grünen Gewölbe.

nung aufbewahrten Juwelenschmuck »in das so genannte Grüne Gewölbe ... zu guter Verwahrung in dem darzu verferttigten Großen Jubelen Schrank bringen und rangiren lassen«; das 1722 unterzeichnete Inventar führt neben zehn Garnituren viele Einzelstücke auf.[93]

Im Jahre 1723 ließ der König unter Pöppelmanns Leitung zwei Räume der Geheimen Verwahrung, den später Pretiosensaal genannten Kopfsaal und das anschließende »Grüne Gewölbe«, das spätere Silberzimmer, zu einer musealen Schatzkammer umgestalten.[94] Die Wandfelder wurden im Kopfsaal verspiegelt, im Vorsaal mit Holz verkleidet, in beiden Räumen mit hölzernen Konsolen besetzt.

Nachdem erstmals 1693 im Schloß Oranienburg ein Spiegelkabinett mit Porzellanarrangements dekoriert worden war, hatte man in mehreren deutschen Schlössern ähnliche Ensembles geschaffen.[95] Auch die museale Verwendung dieser Dekorationsweise war bereits bekannt. In seiner ›Geöffneten Raritäten- und Naturalien-Cammer‹ hatte Leonhard Christoph Sturm schon 1704 für die Errichtung von »Schatz-Gemächern« empfohlen: »Es stehet auch sehr schön / wenn man die Wände in Felder eintheilet / diese mit schönen Rahmen einfasset und mit Spiegeln ausfüllet / auf welchen vergüldete Postementgen befestigt und die kostbaren Gefässe darauf gesetzet werden können«.[96] Im Kapitel »Von Schatzkammern« und im Grundriß seines Idealmuseums sieht Sturm für die Schatzkammer vier Erdgeschoßräume vor; der erste soll Kameen, Münzen und Medaillen enthalten, der zweite »Trinck-Gefässe / Wasch-Gefässe / Rauch-Fässer und Blumen-Töpfe / item Thee-Geschirr von Edelsteinen / Gold / Japanischer lacquirter Arbeit und raren Porcellain«, der dritte Arbeiten von Elfenbein, Korallen, Edelsteinen, der vierte schließlich Prunkwaffen.[97] Den ersten wie den letzten Komplex Sturms hat August der Starke aus seiner Schatzkammer ausgeklammert, die beiden übrigen aber entsprechen etwa den Intentionen

Carl Friedrich Pöppelmann (?): Entwurf eines Juwelenschrankes, 1723/24. Nach: v.Arps-Aubert, Sächsische Barockmöbel (1939). Verlust, ehem. Grünes Gewölbe
An der Ostwand des Pretiosensaals wurde 1724 eine Schrankvitrine von fast 6 m Länge und (in der Mitte) 2 m Höhe aufgestellt. Hinter acht Glastüren barg sie auf zwölf schräggestellten, mit Leder bezogenen Holztafeln die Juwelengarnituren Augusts des Starken. Bei der Einrichtung des Juwelenzimmers 1729 wurde die Vitrine nicht wieder verwendet.

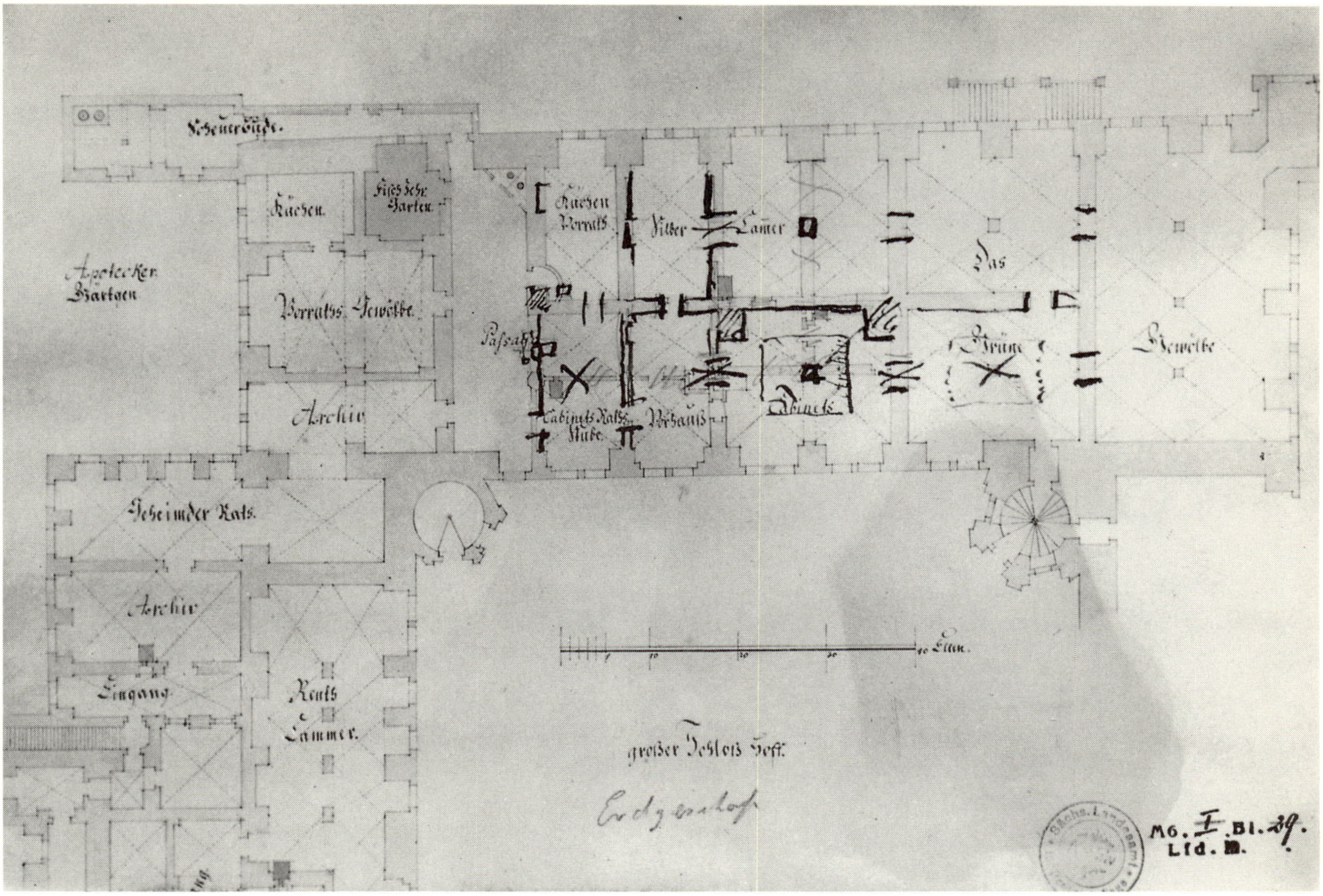

Dresdener Schloß: Grundriß vom Erdgeschoß des Westflügels mit Eintragungen Augusts des Starken, 1727. Institut für Denkmalpflege, Planarchiv
In den Gewölben der »Geheimen Verwahrung«, nach ihrem Wandanstrich »Grünes Gewölbe« genannt, wurden seit alters Vorräte von Edelmetall, Juwelen, Münzen sowie Geheimpapiere verwahrt. August der Starke ließ 1723 den Kopfsaal und die beiden angrenzenden Zimmer zur repräsentativ ausgestatteten Schatzkammer umbauen. Bevor der König 1727 nach dreijähriger Abwesenheit aus Warschau zurückkehrte, schickte er dem Geheimkämmerer Lange Anweisungen zur Erweiterung des Raumkomplexes. Der abgebildete Grundriß zeigt seine mit kräftigem Strich markierten Vorstellungen.

des Grünen Gewölbes, in dessen Räumen die museale Präsentationsform der Konsolenarrangements vor getäfelten und verspiegelten Wänden zur höchsten Vollendung geführt wird.

Das schlichtere Eingangszimmer, nunmehr zugänglich über eine doppelläufige Außentreppe, war 1723 vollendet. Mehr Zeit erforderte die Gestaltung des Pretiosensaals mit seinen verspiegelten und plastisch verzierten Wänden. In das Arrangement der Ostwand wurde eine große Juwelenvitrine einbezogen, hinter deren Glastüren die Garnituren auf schräg gestellten Platten befestigt waren.[98]

In dieser Gestalt hatte die Schatzkammer indessen nur wenige Jahre Bestand. Bevor August der Starke nach dreijähriger Abwesenheit 1727 aus Warschau in die Elbresidenz zurückkehrte, schickte er den Geheimen Cämmerier Lange mit neuen Ideen und Anweisungen voraus: »7. Soll der Accis Rath Lange sogleich bey seiner Ankunfft in Dreßden, in denen Gewölbern, wo bishero das Geheimbde Cabinet gewesen auch in denen Gewölbern, welche die Silber Cammer und Küche inne gehabt anfangen zu bauen, als die vier Fenster in großen Schloß Hoff herein zu vergrößern und in drey Gewölber marmorne Fuß Böden wie auch marmorne Thür Gewende bestellen, ingleichen die dazu benöthigten Eisern Thüren und Eisern Fenster Laden auf das fördersamste verfertigen ...«.[99] In einem Grundriß hat der König seine Intentionen mit kräftigen Strichen markiert.[100] Jeweils drei Zimmer der westlichen (»Silber Cammer«, »Küchen

Vorrath«) und der östlichen, zum Hof gelegenen Raumflucht (»Cabinets Archiv«, »Vorhauß«, »Cabinets Rath Stube«) wurden zum Grünen Gewölbe gezogen – sämtlich dringend benötigte Räumlichkeiten der Hofhaltung und Staatsverwaltung, für die Ersatz gesucht werden mußte. Wände wurden versetzt, eiserne Türflügel und Fensterläden angebracht, alle Räume mit Marmorfußböden versehen.

Während der Pretiosensaal die Grundstruktur von 1724 bewahrte, wurde das nunmehr ausschließlich zur Aufnahme silbervergoldeter Werke bestimmte ehemalige Eingangszimmer entsprechend seiner neuen Funktion umgestaltet. Innerhalb von zwei Jahren entstand ein musealer Schatzkammerkomplex von sieben kostbar ausgestatteten Räumen. Die Forschungen Gerhard Glasers haben den Bauablauf bis ins Detail erhellt.[101] Glaser konnte nachweisen, daß die gesamte künstlerische und technische Leitung in den Händen von Matthäus Daniel Pöppelmann lag.[102] Entsprechend der kollektiven Arbeitsweise der Oberbauamts schließt das eine Beteiligung anderer Architekten nicht aus; in der letzten Phase ist der Einfluß Zacharias Longuelunes erkennbar, und Raymond Leplat hat zwar keine Entwürfe geliefert, aber als Verantwortlicher für die »innerliche Ausbauung und Verzierung derer Gemächer« zweifellos an der Ausstattung mitgearbeitet.[103]

Die beteiligten Künstler und Handwerker sind zum großen Teil aus ihren Rechnungen faßbar.[104] Umfang und Tempo der Arbeit erforderten eine Konzentration der Kräfte; so waren allein an der Verlegung der Fußböden acht Marmorarbeiter beteiligt. Den plastischen Dekor schnitzten Benjamin Thomae, Christian Kirchner und Johann Joachim Kändler, als Lackierer wirkten Martin Schnell und Christian Reinow. Neben den Hofkünstlern, deren Namen aus der Dresdener Kunstgeschichte wohlbekannt sind, arbeiteten viele kaum bekannte Künstler und Handwerker mit.

Ein zuverlässiges Bild von der musealen Nutzung der Räume vermitteln die 1733 nach dem Tode Augusts des Starken angefertigten Inventare.[105] Wertvoll sind auch die Notizen von Johann George Keyßler, der das Grüne Gewölbe 1730 unmittelbar nach seiner Fertigstellung besichtigte, und die weniger zuverlässigen Angaben der erstmals 1737 gedruckten ›Beschreibung‹.[106]

Das Grüne Gewölbe war vom Komplex der Wohn- und Repräsentationsräume konsequent getrennt. Lage und Sicherung waren ebenso auf die museale Funktion bezogen wie die künstlerische Ausstattung. Bedeutsam ist der hohe Grad an Öffentlichkeit, den der König seiner Schatzkammer zugestand. Im Rahmen der gesellschaftlichen Schranken und der angesichts einer Fülle von Objekten aus kostbarem Material unverzichtbaren Sicherheitsvorkehrungen war das Grüne Gewölbe dem Publikum zugänglich. In der Bestallungsurkunde eines Inspektors von 1732 heißt es: »Und ob Wir zwar recht geschehen lassen können, daß denen frembden sowohl als einheimischen die in obgemeldten grünen Gewölbe befindliche Jubelen und Kostbarkeiten gezeigt werden; So ist doch ein guter Unterschied zu machen, daß nicht alle und jede und auch deren niemahls zuviel auf einmahl geführet werden«.[107]

Die offizielle Bezeichnung des Museums war zunächst »Königliche Schatz-Kammer«, im Hof- und Staatskalender findet sich seit 1728 »Cabinet des gemmes«.[108] Doch der alte Name Grünes Gewölbe für den ganzen Sammlungskomplex setzte sich bald auch im offiziellen Sprachgebrauch durch und blieb bis heute erhalten.[109]

Mit den »Vorratsgewölben« nahm der Raumkomplex den gesamten Westflügel ein. »Ehe man in die Zimmer tritt, müssen die Schuhe vom Staube gesäubert werden, damit davon nichts in die Zimmer, deren Fuß-Böden insgesamt von verschiedenen Marmor zusammengesetzet, und täglich poliret werden, getragen und gebracht werde. Es ist dieses grüne Gewölbe im innern Schloß-Hofe par terre in einer Ecken anzutreffen, von aussen her, wie das Schloß-Gebäude gelb angestrichen, und die Fenster mit doppelten mit Eisen starck beschlagenen Läden verschlossen, auch Tag und Nacht mit Miliz-Wachten besetzet«.[110]

Zunächst kam man in den gestreckten dunklen Vorsaal, von dem links drei Türen zu den Vorratsgewölben abgingen, rechts gleich vorn die Tür zu einem »klein Apartement …, wo Degen und Stock abgeleget wird, und sich diejenige Person, welche herum führet, befindet«.[111] Das Grüne Gewölbe hatte bereits einen ausgeprägten Eingangsbereich mit Foyer, Garderobe und Toiletten.

Der Rundgang begann im Bronzenzimmer.[112] Die Wände des Raums (8,10 × 4,90 m) waren streng gegliedert, »broncirt«, d. h. ihre Vertäfelung aus Eichenholz war geräuchert und gewachst und sparsam durch Spiegelflächen belebt. Fünf feuervergoldete Kupfermedaillons mit den Profilporträts Augusts des Starken, des Kurprinzenpaares und des preußischen Königspaares leuchteten aus den Segmentbögen. Etwa hundert figürliche Bronzen, überwiegend Werke des Manierismus und des Barock, verteilten sich über Postamente, Wandkonsolen und Gesims.[113] Es war dies nur ein Teil der Bronzeskulpturen, die August der Starke der Kunstkammer ent-

Grünes Gewölbe: Bronzenzimmer. Aufnahme 1904
Das Bronzenzimmer mit seinen drei Türen war als Eingangsraum konzipiert. Zu seinem repräsentativen Charakter trugen fünf vergoldete Kupfermedaillons mit Fürstenporträts ebenso bei wie die Reiterstatuetten Augusts des Starken auf kostbaren Sockeln, der (nicht erhaltene) polnische weiße Adler mit Szepter und Krone, der von der Decke herabhing, und zwei englische Standuhren. Große Bronzegruppen standen auf Boullepostamenten, einzelne Figuren auf Konsolen vor den dunkel »bronçirten« Wandfeldern. Das Bronzenzimmer wurde 1913 ebenso wie das Elfenbeinzimmer erweitert.

Grünes Gewölbe: Elfenbeinzimmer, Ostwand. Aufnahme nach 1913
Das Elfenbeinzimmer wurde 1730/31 als einer der letzten Räume des Grünen Gewölbes eingerichtet. Beim Umbau 1913 wurde durch die Entfernung der Südwand die Fläche verdoppelt, die fein abgestimmte Marmorierung der Holzwände durch einen einförmigen düsteren Anstrich ersetzt. Die im Vergleich zu Pretiosensaal und Silberzimmer eher sparsam verteilten Konsolen trugen Skulpturen und Gefäße, die Drechselarbeiten standen überwiegend auf dem Gesims.

nommen oder selbst erworben hatte; weitere Werke standen in der Bildergalerie (s. unten S. 67) oder hatten bei der Dekoration anderer Säle Verwendung gefunden.

Zwei Reiterstandbilder Augusts des Starken beherrschten den Raum, zehn größere Bronzen, zumeist bewegte Gruppen wie Pluto und Proserpina oder Hercules und Antäus, standen auf hohen Postamenten vor den Wänden. Auf Wandkonsolen standen 32, »ferner auf dem Gesimße« weitere 58 Statuetten. Entsprechend ihrer Wertigkeit im Ensemble waren die Einzelstücke also auf drei Sichtebenen verteilt; eine ähnliche Gliederung läßt sich auch in anderen Räumen des Grünen Gewölbes beobachten. Zwei englische Standuhren vervollständigten die Ausstattung des Bronzenzimmers, das als Eingangsraum mit drei Türen weiteres Mobiliar nicht enthielt. Die Reiterstandbilder und die vergoldeten Medaillons mit Herrscherporträts verliehen ihm einen dynastisch-repräsentativen Charakter, der durch ein (nicht erhaltenes) Requisit der Herrscherallegorie noch verstärkt wurde: »Ein weiß angestrichener hölzerner Adler, so in der Mitte dieses Zimmers schwebend hänget, hält in der rechten Klaure eine hölzerne vergoldte Crone, in der lincken einen Scepter«.[114]

Das im Westtrakt anschließende Elfenbeinzimmer entsprach in Größe und Struktur dem Bronzenzimmer, wie dieses wurde es erst 1729 vollendet, war aber nach Keyßlers Zeugnis im Oktober 1730 noch immer nicht fertig eingerichtet.[115] Die Wände waren vertäfelt, »über und über auf Marmor-Art lacciret« und verzichteten völlig auf Verspiegelung. Dies könnte durch konservatorische Rücksichten bedingt sein: Elfenbein reagiert empfindlich auf Temperaturschwankungen, vor denen eine isolierende Holzverkleidung einigen Schutz bietet. Die Marmorierung ist das Werk des »Hof-Laquier« Christian Reinow, der auch in anderen Räumen des Grünen Gewölbes als

Vergolder und Lackierer tätig war; er hat nach eigener Aussage die Wände »auf italienischer marmor art von zwölfferley Sorten gemahlet, Hernachmahls lakieret, geschliffen und polliret«.[116]

Nach dem nur sparsam durch Gold und Spiegelflächen belebten Braunton des Bronzenzimmers brachte das Elfenbeinzimmer mit seinen hellen, warmen Wandfarben zweifellos eine optische Steigerung. Einzelne Skulpturen und Gruppen standen auf vergoldeten Prunktischen und schlichteren »Rehfußtischen«, wie sie ähnlich auch in anderen Zimmern anzutreffen waren, andere Werke auf Wandkonsolen und auf dem Gesims.

Das früheste erhaltene Inventar des Elfenbeinzimmers stammt erst von 1819, so daß der ursprüngliche Sammlungsbestand nicht sicher überliefert ist.[117] Im wesentlichen dürfte es sich um jene Werke handeln, die auch später hier aufgestellt waren: Skulpturen und gefaßte Reliefgefäße, Meisterwerke der Schnitzkunst und virtuose Drechselstücke.[118]

Grünes Gewölbe: Elfenbeinzimmer, Mittelpfeiler. Aufnahme nach 1913
Nach dem Umbau 1913 übernahm der Mittelpfeiler die statische Funktion der entfernten Südwand. Vorn der große Bernsteinschrank, der 1728 als Geschenk König Friedrich Wilhelms I. von Preußen nach Dresden gelangt war und ursprünglich im Bernsteinkabinett neben dem Grottensaal im Zwinger aufgestellt war. Vor dem Wandfeld im Hintergrund rechts Johann Christoph Lückes großes Kruzifix (1737).

Grünes Gewölbe: Weißsilberzimmer. Foto nach 1913
Das Weißsilberzimmer wurde in der zweiten Bauphase des Grünen Gewölbes als erster Raum vollendet. Vor den zinnoberrot gestrichenen, zum Teil versiegelten Wänden stand silbernes Prunkgeschirr, das bereits nach 1763 größtenteils eingeschmolzen wurde. Nach dem 1782 in ihm aufgestellten Kamin Johann Christian Neubers wurde der Raum Kaminzimmer, nach 1913 Emaillenzimmer genannt. Die Wandvitrine rechts und die Deckenlampen stammen von dem 1913 abgeschlossenen Umbau.

Grünes Gewölbe: Pretiosensaal. Foto nach 1913
Der größte Raum des Grünen Gewölbes war bereits 1724 verspiegelt und mit vergoldeten Wandkonsolen versehen worden. Die hervorragend schöne Stuckdecke des 16. Jahrhunderts hatte man sorgsam konserviert. In der zweiten Bauphase sollten an der Ostwand die drei großen Kabinettstücke Dinglingers aufgestellt werden, die jedoch dem Juwelenzimmer zugewiesen wurden. Auf dem Foto sind die holzgeschnitzten, vergoldeten Baldachine für den Obeliscus Augustalis und den Hofstaat des Großmoguls zu erkennen. Auf den sog. Rehfußtischen und den etwa 300 Wandkonsolen standen Werke der Steinschneide- und Goldschmiedekunst.

Vom Elfenbeinzimmer gelangte man in das etwa doppelt so große Weißsilberzimmer, das als erster Raum der zweiten Bauperiode vollendet und stärker von Pöppelmann geprägt war als Bronzen- und Elfenbeinzimmer. Mittelpfeiler, Pilaster, Wandfelder und Ecken waren verspiegelt, die Holzflächen leuchteten zinnoberrot. Vor diesem Grund war »lauter weiß Silber von der raresten Augsburger Arbeit, … Pyramiden-weiß aufgesetzet, wie auch auf Tischen alles in der schönsten Ordnung rangiret«.[119] Als einziger Raum des Grünen Gewölbes hat das Weißsilberzimmer seinen Bestand früh verloren: Bald nach 1763 wurde das Tafelgeschirr zum überwiegenden Teil eingeschmolzen. Nach dem 1782 aufgestellten Kamin von Johann Christian Neuber wurde der Raum Kaminzimmer, später Emaillenzimmer genannt.

Das Silberzimmer oder, wie es die alten Inventare korrekt nennen, das Silbervergoldete Zimmer war in der zweiten Bauperiode entsprechend seiner neuen Bestimmung verändert worden. Wandfelder, Schildbögen, Mittelpfeiler und Ecken waren nunmehr verspiegelt, Rahmenstreifen und Konsolen erhielten einen strahlend grünen Anstrich. Die Wirkung der Spiegelflächen war aufs höchste gesteigert: Beide Türen waren versteckt, die Kunstwerke standen vor Spiegelflächen, die sie reflektierten und ihrerseits von gegenüberliegenden Spiegeln reflektiert wurden; so entstand die Illusion eines geschlossenen, in sich selbst unendlichen Raums, die nur durch die Fenster beeinträchtigt wurde.

Über dreihundert Wandkonsolen unterschiedlicher Größe und Form nahmen die Meisterwerke der Goldschmiedekunst auf, einzelne Prunkstücke standen auf Einfußtischen und Rehfußtischen vor den Wänden.

Der Pretiosensaal, größter Raum des Grünen Gewölbes, hat im wesentlichen die Gestalt der ersten Bauphase bewahrt; seine Wände waren bereits 1724 großflächig verspiegelt und mit vergoldetem Schnitzwerk geschmückt worden. In den Fensterleibungen wurden zehn lebensgroße Porträtgemälde

Matthäus Daniel Pöppelmann: Entwurf eines Wandfelds im Pretiosensaal mit Dinglingers Hofstaat des Großmoguls, 1727. Verlust, ehem. Grünes Gewölbe
Der Umbau des Pretiosensaals ließ Dinglingers Werk eine dominierende Rolle spielen. Die drei großen Kabinettstücke sollten auf neuen Prunktischen Johann Christians Kirchners unter vergoldeten Baldachinen vor den Spiegelflächen der Ostwand aufgestellt werden: in der Mitte der Obeliscus Augustalis, links das Kaffeezeug, rechts der Hofstaat des Großmoguls. Die Zeichnung Pöppelmanns beschränkt sich auf die präzise Wiedergabe der Dekoration.

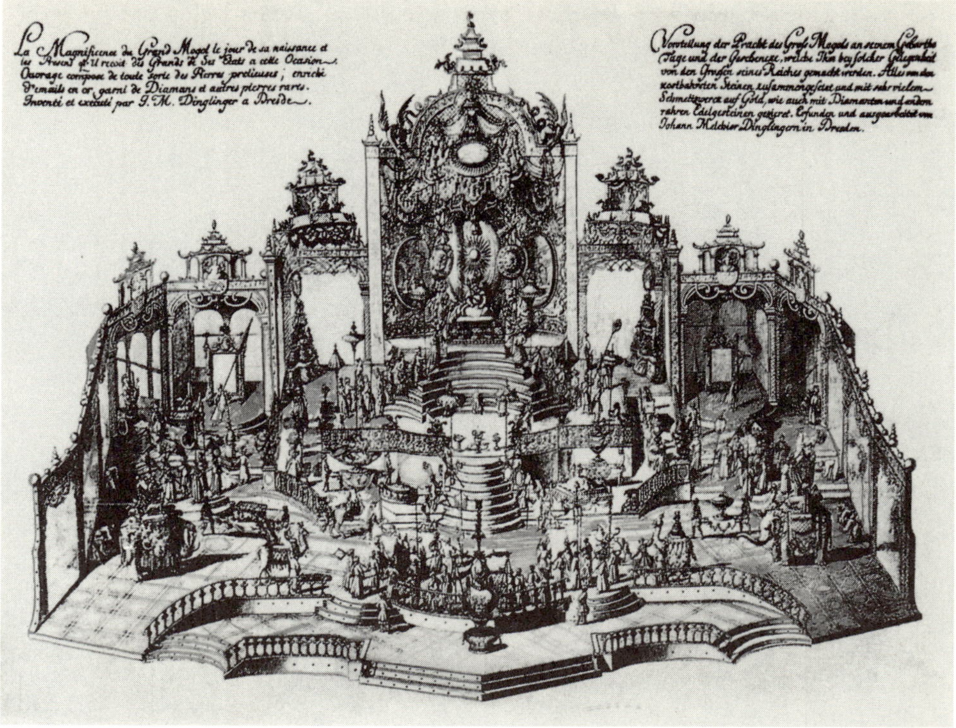

Christian Philipp Lindemann: Der Hofstaat des Großmoguls, 1739 Stich nach einer Zeichnung von Anna Maria Werner. Verlust, ehem. Grünes Gewölbe
Dinglingers großartigstes und populärstes Kabinettstück war 1707 vollendet und wurde 1709 in der »Geheimen Verwahrung« aufgestellt. In den Planungen des Grünen Gewölbes spielte das Werk eine große Rolle. Dinglinger war der thematische Aufbau des Werks und sein historischer Gehalt so wichtig, daß er eine ausführliche Erklärung niederschrieb (»Kurzer Entwurff der Magnificenz des Grossen Moguls an seinem Geburths-Tage bey Überreichung derer Geschenke«). Lindemanns Stich dokumentiert die authentische Komposition.

der albertinischen Kurfürsten von Moritz bis zum Kurprinzen Friedrich August angebracht; eine Manifestation des dynastischen Aspekts, wie er den Eingangsraum beherrscht hatte und wie er im Pretiosensaal auch in den bekrönten Kartuschen über den Türen anklingt.

Die große Juwelenvitrine hatte man abgebaut, weil für eine Aufbewahrung und Präsentation der Juwelen nunmehr ein eigenes Zimmer vorgesehen war. An ihrer Stelle sollte die Ostwand des Pretiosensaals ein großartiges Ensemble von Kabinettstücken Dinglingers aufnehmen: den Obeliscus Augustalis, flankiert vom Kaffeezeug und vom Hofstaat des Großmoguls. Für die drei Werke wurden holzgeschnitzte vergoldete Baldachine montiert und Prunktische angefertigt. Dennoch waren die drei Kabinettstücke nicht hier, sondern schon 1730 im Juwelenzimmer aufgestellt. Vermutlich hat der König seinen Plan im letzten Augenblick aufgegeben, weil die Beleuchtung sich als ungenügend erwies. Die Baldachine aber blieben an ihrer Stelle, von den neuen Prunktischen wurde nur der des Obeliscus seinem Zweck entsprechend genutzt.

Die Ausstattung des Pretiosensaals mit seinen drei Spiegelpfeilern war besonders kostbar; fast 300 prachtvoll geschnitzte Konsolen, elf Rehfußtische und zwei Adlertische nahmen die Meisterwerke der Steinschneide- und Goldschmiedekunst auf. Zwischen den Fenstern der Westwand wurde ein Kaminaufsatz des Frankfurter Steinschneiders Schwarzeburger angebracht. Bemerkenswert ist, daß der König die Stuckdecke des 16. Jahrhunderts in das neue Ensemble einbezog und sie durch den Stukkateur Georg Fröhlich restaurieren ließ.

Das Eckkabinett im Nordwesten des Pretiosensaals war nur durch diesen zu erreichen; es hat seine Gestalt von 1724 unverändert bewahrt. In dem kleinen achteckigen Raum, den eine von Isaak Wiwils gemalte Kuppel überspannte, ließ sich die Idee des Spiegelkabinetts am reinsten verwirklichen. Vor den sieben Spiegelwänden stand je ein Prunktisch mit Marmorplatte. Im Eckkabinett waren vor allem jene aus monströsen Perlen gefertigten Groteskfiguren aufgestellt, die bis heute zum charakteristischen Bestand des Grünen Gewölbes gehören.

Pretiosensaal und Eckkabinett mit ihrer prachtvollen Ausstattung, dem reichen Schnitzwerk, der üppigen Verspiegelung und der Kostbarkeit der hier ausgestellten Bestände bedeuteten zweifellos eine Steigerung gegenüber dem Silberzimmer, dessen grüne Wandfarbe sie aufnahmen. Sicher ganz bewußt wurde nun vor dem Höhepunkt des Ensembles, dem Juwelenzimmer, eine Zone der Entspannung und Beruhigung eingefügt.

Das Wappenzimmer, nur durch ein Fenster erhellt, verdankt seinen Namen den 44 vergoldeten Kupferplatten mit Wappen und Initialen, mit de-

Grünes Gewölbe: Juwelenzimmer. Foto nach 1913
Der Blick auf die Westwand zeigt vor dem verspiegelten Wandpfeiler den Obeliscus Augustalis auf dem von Johann Christian Kirchner gefertigten Tisch, unter den Bogenfeldern zwei Wandvitrinen mit Juwelengarnituren. In den Schubfächern wurde der »Vorrat« aufbewahrt. Mit seinen üppig verspiegelten und kostbar dekorierten Wänden war das Juwelenzimmer der eindrucksvollste und farbenprächtigste Raum im Grünen Gewölbe.

nen die großen Wandschränke besetzt waren. Sie stammen überwiegend aus der alten Garderobe, nur 17 Tafeln ließ der König neu anfertigen von dem Goldschmied Christian Friedrich Holland und dem Silberschmied Weniger – ein weiteres Beispiel sorgsamen Umgangs mit Vorhandenem.

Auch das Wappenzimmer war an zwei Wänden sparsam verspiegelt und mit Konsolen besetzt, doch gegenüber den anderen Zimmern des Grünen Gewölbes war der Raum so wenig attraktiv, daß nicht einmal ein bildliches Dokument von ihm existiert. Seine Einrichtung wurde nicht ganz vollen-

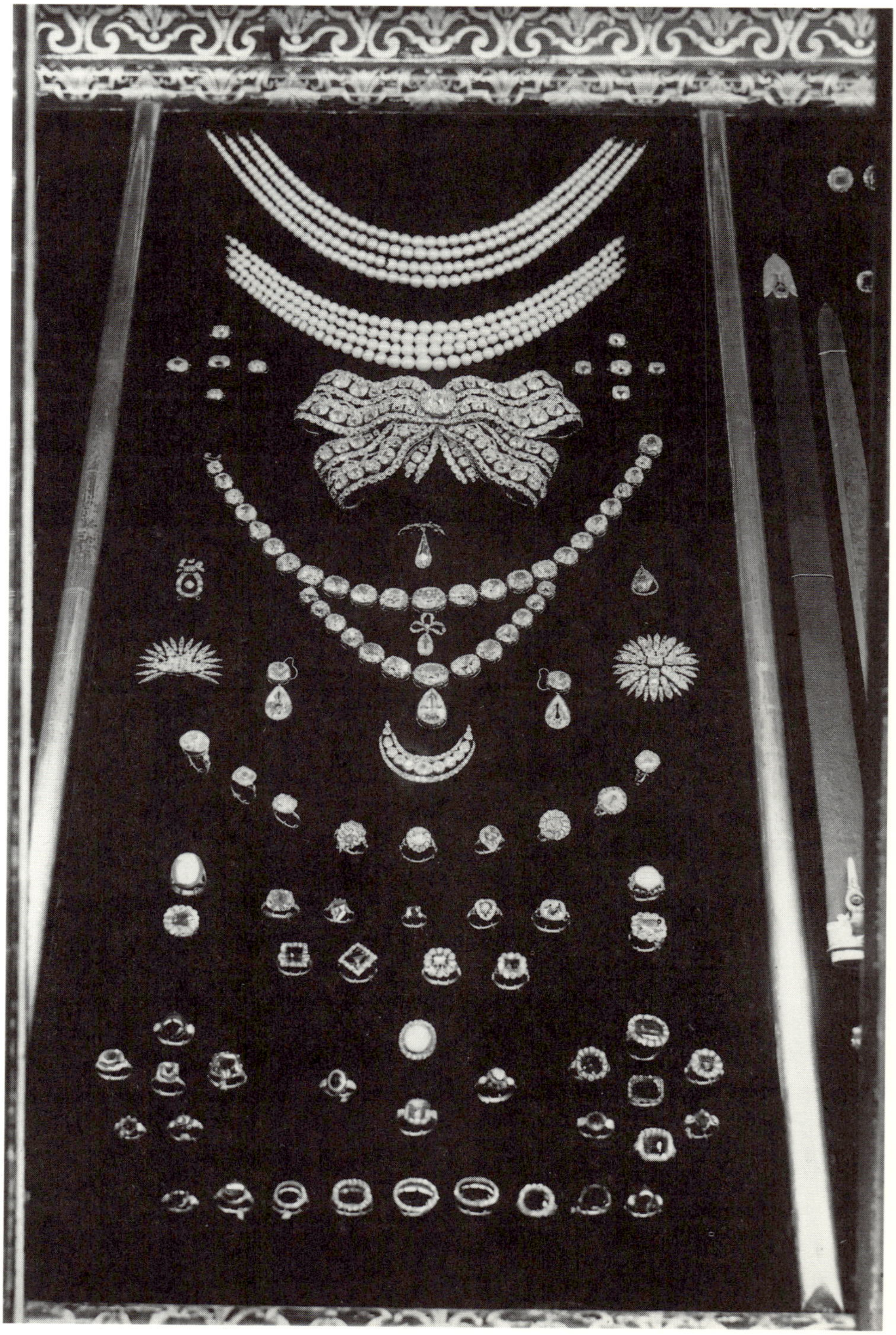

Grünes Gewölbe: Juwelenzimmer, Ausschnitt einer Wandvitrine. Foto Anfang 20. Jahrhundert
In den vier großen Wandvitrinen des Juwelenzimmers waren die Schmuckgarnituren und Kleinodien auf schräggestellten, mit schwarzem Samt bezogenen Platten ausgestellt.

det. Den Plan, in den Wandschränken Wachsfigurinen der sächsischen Kurfürsten aufzustellen, gab man offenbar bald nach dem Tode Augusts des Starken auf. Er hätte noch einmal den dynastischen Aspekt betont. Der Raum behielt etwas von dem Depotcharakter, den er in der alten Geheimen Verwahrung besaß.

Aus dem Wappenzimmer gelangte man in den letzten Raum, in das Juwelenzimmer. Es bedeutete nicht nur den Gipfel der Ausstattungspracht innerhalb des Grünen Gewölbes, sondern überhaupt »eine der höchsten

Grünes Gewölbe: Juwelenzimmer, Obeliscus Augustalis. Foto um 1930
Der Obeliscus Augustalis verbindet das im Barock häufig verwendete Motiv des ägyptischen bzw. römischen Obelisken mit einem Arrangement antiker und zeitgenössischer Steinschnittarbeiten. Das monumentale Werk wurde 1722 im Grünen Gewölbe aufgestellt, sollte 1727 im Mittelpunkt der Ostwand im Pretiosensaal stehen und fand schließlich vor einem verspiegelten Wandpfeiler des Juwelenzimmers seinen Platz. Für die Wirkung des Arrangements ist die Aufstellung vor einer Spiegelfläche unumgänglich, weil Dinglinger die Verdopplung durch den Spiegeleffekt vorgesehen hat.

Leistungen barocker Innenraumgestaltung«.[120] Vier große Juwelenvitrinen waren in die Wände eingelassen: zwei gegenüber der Fensterseite, je eine im Süden und Norden unmittelbar neben den Fenstern. Damit wurde das einfallende Tageslicht optimal genutzt. Unter jeder Vitrine befanden sich drei Schubfächer, die den »Vorrat« enthielten. In den Vitrinen waren Juwelengarnituren und Kleinodien auf schräggestellten schwarzen Samttafeln montiert. Die Spiegelflächen der Wände wurden von Ornamentfeldern eingefaßt, die mit Goldgravur auf blauem und karminrotem Grund verziert

Grünes Gewölbe: Juwelenzimmer, Apisaltar. Foto um 1930
Erst 1738, sieben Jahre nach Dinglingers Tod, ließ August III. den Apisaltar im Juwelenzimmer des Grünen Gewölbes aufstellen. Das Kabinettstück faßt die Überlieferung von ägyptischer Kultur, wie sie im frühen 18. Jahrhundert zugänglich war, zu einer großartigen kunsthandwerklichen Synthese zusammen.

waren. In dieser festlichen, bewegten Architektur war kein Raum für Wandkonsolen; nur einzelne große Kabinettstücke standen vor den Spiegelfeldern. Am Pfeiler der Ostwand hatte der Obeliscus Augustalis einen hervorragenden Platz gefunden. Weniger wirkungsvoll waren Dinglingers Teezeug und Hofstaat aufgestellt.

Trotz seines musealen Charakters hatte das Grüne Gewölbe etwas vom Geheimnis der Schatzkammer bewahrt. Schwere eiserne Türen, Fensterläden und Fenstergitter, Geheime Cämmeriers und Militärposten beschirmten die Juwelenpracht und den königlichen Glanz, der bis weit in das 19. Jahrhundert begrenzt zugänglich blieb.[121]

Trotz mancher nicht immer glücklichen Veränderungen und Umbauten behielt das Grüne Gewölbe im wesentlichen seine Struktur und seinen Bestand bis zur Bombennacht im Februar 1945. Die Zimmer der Hofseite brannten aus, die übrigen Räume aber hielten den Flammen stand. Leider führte die ungeschützte Lage in der Schloßruine später zu Verlusten, bis die erhaltenen Teile der Ausstattung deponiert werden konnten. Die Kunstwerke, während des Krieges in den Kasematten der Festung Königstein verwahrt, wurden von sowjetischen Truppen geborgen und kehrten 1958 in die Elbestadt zurück. Seit 1974 ist mit der Rekonstruktion von Wandfeldern des Silberzimmers und des Elfenbeinzimmers innerhalb der neugestalteten Ausstellung im Albertinum die museale Struktur des Grünen Gewölbes wieder dokumentiert. Zur Pöppelmann-Ausstellung 1987 wurden erstmals ein originales Wandfeld des Pretiosensaals und ein rekonstruiertes Wandfeld des Bronzenzimmers gezeigt. Die Rekonstruktion des Dresdener Residenzschlosses wird auch das Grüne Gewölbe in seiner alten Pracht wiedererstehen lassen.

* * *

DIE GEMÄLDE- UND SKULPTURENGALERIE. Wenn August der Starke sogleich nach seinem Regierungsantritt damit begann, in bedeutendem Umfang Gemälde zu erwerben, so folgte er damit einer Tendenz der Zeit: In den Jahrzehnten um 1700 gehörten Ankauf von Gemälden und Anlage von Bildergalerien zu den Gepflogenheiten deutscher Fürsten.[122] Dabei spielten Kunstliebe und Kennerschaft ebenso eine Rolle wie die repräsentative Funktion der Bildergalerien im Verband der Paradezimmer eines Schlosses. Kunstmarkt und Sammeltradition hatten sich in den Niederlanden, allerdings unter bürgerlichem Vorzeichen, bereits im 17. Jahrhundert ausgebildet.[123] Neben Italien waren es vor allem die niederländischen und flämischen Städte, in denen der Kurfürst-König einzelne Werke und ganze Kollektionen aufkaufen ließ, vor allem durch den Hofmaler Samuel Bottschildt. Als er 1708 selbst in den Niederlanden weilte, nutzte er den Aufenthalt zu einem größeren Ankauf in Antwerpen, dem im Jahr darauf eine durch den »Premier Commissaire« Raschke vermittelte umfangreiche Erwerbung folgte.[124] Damals kam zum Beispiel eines der großartigsten Werke des Rubens nach Dresden, Dianas Heimkehr von der Jagd (Galerie-Nr. 962 A).

Einige der Neuerwerbungen fanden vorübergehend noch in der Kunstkammer Platz; zumeist aber wurden sie in den Paradezimmern »aufgemacht« und damit in die höfische Repräsentation einbezogen. Wie in vielen Schlössern, wurde auch im Dresdener Residenzschloß eine Bildergalerie mit langer, ununterbrochener Hängewand und gegenüberliegender Fensterreihe eingerichtet. Solche Galerien gab es zum Beispiel in Salzdahlum und Pommersfelden, in Düsseldorf und Wien, und meist hatten sie neben der höfisch-repräsentativen bereits auch eine mehr oder minder ausgeprägte museale Funktion.[125]

Als Raumtypus hatte sich die Galerie in der manieristischen Schloßarchitektur herausgebildet; bereits 1632 ist »Galerie« auch als Bezeichnung einer Gemäldesammlung bezeugt.[126] Wolf Caspar von Klengel, der Dresdener Architekt des Frühbarock, nennt sich 1658 »Seiner Churfürstlichen Durchlaucht Gallerie und Kunst Cammer Inspector«.[127] In diesem Zusammenhang bezeichnet »Gallerie« keinen Sammlungsraum, sondern den über das ganze Schloß verteilten Bestand an Gemälden und Skulpturen, für den Klengel auch als Hausmarschall verantwortlich war.[128]

Am 28. Februar 1707 unterschrieben der Kunstkammer-Inspektor Tobias Beutel und der im Jahr zuvor zum »Schilderey-Inspector« ernannte Hofmaler Fehling die in anderem Zusammenhang (s. oben S. 36) bereits erwähnte »Specification dererjenigen Schildereien, welche I. Kgl. Majestät und Churf. Durchl. zu Sachsen aus dero Kunstkammer hinunter zu nehmen und auf den Redoutensaal, wie auch in die anderen Zimmer setzen und aufmachen zu lassen allergnädigst beliebet.«[129] Victor Hantzsch hat einige der 614 in der leider verlorenen Liste aufgezählten Gemälde identifiziert. Welcher Raum hier als Redoutensaal bezeichnet wird, bleibt unklar; schwerlich die erst später aus dem Umbau der sogenannten Dänischen Gemächer gewonnene, in der zeitgenössischen Literatur gelegentlich Redoutensaal genannte Galerie.[130] Offensichtlich zielt aber die Formulierung auf einen Saal im Schloß, nicht auf das von Starcke außerhalb des Schloßkomplexes erbaute Redoutenhaus.[131] Nichts deutet auf die Errichtung einer musealen Gemäldegalerie; vielmehr wird die dekorative Funktion der Gemälde betont.

Raymond Leplat ließ 1712 aus der Kunstkammer 28 Bronzen holen, um sie »in Sr. Königl. Majt: Bilder Cabinets setzen zu lassen«.[132] Wo sich diese »Bilder-Cabinets« damals befanden, bleibt ungewiß.

In seinem frühesten Museumsprojekt (s. oben S. 38) hatte der König der Gemäldegalerie in Verbindung mit den Skulpturen eine hervorragende Stelle zugewiesen. An der Verbindung von Malerei und Plastik hat er auch später bei der Realisierung des Galerieplans festgehalten, obwohl Sammler wie der Fürst Karl Eusebius von Liechtenstein längst eine Trennung der Gattungen gefordert hatten; bei der 1728 abgeschlossenen Neueinrichtung der Wiener Galerie wurde sie konsequent durchgesetzt.[133]

Seit Julius Hübners Galeriekatalog von 1856 wurde immer wieder behauptet, August der Starke habe 1722 das Obergeschoß des Dresdener Stallgebäudes zur Gemäldegalerie umbauen lassen.[134] Quellenbelege dafür wurden nie zitiert; vielmehr ließ sich nachweisen, daß Hübner die von ihm durchaus benutzten Quellen falsch interpretiert und damit eine Kette von Mißverständnissen ausgelöst hat.[135]

Zwar wurden die Bestände der Rüstkammer 1722 aus dem Stallgebäude in den benachbarten Häuserkomplex übergeführt – aber erst 1729–31 wurde das Stallgebäude dann umgebaut, allerdings nicht zur Gemäldegalerie, sondern zum Gästequartier mit Festräumen.[136] Im selben Jahr 1722 ließ der König auch ein Gemäldeinventar anlegen – aber es verzeichnet (wie später die Skulptureninventare) den Gesamtbestand, und die Standortangabe »Gallerie und angrenzende Zimmer«, die sich eindeutig auf Räumlichkeiten im zweiten Obergeschoß des Schlosses bezieht, wurde von Hübner irrtümlich mit dem später zur provisorischen Unterbringung der Gemälde genutzten, erst 1745–47 zur Gemäldegalerie umgebauten Stallgebäude in Verbindung gebracht.

Am 8. Februar 1718 berichtet das Oberlandbauamt von »Ihro Königl. Majt. Befehl in denen dänischen Zimmern die Scheidewände herausnehmen und zu einer Gallerie zu aptiren, in das daranstoßende große Zimmer 3. Cabineter einzubauen«.[137] Schon im September 1718 konnte Wackerbarth dem König nach Warschau melden, daß in der Galerie nur noch der Fußboden gelegt werden müsse, »als denn ich folglich die Bilder hinauff bringen und nach meinen besten Wißen aufmachen laßen will«; der König antwortet, Wackerbarth solle »die Bilder darin nach gutbefinden rangiren«.[138] Es ist auffallend, daß August der Starke die Einrichtung der Gemäldegalerie nicht persönlich geleitet hat; allerdings konnte er sich auf die Kennerschaft Wackerbarths, der selber passionierter Sammler war, voll verlassen.

Martin Bernigeroth: Porträt Graf Wackerbarth, Stich. Staatliche Kunstsammlungen Dresden, Kupferstichkabinett

August Christoph Graf von Wackerbarth (1662–1734) war als Generalintendant der Militär- und Zivilbauten vielfach mit der Realisierung musealer Projekte beschäftigt. August der Starke übertrug ihm 1718 die Einrichtung der Gemälde- und Skulpturengalerie im Schloß nach eigenem Ermessen. Wackerbarth hat selbst Gemälde gesammelt, auch Ankäufe für den König vermittelt.

Der Aufbau einer Gemäldegalerie im Südflügel des Residenzschlosses steht in zeitlichem Zusammenhang mit den Museumsprojekten des Königs (s. oben S. 40) und gehört, wie diese, zu den aufwendigen Vorbereitungen der kurprinzlichen Hochzeit. Der 1719 anläßlich der Feierlichkeiten gestochene Plan des zweiten Obergeschosses nennt die »grande gallerie des Tableaux Statue Et buste de marbre groupes Et Statue de bronze«; statt der geplanten drei Bilderkabinette waren nur zwei, ein größeres und ein kleineres, angelegt worden.[139] Der Galeriesaal war etwa 61 m lang, 8,50 m breit und 6,50 m hoch, bot also hinreichend Platz zur Hängung von Gemälden und zur Aufstellung von Skulpturen. Der Chronist ICCander berichtet in der 1723 gedruckten zweiten Auflage seiner »nervosen Beschreibung« Dresdens: »In der andern Etage neben dem Riesen-Saal ist anfänglich die Bilder-Callerie, in welcher nicht nur viele crystallene Cron-Leuchter und quadrirte Spiegel in Manns-Größe, sondern auch um und um die unvergleichlichen Pariser Tapeten, in denen die Figuren so naturell gewircket, daß man nicht anders vermeynet, als wenn solche im Leben wären ... In solchem Callerie-Gemach thun beym Carneval die Banquiers ihren Platz, und bey Königlichen Assembléen die hohen Gäste ihre bedeckte Tafel finden«.[140] In der Ausstattung der Galerie überwog das dekorative Element so sehr, daß der Chronist die Gemälde und Skulpturen überhaupt nicht erwähnt.

Der Raumkomplex hatte nur wenige Jahre Bestand. Nachdem Leplat noch 1724 die Ecken hatte verspiegeln lassen, wurde der Südflügel 1726 zur Wohnsuite der Kurprinzessin Maria Josepha umgebaut. Als Gemäldegalerie wurde nunmehr der 1718 als »Heldensaal« renovierte alte Riesensaal eingerichtet: »Im Riesen Saal Ist der ganze Redouten Apparat mit dem

Musicanten Stuhl abgetragen und weggeschafft worden. Der Fußboden umgewendet, viel neue Tafeln darein geschoben. Die Arcaden vor den Fenstern gegen den Hoff gleich der Mauer mit Brettern verschlagen, der ganze Saal vielmahl überweiset, und die Bilder aus der Bilder-Gallerie geschaffet, und in Riesen Saal, ingleichen in den Zimmern gegen die Münze auffgemachet«.[141]

Der Riesensaal, etwa 57 m lang und 14 m breit, war mit seinen beiden Fensterreihen zur Einrichtung einer Gemäldegalerie nicht sehr geeignet. Um eine durchgehende Hängewand zu schaffen, wurden die Fenster zum Schloßhof geschlossen. Die Verbretterung der ganzen Wand sollte wohl zugleich eine Isolierung gegen Temperaturschwankungen bewirken. Das Licht fiel nicht nur durch die gegenüberliegenden Fenster auf die Bilder, sondern auch durch die Stichkappen der gewölbten Decke.[142] Eine ähnliche Form des Oberlichts hatte man, in diesem Fall mit Vorbedacht, in der großen Galerie zu Salzdahlum gebaut.[143]

Die Eile, mit der die Galerie im Riesensaal eingerichtet werden mußte, ließ nur eine bescheidene Ausstattung zu. Wiederum weilte der König in Warschau und nahm auf die Arbeiten keinen direkten Einfluß. In der alten Galerie waren die Wände, wie dann später wieder in der Gemäldegalerie, mit grünem Damast bespannt. Die Wände des Riesensaals dagegen waren nur weiß getüncht und mußten bei den Besuchern den Eindruck des Provisoriums erwecken. Johann George Keyßler hat die Galerie im Oktober 1730, also immerhin vier Jahre nach ihrer Einrichtung besucht: »Ferner besiehet man auf dem Schloße die Bilder-Galerie oder Sammlung von kostbaren Gemählden, die unter der Aufsicht des Barons le Plat stehet. Der vornehmste dazu gewidmete Saal ist noch gar nicht ausgemahlet, übrigens

Antoine Aveline: Der Riesensaal im Dresdener Schloß anläßlich der Vermählungsfeier des Kurprinzenpaares, 1719, Stich. Staatliche Kunstsammlungen Dresden, Kupferstichkabinett

Der nach den Giganten der Wanddekoration benannte Riesensaal, eines der Meisterwerke frühbarocker Raumkunst in Dresden (1627 bis 1650), brannte 1701 aus und wurde 1717/18 als »Heldensaal« in schlichten Formen wiederhergestellt. Er war etwa 57 m lang, 14 m breit und erreichte im Gewölbescheitel eine Höhe von fast 10 m. Die Ansicht vom Einzug des Kurprinzenpaares zeigt die Westwand mit den Fenstern zum Schloßhof, also die Wand, die 1726 beim Umbau zur Gemäldegalerie mit Brettern geschlossen und zur Hängewand umfunktioniert wurde. Im Riesensaal und in den anschließenden Zimmern des Georgentraktes waren nicht nur die bedeutendsten Gemälde, sondern auch mehr als 300 Skulpturen untergebracht.

aber schon mit vielen kostbaren Stücken gezieret. Zu beyden Seiten stehen etliche große Vasa von Serpentin und viele andere von Porphyr, eine gute Anzahl marmorner und metallener grosser Brustbilder, worunter der König Gustavus Adolphus leicht zu erkennen ist. Der Laocoon aus dem Vatikan und viele andere dergleichen messinge Modelle helfen gleichfalls zur Zierde dieses Saales, der 80 gemeiner Schritte lang und 20 breit ist. Das nächst daran stossende Zimmer ist voll Portraite und unter denselben des Königs Augusti Brust-Stück in Mosaischer Arbeit sehr schön verfertigt. Der Churprintz und seine Gemahlin in Lebens-Grösse sind in Seiden gewircket alhier zu sehen. Ein besonderes Gemach ist vor Früchte- und Blumen-Stücke, und ein anderes vor Landschaften. Die alten und berühmten Gemählde von Holbein, Cranach etc. sind in zweyen Zimmern beysammen zu finden.«[144]

In der zeitgenössischen Literatur werden die neue Bildergalerie und die »Bilder-Zimmer« im Georgentrakt, unmittelbar über der Wohnung des Königs gelegen, mehrfach erwähnt.[145] Keyßlers Bericht aber bleibt die einzige Quelle zur Einrichtung; er nennt einige auffällige Werke und deutet die thematische Gliederung der fünf Kabinette an: Porträts, Blumen- und Fruchtstücke, Landschaften, altdeutsche Malerei.

Im Dezember 1726 hatte Adam Friedrich Steinhäuser sein »Inventarium über Sr. königl. Maj. in Polen und kurf. Durchlaucht zu Sachsen Statuen, Brustbilder, Gruppen und ander Gefäß ...« abgeschlossen.[146] Da Steinhäuser für 339 Stücke (davon 160 Kleinbronzen) die »Bilder-Gallerie« als Aufbewahrungsort angibt, läßt sich der Skulpturenbestand zur Zeit der Einrichtung ziemlich genau rekonstruieren.[147] Im gleichzeitigen Gemäldeinventar Steinhäusers bezieht sich der Vermerk »Gallerie und dabey befindliche Zimmer« eindeutig auf den Riesensaal und die Zimmer im Georgenbau.[148]

August der Starke muß sich des provisorischen Charakters der Galerie durchaus bewußt gewesen sein, denn in den nach 1730 projektierten Museumsbauten (s. unten S. 96f.) war im Anschluß an den Zwingerkomplex auch eine autonome Gemäldegalerie vorgesehen. Gewiß war er von der 1728 abgeschlossenen Neueinrichtung der Wiener Gemäldegalerie in der Stallburg unterrichtet; Graf Gundaker von Althann, der diese Neueinrichtung als Chef der kaiserlichen Hofbauämter leitete, hatte einige Jahre als Diplomat in Dresden gelebt.[149] Bereits 1720 war der erste Band von Ferdinand Astorffers Bildinventar der Wiener Galerie erschienen. Man mag es bedauern, daß in Dresden damals nichts Vergleichbares entstand – aber die große Zeit der Dresdener Gemäldegalerie stand erst bevor.

* * *

DER ZWINGER ALS »PALAIS DES SCIENCES«. Die Aufstellung der Bibliothek, des Kupferstichkabinetts, des Münzkabinetts und des naturkundlichen Sammlungskomplexes im Regimentshaus haben sowohl Johann Heinrich von Heucher, der unmittelbar Verantwortliche, als auch der König selbst als Provisorium empfunden. Bereits im Sommer 1720, unmittelbar nach dem Einzug, hatte Heucher zu bedenken gegeben, daß die Sammlungen in einem »bürgerlichen Hause« nur ungenügend geschützt seien und empfahl, »ohne Verzug dahin bedacht zu seÿn, daß diese Dero

Cabinets in die Ew. Königl. Majt. zugehörige Gebäude transportiret werden, da denn ohne maßgebung ein solcher Raum choisiret werden müßte, daß das Cabinet des Mineraux, als ein Nothwendiges Stück des Naturalien Cabinets, zugleich placiret werden könte«.[150] August der Starke nahm diese Mahnung ernst und wies den Grafen Manteuffel an, er solle »behörige Sorge tragen, zu diesem Ende auch auf einen bequemen Orth in Unserer Residenz Stadt Dreßden, wo alles sicher und bequem verwahret und conserviret werden könne, bedacht zu seÿn, und solchen in unmaßgeblichen Vorschlag bringen«.[151] Obwohl ein 1722 aufgedeckter Münzdiebstahl Heuchers Bedenken bestätigt hatte, dauerte es noch mehrere Jahre, bis sich ein neuer Aufstellungsort für die Sammlungen finden ließ.

Nach dreijähriger Abwesenheit kehrte August der Starke im Sommer 1727 nach Dresden zurück. Neben der Erweiterung des Grünen Gewölbes beschäftigte ihn sogleich auch der Ausbau der übrigen Sammlungen. Zunächst entband er den Grafen Manteuffel, »beÿ deren in Unseren publiquen affairen ... vielen wichtigen Verrichtungen und stetigen occupationen«, von der Generaldirektion, um sie dem Oberkammerherrn Grafen Friesen zu übertragen.[152] Diese Verbindung mit dem Oberkammerherrenamt hat die Verwaltung der Dresdener Sammlungen ein ganzes Jahrhundert geprägt. Das bedeutete zwar einen festen Platz in der Hofhaltung, führte aber mit wachsenden wissenschaftlichen und musealen Ansprüchen auch zu Bürokratisierung und Stagnation.

Heinrich Friedrich Graf von Friesen (1681–1739), als Offizier seit 1712 in sächsischen Diensten, übte das Amt des Oberkammerherrn bis 1734 aus und wurde dann zum Gouverneur von Dresden ernannt.[153]

Im November 1727 setzte August der Starke eine Kommission ein, die unter Friesens Leitung über »l'arrangement des Bibliotheques et autres Ca-

Christian Fritzsch: Porträt Graf Friesen, Stich nach einer Zeichnung von Anna Maria Werner, in: J. v. Besser, Schriften (1736). Sächsische Landesbibliothek Dresden

Heinrich Friedrich Graf von Friesen (1681–1739) trat 1712 als Offizier in sächsische Dienste, wurde 1727 zum Oberkammerherrn ernannt und mit der Direktion der Dresdener Sammlungen betraut, die vor ihm (seit 1720) Graf Manteuffel wahrgenommen hatte. Der Porträtstich zeigt eine Büste Friesens, durch die Sockelung einer Skulptur angeglichen, umgeben von allegorischen Darstellungen seiner Wirksamkeit. Am Pfeiler hinter der Büste erinnern Kabinettstücke auf Konsolen ans Grüne Gewölbe bzw. an die Zwingergalerien, rechts am Bildrand Gemälde und Skulpturen, Naturalien und Instrumente an die entsprechenden Sammlungskomplexe.

Ansicht des Zwingers vom Turm der Sophienkirche. Foto während der Restaurierung, vor 1936
August der Starke befahl im Sommer 1728, daß die im Regimentshaus untergebrachten Sammlungsbestände »an die in dem Königl. Zwinger Garthen angewiesene Oerter gebracht werden sollen.« Durch die museale Nutzung gewann Pöppelmanns geniale Bauschöpfung, begonnen 1709 als Orangerie, provisorisch abgeschlossen 1719 als Festarchitektur, eine neue Bedeutung. Vor dem Einzug der Sammlungen waren die Galerien mit Steingewölben ausgebaut und die stadtseitigen Pavillons vollendet worden. Die Ausstattung der eilig eingerichteten Sammlungsräume war zunächst schlicht. Trotz aller baulichen Probleme, die immer wieder auftraten, ist die museale Nutzung des Zwingers bis in die Gegenwart fortgesetzt worden.

binets de S. M.« beraten sollte. Ihr gehörten neben Heucher die Hofpoeten Besser und König, der Bibliothekar Seebisch und der eben zum Inspektor des Münzkabinetts ernannte Thomas Fritsch an.[154] Der König bekräftigte seine Absicht, »zur Zierde unsres Hofes, zur besseren Aufnahme der Wissenschaften und Künste, und dem Publico zum besten, unsre sämbtlichen Bücher und Curiositäten, in möglichster Ordnung, an einem bequemen Ort aufzustellen und zu dem Zweck ein eigenes Gebäude errichten zu lassen«.[155] Wenig später aber bestimmte er schließlich doch ein vorhandenes, bislang nicht museal genutztes Gebäude zum Domizil der Sammlungen: den Zwinger.

Das großartige Ensemble von Galerien und Salons war nach den Plänen und unter der Leitung Matthäus Daniel Pöppelmanns seit 1709 in mehreren Etappen entstanden.[156] Der König hatte zunächst lediglich den Bau einer Orangerie am Zwingerwall geplant, dann aber das Projekt bald erweitert: Die omegaförmige Baugruppe mit dem Treppenpavillon, den Bogengalerien und den flankierenden Pavillons wurde spiegelbildlich wiederholt, beide Komplexe wurden durch lange Galerien verbunden. Von diesen letzteren konnte allerdings nur die Galerie am Graben mit dem Kronentor vollendet werden, während man sich an der Elbseite mit hölzernen Provisorien begnügte. Die plastische und malerische Ausstattung des Bauwerks war ebenso kostbar wie seine Architektur. Es entstand eine festliche Arena, ein »Amphitheatrum«. Wegen der bevorstehenden Hochzeit des Kurprinzen mit der österreichischen Prinzessin Maria Josepha wurden die Arbeiten seit 1718 mit größter Eile vorangetrieben. Im September 1719 dann war der Zwinger Schauplatz glänzender Feste; seine architektonische Wirkung jedoch war durch den Anbau eines Opernhauses und eines Redoutensaals an der Stadtseite eher beeinträchtigt als gefördert.[157] Dann zwang die Erschöpfung der Kassen zu einer Pause, bis seit 1722 der Ausbau der Räume fortgesetzt werden konnte.

Spätestens im Frühjahr 1728 hatte sich August der Starke entschlossen, die Galerien und einige Salons des Zwingers zur Unterbringung der im Regimentshaus aufgestellten Sammlungen zu nutzen. Am 19. Mai 1728 erließ Graf Friesen »Ordres« an Heucher und seine Mitarbeiter: »Demnach Ihro Königl. Majt. in Pohlen und Churfürstl. Durchl. zu Sachßen allergnäd. anbefohlen haben, daß binnen hiro und Sechsen Wochen alle in hiesigen Regiments Hause vorhandene Königl. effecten, so sich daselbst in unterschiedlichen Cabinetern befinden, nichts davon ausgeschloßen, an die in dem auch Königl. Zwinger Garthen angewiesene Oerter transportiret werden sollen. Alß wird dem Herrn Hoffrath und Leib Medico von Heucher hierdurch angedeutet zu allerunterthänigst gehorsamster Vollziehung sothanen, allergnäd. Befehles seines Orthes alles nöthige beyzutragen, und menschen (?) möglichsten Fleiß anzuwenden, daß von denen Sachen nichts beschädigt noch verlohren, Vielmehr solche durch bekandte und sichere Leuthe dahin getragen und gebracht werden mögen ...«.[158]

Bereits für den Juni 1728 berichtet ICCanders ›Kern Dreßdnischer Merckwürdigkeiten‹: »In diesem Monath sind die Königl. Naturalien – Conchilien – Berg – und Mineralien – Cabinets, ingleichen die Anatomie-Kammer und Bibliothec aus dem alten Regimentshaus vom Jüden-Hof in Königl. Zwinger-Garten gebracht, das Müntz-Cabinet aber I. K. M. eingehändiget worden«, und das ›Sächsische Kern-Chronikon‹ desselben Verfassers fügt ergänzend hinzu: »Es stehen in diesen Zwinger-Garten gesamte Cabinets viel ordentlicher auch in mehrerer Lufft als vorhero, und werden aller Orten anitzo starcke Militair-Posten postiret, diese Pretiosa zu bewahren, weswegen man auch nunmehro wenige Personen in diesen Garten ohne special Erlaubnis promeniren lässet«.[159] Der Oberkammerherr Graf Friesen dürfte den Umzug nach Kräften beschleunigt haben, da ihm der König das Regimentshaus als Wohnung geschenkt hatte.[160]

Die Eile, mit der die Sammlungen eingerichtet werden mußten, ließ eine aufwendige Ausstattung in der Art des Grünen Gewölbes nicht zu. Für die Mineraliengalerie hat Zacharias Longuelune verschiedene Typen von Schränken und Aufsätzen entworfen.[161] Ob diese Entwürfe ausgeführt wurden, bleibt ungewiß; die später bezeugten Mineralienschränke könnten auch um die Jahrhundertmitte entstanden sein.[162]

Die lichte Weite und die edle Gliederung der Räume bedeuteten einen Anspruch, dem die vorhandenen Bestände noch nicht in jedem Fall gerecht werden konnten. So berichtet Inspektor Behrisch: »Weil beÿ dem Transport der Anatomie-Cammer aus dem Regiments Hauße in den Königl. Zwinger, die Wand nicht kunte erfüllet werden, so habe aus denen Balbier-Zeugen oder Futteralen alles herausnehmen müßen, um die Wand damit auszufüllen, Welches den 10. Julii 1728. Ihro Königl. Mait. allergnädigst approbiret haben«.[163] Damit ist die persönliche Anteilnahme des Königs an der Einrichtung des ›Palais des sciences‹ bezeugt.

Johann George Keyßler hat die Sammlungen im Oktober 1730 besichtigt und einen knappen, aber zuverlässigen Bericht überliefert.[164] Er sagt allerdings so gut wie nichts über die Ausstattung, sondern beschränkt sich auf die Angabe der bedeutendsten Sachgruppen und Einzelstücke. Unser Überblick zieht neben Keyßlers Text archivalische Quellen heran. Keyßlers Reihenfolge, die »lincker Hand vom Haupt-Eingange«, also dem heutigen Glockenspielpavillon beginnt und mit diesem endet, wird etwas verändert.

Im Erdgeschoß des heutigen Deutschen Pavillons war die »Estampes-Cammer« untergebracht. Keyßler bemerkt lediglich, stark übertreibend, daß sie »etliche hundert tausend Kupfer-Stiche von Portraiten, Landschaften, Gebäuden, geistlichen und weltlichen Historien, Sinnbildern etc.« enthalte.[165] Damit zählt er einige der wichtigsten Sachgruppen auf. Das 1738 von Heucher angefertigte Inventar gibt ein eindrucksvolles Bild vom Bestand und seiner Ordnung.[166] Insgesamt 22 »Bureaux«, meist in 8 »Repositoires« unterteilt, bargen die nach Sujets und Schulen, nach Meistern und Techniken geordneten Blätter. Daß dabei der dokumentarische Charakter dominiert, macht verständlich, weshalb die »Estampes-Cammer« zusammen mit Büchern, Instrumenten und Naturalien den »sciences« zugeordnet wurde.

Stiche nach italienischen, französischen, holländischen, flämischen, deutschen Malern füllten fünf Schränke, ein weiterer enthielt Material zu Theorie und Geschichte der Malerei sowie Galeriewerke. Jeweils einen Schrank füllten Stiche zur Naturgeschichte, Architektur- und Ornamentstiche, Völker- und Trachtenkunde (»Nations et Habits«), »Solennites et divertissement« sowie zur Geschichte. Die Porträtsammlung war auf zwei Schränke verteilt. Zwei weitere Schränke enthielten die Werke der »Dessinateurs et graveurs«, nach Meisternamen geordnet, ein Schrank die Schabkunstblätter, einer die bedeutende Sammlung von Handzeichnungen, ein weiterer schließlich die hervorragende Sammlung chinesischer und japanischer Malerei. Heucher erwähnt die auf den Schränken liegenden Pakete mit ungeordneten Blättern, die sich im Laufe eines Jahrzehnts angesammelt hatten.

Bereits im August 1728 hatte August der Starke aus dem Nachlaß des Leipziger Stadtbaumeisters Gottfried Wagner eine erlesene Sammlung von mehr als 10000 Handzeichnungen erworben, die sich in das bestehende System nicht mehr eingliedern ließ und deshalb separat aufbewahrt werden mußte.[167] Mit Unterstützung des Hofmalers Louis de Silvestre hat Heucher den gesamten Bestand in drei Qualitäts-»Rangs« nach »Classen« gegliedert. »Die von dem ersten Rang sind ... alle auf blau Frantzösisch Papier gezogen, und in Bände von schwartz Corduan gebunden ...«; diese 16 Bände, die sich zum Teil bis heute erhalten haben, füllten einen Schrank, alle übrigen Blätter einen zweiten.[168]

Die Wände des »Salon d'Estampes« waren mit über hundert Kupferstichen in vergoldeten Rahmen dekoriert, meist Wiedergaben von Gemälden, auch einige Herrscherporträts. Im Inventar wurde später dazu vermerkt, diese Stiche seien »cassirt vermöge Königl. befehl«, weil sie »unter gelben

Johann Christoph Teucher: Porträt Johann Gottlieb Michaelis. Stich nach einer Zeichnung von Anna Maria Werner. Staatliche Kunstsammlungen Dresden, Kupferstichkabinett
Johann Gottlieb Michaelis (1704–1740), Mathematiker und Physiker, wurde 1727 zum Kunstkammer-Adjunctus ernannt. Er stellte 1728 das »Mathematische Instrumenten-Cabinet« im heutigen Glockenspielpavillon des Zwingers auf und wurde 1739 als Nachfolger Tobias Beutels des Jüngeren Inspektor der Kunstkammer, für deren Neuordnung er sich schon 1730 in einer Denkschrift eingesetzt hatte.

Copal Firnis mit der Zeit völlig verdorben«.[169] Auch spätere Dauerausstellungen des Kupferstichkabinetts haben den Beständen Schaden zugefügt.

In die beiden Salons am Opernhaus und am Redoutensaal zog die Bibliothek. Als Keyßler sie besichtigte, war sie »noch nicht recht eingerichtet«[170] Das verwundert nicht, wenn man die ungünstige Lage der Säle bedenkt. Der bequemste Weg von einem zum andern führte durch den »Mathematischen Saal«, den heutigen Glockenspielpavillon. Dem Bibliothekar Seebisch waren Schlüssel zu den Türen dieses Raums anvertraut, die ihm jedoch 1729 entzogen werden mußten. Johann Gottlieb Michaelis, seit 1727 »adjungirter Kunst Cämmerer«, begründete dies in einem langen Brief an den Grafen Friesen, der einen aufschlußreichen Blick in den damaligen Museumsalltag gewährt.[171] Seebisch lasse, »wenn er durch den Instrumenten Sallon gegangen, aller von mir geschehenen Erinnerung ohngeachtet beÿde Thüren offen, so daß aus dem nahe daran gelegenen Opern Hauße, wer da nur will in erwehnten Sallon ein und ausgehen, und jener in seinen Bücher Sallon nichts davon gewahr werden, solchergestalt aber denen Instrumentis eine große Verwahrlosung zugezogen werden kann«. Außerdem, so klagt Michaelis, »führt der Bibliothecarius frembde Leute ohne mein Wißen und Willen in den Instrumenten Sallon herumb, und unterstehet sich, demonstrationes davon zu geben ...«. Sodann »vertrauet der Bibliothecarius die Schlüssel seinem Bruder der doch keine Pflicht hatt, wobeÿ auch nicht wenig excesses vorgehen«. Schließlich »pflegt der Bibliothecarius allemahl einen Hund beÿ sich zu haben, welcher die Sphaeram armillarem und einige herunter hangende Teppichte bereits unsauber gemacht, auch weiln er auf alle Tische zu springen gewohnt ist, wohl noch einen großen Schaden an denen Instrumentis zufügen möchte.« Die Instrumentensammlung wurde 1746 in den Salon über dem Grottensaal gebracht und hat, als einzige der Zwingersammlungen, ihr Domizil bis heute behalten.

An die »Estampes-Cammer« schlossen sich Mineralien- und Petrefaktengalerie, Vegetabiliensaal und »das sogenannte Cabinet d'Ignorance, worinnen alles dasjenige aufgehoben wird, was man eigentlich noch nicht recht kennet, oder zu nennen, und in seine Classes zu bringen weiß«.[172] Die Langgalerie enthielt die Sammlung zoologischer Präparate: im ersten Teil Säugetiere und Vögel, und »in dem Vor-Platze, durch welchen man aus diesem Saal in die folgende Hälfte der Zwinger-Galerien gehet, sind die Ribben und der Kopf eines Walfisches, welche sonst in dem Schlosse unter den Englischen Thore zu sehen war, aufgehängt«.[173] Es folgten die Wassertiere; das Muschelkabinett leitete zum Grottensaal über, in dessen Mittelabschnitt damals noch die berühmten Wasserspiele bewundert werden konnten; in den seitlichen Abschnitten waren, als Meeresprodukte, Korallen und Bernstein untergebracht. Es folgte »eine Gallerie, worinnen die raren Thiere, so in Dreßden lebendig gewesen ausgestopfft aufgestellt sind«.[174]

Die von Eilenburg 1755 beschriebene Ausstattung des Naturalienkabinetts dürfte überwiegend von der Neuordnung 1746–50 stammen; ihre Schilderung bleibt deshalb einem späteren Kapitel vorbehalten.

In der anschließenden Bogengalerie und im Erdgeschoß des letzten Pavillons (der Marmorsaal blieb höfischer Nutzung vorbehalten) wurde die Anatomiekammer untergebracht. Das Inventar von 1727 verzeichnet 113 tierische und menschliche Skelette sowie Teile von solchen, 35 Spirituspräparate, 24 Trockenpräparate, 100 »Instrumenta chirurgica et anatomica«.[175] Christian Gottfried Behrisch, Inspektor seit 1725, hat die Sammlung nach dem Umzug bedeutend vermehrt. Unter den Zugängen befinden sich auch einige Gemälde: »Ein monstroeses Frauen Zimmer aus Venedig«, »Ein monstroeses Kind, mit einem großen Kopffe«, »Ein Hirsch, so in einen Schacht gefunden worden«, »Jean Corthan, ein ungarischer Bauer, so 185.jahr alt, Sara eines ungarischen Bauern Frau, so 172.jahr alt« und »Ein Brust Bild, von einem Kinde, so den 10. Octbr. 1729. in Dreßden ohne Augen ... auf die Welt kommen«.[176]

Von der Ausstattung der alten Anatomiekammer im Dachgeschoß des Residenzschlosses (s. oben S. 35) zeugten wohl noch »39. Ein Manns-Sceleton. 40. Ein Weibes-Sceleton, diese beyde unter einem Baume stehende«, also eine Anspielung auf Adam und Eva, sicher auch skurrile Arrangements wie »5. Ein Menschen-Sceleton mit einer Helleparte«, »53. Ein Sceleton eines Zwergen mit einem Grabscheite«, »71. Ein Sceleton eines Affen auffm Stuhle«.

Bereits 1733 wurde die Anatomiekammer aufgelöst und in den frei gewordenen Räumen die Kunstkammer aufgestellt.[177]

Die Kunstkammer war 1718 im Holländischen Palais aufgestellt worden, offenbar durchaus unter musealen Gesichtspunkten.[178] Als das Palais wegen des bevorstehenden Umbaus geräumt werden mußte, kamen die nach Abtrennung der Spezialkomplexe noch immer umfangreichen Bestände 1728 ins Palais Flemming, dann 1730 noch einmal ins Residenzschloß, wo Keyßler die Sammlung besichtigt hat.[179] Ihre endgültige Aufstellung dachte sich August der Starke im geplanten Erweiterungsbau des Zwingerkomplexes (s. unten S. 96). Nach dem Tode des Königs drängte Michaelis auf eine würdige Unterbringung der durch Verwahrlosung und ständige Umzüge gefährdeten Sammlung (s. unten S. 98).[180]

Der ›Kern Dreßdnischer Merckwürdigkeiten‹ berichtet 1733: »Den 10. Jan. ist der kostbare Tempel Salomonis, welchen Ihro Königl. Maj. vor 22 000 fl. in Engelland erkauffet gehabt, über Hamburg hier angekommen, und bey dem Grünen Gewölbe abgeladen worden ... und dürffte dieses Kunststück allhier auffm Schlosse beym Kirchsaal in ein besonderes Gemach aufgesetzt werden«.[181] August der Starke hatte sich seit 1729 um die Erwerbung des berühmten Werks bemüht und 1732 den Kauf für 8 000 Taler abschließen lassen.[182] Aufgestellt wurde es 1734 im Wallpavillon des Zwingers.

Das Modell, 1680–1692 im Auftrag eines Hamburger Senators unter der Leitung des Architekten Johann Jakob Erasmus gefertigt, zeigt den Tempel Salomos in Formen der Hochrenaissance.[183] Bevor es 1710 nach London gelangte, hatte es Zar Peter I. besichtigt; August der Starke kannte es wohl aus Stichpublikationen. Die minutiöse Arbeit der über 6 000 Säulen und 400 Figuren mag ihn an Dinglingers Kabinettstücke erinnert haben, die das Modell an Größe allerdings weit übertrifft (3,45 × 3,44 m im Grundriß und 0,86 m in der Höhe). In den späten Museumsprojekten spielt das Werk eine zentrale Rolle: Es sollte im Mittelpavillon der Zwingererweiterung aufgestellt werden (s. unten S. 97). Vielleicht hat es der König nicht nur als architekturgeschichtliches Denkmal und kunstvolles Kabinettstück geschätzt, sondern bereits als freimaurerisches Symbol gewertet. Die erste Loge wurde in Dresden 1738 vom Grafen Rutowski gegründet, der 1729 in Warschau Freimaurer geworden war.[184]

Nach der Auflösung der Kunstkammer wurde auch das Templum Salomonis versteigert und kehrte schließlich 1909 wieder nach Hamburg zurück, wo es heute im Museum für Hamburgische Geschichte ausgestellt ist.

Zu den Sammlungen, deren museale Aufstellung August der Starke nicht erlebt hat, gehört das Münzkabinett. Es war 1720 ins Regimentshaus

gelangt, wurde bei dessen Räumung dem König übergeben und war im Schloß untergebracht. Im Zwinger, wie Pöppelmann irrtümlich behauptet hat, war es nicht aufgestellt. Zum Inspektor des Münzkabinetts ernannte der König 1727 den jungen Thomas Fritsch, der nach 1763 als Minister eine führende Rolle im »Rétablissement« spielen sollte.[185] August III. hat die Sammlung 1743 dem Kurprinzen Friedrich Christian geschenkt (s. unten S. 101).

Die Einrichtung eines ausgedehnten Museumskomplexes erforderte eine Verwaltung mit klaren Kompetenzen und eine Organisation des Besucherverkehrs. Beide Aufgaben wurden noch 1728 in einer für die Zeit vorbildlichen Weise gelöst.

Der ›Hof- und Staatskalender‹ faßt seit 1728 alle Sammlungen als »Curiositäten-Cabinet« zusammen.[186] Unter der Direktion des Oberkammerherrn Graf Friesen verwaltete Heucher die Komplexe »Naturalien-Cabinet, Hand-Zeichnungen und Estampes«; die spezielle Aufsicht über das Mineralienkabinett war bereits seit 1718 dem Berg- und Münzsecretarius Christoph Gottlob Lichtwer anvertraut, der sie bis zu seinem Tode 1736 ausübte.[187] Der Kunstkammer stand Tobias Beutel d. J. vor, dessen »adjungirter Mitaufseher« Johann Gottlieb Michaelis auch die »Instrumenta mathematica und physica« betreute. Für die Bibliothek war der bereits unrühmlich bekannte Siegmund Gottlieb Seebisch zuständig, Inspektor der Anatomiekammer war der ebenfalls bereits genannte Arzt Christian Gottfried Behrisch. Die Liste im ›Hof- und Staatskalender‹ enthält auch jene Sammlungsbereiche, deren museale Organisation noch nicht abgeschlossen war: das »Müntz-Cabinet« unter Thomas Fritsch, die »Gemählde« unter Leplat und Steinhäuser, das »Cabinet de Gemmes« unter dem Geheimen Cämmerier Lange. Es fehlt noch die Skulpturensammlung, die erstmals 1744 als selbständiger Sammlungsbereich genannt wird (s. unten S. 101).

gegenüberliegende Seite:
Zacharias Longuelune: Entwürfe von Mineralienschränken, 1728. Staatsarchiv Dresden
Die Zeichnung gibt die Bogenfelder der Mineraliengalerie im Zwinger wieder mit Entwurfsvarianten von Sammlungsschränken in Grund- und Aufriß. Die Mineralienschränke kombinieren verglaste Fächer mit Schubladen, sie werden von Wandkonsolen für repräsentative Einzelstücke umgeben. Ob die Schränke bereits 1728 angefertigt wurden, ist ungewiß: belegt sind kostbar ausgestattete Schränke und Pyramiden erst nach der Neugestaltung der Zwingersammlungen 1746–50.

Zacharias Longuelune: Profile der Mineralienschränke (gegenüberliegende Seite) Staatsarchiv Dresden

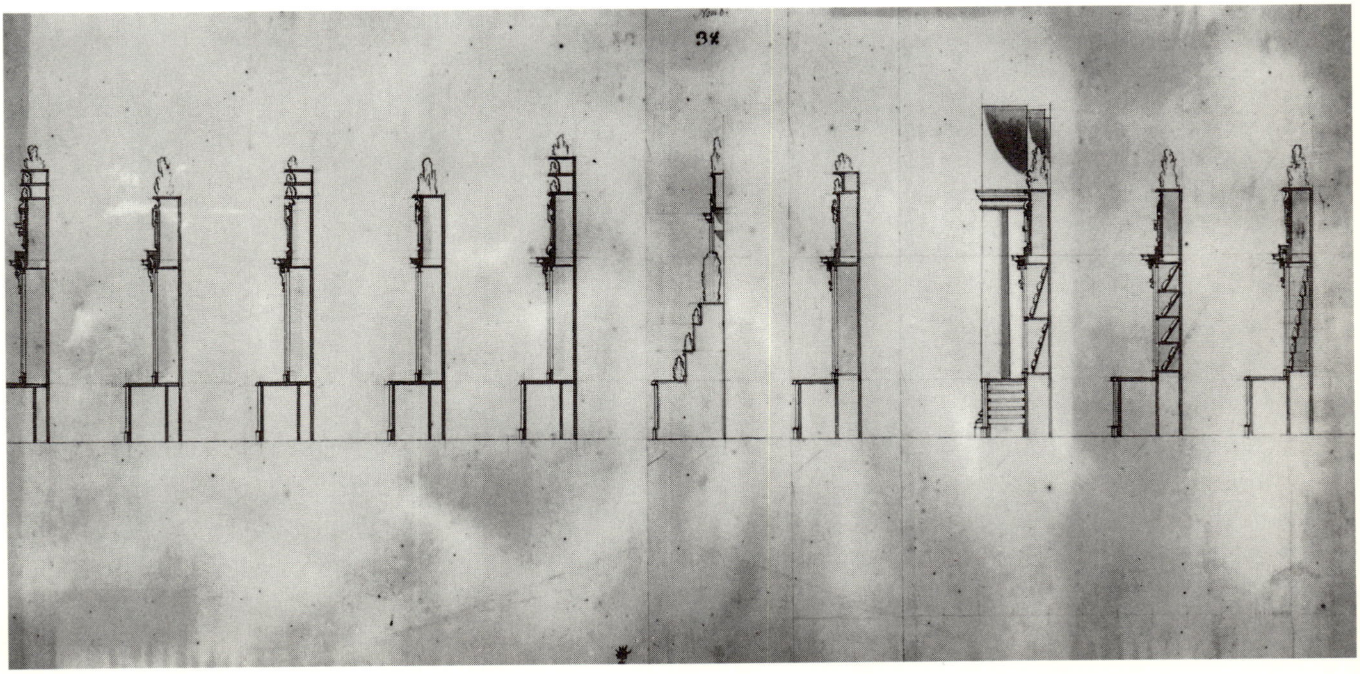

Unter den Namen der Inspektoren finden sich neben renommierten Gelehrten wie Heucher, Behrisch und Michaelis auch Hofbeamte ohne spezielle Qualifikation und nachweisbare Leistung. Bis weit ins 19. Jahrhundert hinein war es ein ernstes Problem, geschulte und erfahrene Fachkräfte für die Sammlungen zu gewinnen. Die Vorzüge einer sicheren und angesehenen Stellung wogen die mäßige Besoldung und die Überfülle administrativer und praktischer Aufgaben, die große Verantwortung und Gebundenheit nicht immer auf.

Am 3. Dezember 1728 erließ Graf Friesen eine »Instruction, wie es mit Herumführung derer Frembden und anderer, so die Königl. Galleries … besehen wollen, ad interim zu halten«.[188] Diese Instruktion schreibt vor, daß sich Besucher bei Heucher oder, in dessen gewiß häufiger Abwesenheit, bei Lichtwer zu melden hatten. Es wurde dann ein Besichtigungstermin vereinbart, der »denen übrigen Cabinets Inhabern bey guter Zeit« mitgeteilt werden mußte. Das Problem der »Douceurs« war so geregelt, daß die Inspektoren sie weder fordern noch annehmen durften, vielmehr wurden sie generell vom Concierge Marstaller kassiert – ein erster Schritt zum amtlich erhobenen Eintrittsgeld. Keyßler schreibt: »Wenn man diese sämtliche Galerien besehen hat, giebt man zuletzt dem Thür-Schließer wenigstens vier Gulden, welche in eine gemeinschaftliche Büchse kommen, und theilen sich sämtliche Aufseher dieser Galerien in die einkommenden Tranckgelder«.[189]

Angesichts des stattlichen Eintrittsgeldes verwundert es nicht, daß vornehme Besucher von einem neugierigen, mitunter offenbar auch langfingrigen Anhang umschwärmt wurden. Um Diebstähle und Beschädigungen auszuschließen, war es grundsätzlich verboten, die Bedienten der Besucher »in die Königl. Galleries zu admittieren«. Überdies wurde »ernstlich anbefohlen niemahln mehr als sechs Personen auf einmahl herumzuführen und durch die Gallerie passiren zu laßen« – eine Vorschrift, die angesichts der fehlenden Sicherheitsvorkehrungen verständlich ist und die im Grünen Gewölbe bis ins späte 19. Jahrhundert gültig blieb.

Friesens Instruktion enthält auch einen Abschnitt, der die Pflichten des Concierge zusammenfaßt: »Es wird dem Concierge Marstaller hiermit angedeutet die Galleries und Salons, wöchentlich dreymal durch zugehen und ob selbige wohl verschloßen und verwahret, fleißig nach zusehen, dieselbe durch die Hoffarbeits Leuthe, reinigen zulaßen auch selbst Hand anzulegen, daß denen Effecten von Staube und Feuchtigkeit kein Schaden geschehen, oder solche verderben mögen … und was er sonst zu conservation derer Cabineter nöthig zu seyn wahrnimt, gehörigen Orts anzumelden«.[190]

Pöppelmann hat die museale Nutzung seines Bauwerks noch erlebt und in der Einleitung zum Zwingerwerk beschrieben. Er stellt den Zwinger in die Nachfolge römischer »Staats-, Pracht- und Lustgebäude«, die »einen weiten Umkreiß macheten, und wiederum viele andere besondere Gebäude in sich beschlossen«, darunter auch Bibliotheken und Pinakotheken. Deshalb begrüßt er, daß der König »auch in solchen Stücken dieses Gebäude denen vorhin benannten Römischen ähnlicher macht«.[191]

Die museale Nutzung hat das Schicksal des Zwingers bis in die Gegenwart geprägt; trotz aller Klagen über Bauschäden und schlechte Eignung zu Museumszwecken wurde die Entscheidung Augusts des Starken von 1728 niemals ernstlich in Frage gestellt, und es war letztlich gerade die museale Nutzung, die den Abbruch des Bauwerks immer wieder verhindert hat.

***

ERWERBUNG DER ANTIKEN UND LEPLATS ›RECUEIL DES MARBRES ANTIQUES‹ Die alte Kunstkammer, aus der die im Zwinger vereinigten Spezialsammlungen hervorgingen, hatte wohl auch einzelne Zeugnisse antiker Kultur enthalten – bescheidene »Anticaglien«, die später, wie auch die Gemmen, beim Münzkabinett aufbewahrt wurden.[192] Mit der Gründung einer repräsentativen Sammlung antiker Skulpturen aber knüpfte August der Starke nicht an Dresdener, sondern an Berliner Tradition an.[193]

In Italien sammelten Gelehrte und Künstler seit der Renaissance Antiken zu Studienzwecken. Einzelne Skulpturen, wie das bronzene Reiterstandbild des Marc Aurel, hatten einen festen Platz im Stadtbild. Fürstliche Sammlungen entwickelten durch die Einbindung der Antiken in die Architektur der Palastfassaden und Prunkräume Formen musealer Präsentation, die wegweisend wurden. Ähnlich wie die Gemälde, auch zusammen mit ihnen, wurden die von Bildhauern ergänzten und überarbeiteten Skulpturen in oftmals eigens zu diesem Zweck errichteten Galerien und Kabinetten aufgestellt.[194] Nördlich der Alpen blieb das Münchener Antiquarium (1571) lange die einzige monumentale Antikengalerie.[195] Sammlungen bürgerlichen Charakters entstanden vor allem in Holland.[196]

Das Berliner Antikenkabinett, in drei Sälen des Residenzschlosses 1703 eingerichtet, war die erste komplexe Antikensammlung Nordeuropas; sein Bestand an Marmorskulpturen stammte zum kleineren Teil aus der Amsterdamer Sammlung Reynst, zum größeren aus dem Nachlaß des römischen Kunstgelehrten Giovanni Pietro Bellori.[197] Das Berliner Antikenkabinett war bereits eine museale Institution: Es war nach einem System geordnet, das sich im ikonographischen Programm der Ausstattung spiegelte, es war in einem monumentalen Tafelwerk (dem ›Thesaurus Brandenburgicus‹) und in einer (unvollendeten) Beschreibung publiziert, ihm standen in Lorenz Beger und Johann Carl Schott angesehene Gelehrte vor.[198]

Man darf annehmen, daß August der Starke die Sammlung kennengelernt hat; jedenfalls verdankt ihr die Dresdener Antikensammlung ihren Grundstock: Vor 1726, vielleicht schon vor 1720 erwarb der König etwa 50 Berliner Skulpturen, überwiegend römische Porträts; sämtliche Kleinkunstbestände und einige kleinere Marmorwerke blieben in Berlin zurück.[199] Den König interessierte nicht das Bild antiker Kultur, das die Berliner Sammlung vermittelte, ihm lag an repräsentativen Büsten, die er in seiner Galerie wirkungsvoll aufstellen konnte. Das Interesse Augusts an der antiken Kunst war, wie schon diese Erwerbung zeigt, eher ästhetisch als wissenschaftlich motiviert. Gewiß hatte er auf seiner Kavalierstour berühmte Skulpturengalerien kennengelernt, aber schwerlich mit gelehrter Akribie studiert.

Bereits 1715 hatte der König versucht, in Rom antike Statuen zu erwerben.[200] Drei Jahre später, in der Zeit höchster Aktivitäten zur Vorbereitung

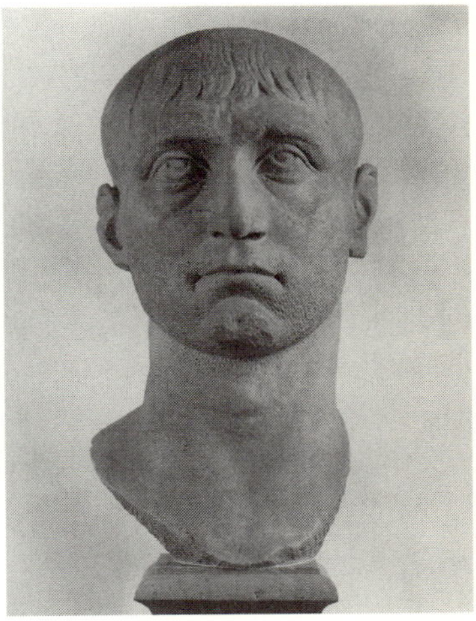

Porträt eines römischen Kaisers (Maxentius ?). Marmor, H. 61,5 cm. Anfang 4. Jahrhundert u. Z. Staatliche Kunstsammlungen Dresden, Skulpturensammlung

Der Kopf gehört zu den etwa 50 antiken Skulpturen, die bereits vor 1726 aus dem Berliner Antikenkabinett nach Dresden gelangten. Wie die meisten dieser Werke stammt das monumentale Porträt aus der Sammlung des römischen Kunstgelehrten Giovanni Pietro Bellori (1613–1696) und wurde aus dessen Nachlaß für Berlin erworben.

gegenüberliegende Seite, oben:
Palais im Großen Garten, Grundrisse von Erdgeschoß und erstem Obergeschoß. Nach: C. Gurlitt, Die Kunstdenkmäler Dresdens (1903)
Als die fast 200 antiken Marmorskulpturen im Dezember 1729 eintrafen, ließ August der Starke sie in den Räumen des Palais im Großen Garten aufstellen. Damit war der Große Garten zu einem einzigartigen Ensemble antiker und barocker Plastik geworden.

der Kurprinzenhochzeit, ernannte er Philipp von Stosch zum Antiquar.[201] Stosch wurde zunächst mit einer diplomatischen Mission im Haag betraut, aber mit der Anstellung des berühmten Sammlers und Antiquars verbanden sich gewiß auch Hoffnungen auf die Vermittlung von Antikenkäufen. Als Stosch 1721 aufgefordert wurde, endlich seine Amtspflichten in Dresden wahrzunehmen, lehnte er ab, und obwohl er sein Gehalt noch bis 1727 bezog, ist sein langjähriger Aufenthalt in Rom für Dresden nicht fruchtbar geworden.[202]

Im Auftrag des Königs schrieb Graf Wackerbarth 1721 an einen Vertrauensmann in Rom: Er solle Verbindung aufnehmen zu dem Direktor der französischen Akademie, dem Chevalier Poërson, und die Möglichkeit erkunden, in Rom »les plus belles et fameuses statues antiques qui s'y trouvent« in Marmor kopieren zu lassen.[203] Die Auswahl wurde im Laufe der Verhandlungen variiert. Wichtigstes Kriterium war die vollständige Erhaltung. Wackerbarth sah Tafelwerke durch, um stark ergänzte Statuen auszuschließen. Die Wahl fiel endlich auf vier Statuen: Commodus als Hercules mit dem Telephosknaben (Vatikan), Silen mit dem Bacchusknaben (damals Villa Medici), Antinous-Mercur (Vatikan) und Aphrodite Kallipygos (damals Villa Medici). Die in der Größe angeglichenen Statuenpaare waren zur Aufstellung in architektonischem Zusammenhang bestimmt; Hercules und Silen wurden in den Skulpturenschmuck des Großen Gartens einbezogen.[204]

In den nächsten Jahren gelangten einzelne Originale aus Rom nach Dresden.[205] In Paris und Italien erwarb August der Starke eine beachtliche Menge zeitgenössischer Skulpturen.[206] Seit 1727 ließ er sich von dem Antiquar Pier Leone Ghezzi, der Stosch nahestand, über den römischen Antikenmarkt berichten.[207] Als die Skulpturen der Sammlung Chigi zum Verkauf angeboten wurden, schickte er den Wittenberger Professor Johann Wilhelm von Berger im Frühjahr 1728 nach Rom, um sie zu begutachten,

Palais im Großen Garten, Ansicht der Stadtseite. Foto 1937
Als erster repräsentativer Barockbau Dresdens wurde das Palais 1678–1683 im Zentrum der ausgedehnten Gartenanlage von Johann Georg Starcke errichtet. Der plastische Schmuck nimmt vielfach antike Motive auf. August der Starke hatte 1728 etwa 160 zeitgenössische Marmorskulpturen im Garten verteilen lassen, darunter auch die beiden erst 1828 an der Treppe aufgestellten Antikenkopien von Pierre L'Estache (Herakles und Telephos, Silen und Dionysos). Als Ende 1729 die antiken Skulpturen aus Rom eintrafen, ließ der König sie in den Räumen des Palais aufstellen. Erst 1747 wurden sie, weil das Palais für Festlichkeiten benötigt wurde, in einem Pavillon und zwei Schuppen deponiert.

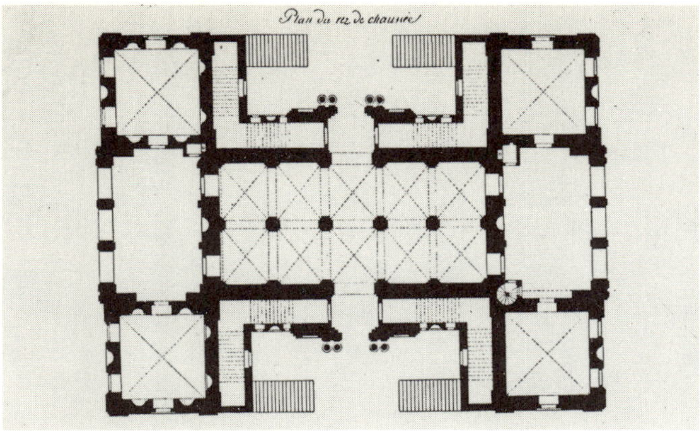

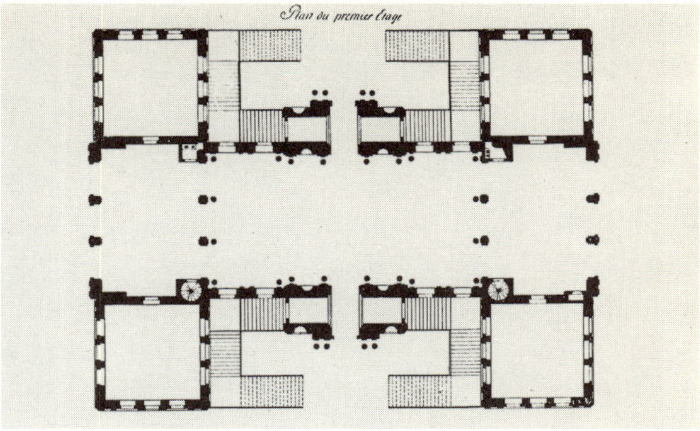

und wenig später folgte Raymond Leplat, um über den Kauf zu verhandeln.[208] Für insgesamt 54 000 Scudi wurden 194 Skulpturen aus der Sammlung Chigi und 34 Stücke aus dem Besitz des Kardinals Alessandro Albani erworben, der auch die Ausfuhrgenehmigung erwirkte.[209] Die Statuen trafen Ende 1729 in Dresden ein und wurden unverzüglich im Palais des Großen Gartens aufgestellt.[210]

Die Erwerbung einer so umfangreichen Sammlung antiker Marmorskulpturen war ein Ereignis von großer Tragweite. Ließen sich die Berliner Büsten noch der Gemälde- und Skulpturengalerie eingliedern, so erforderten zweihundert Statuen besondere Räumlichkeiten, wenn sie zugänglich gemacht und museal erschlossen werden sollten. Deshalb hatte der König bereits den Bau eines Antikenmuseums geplant, das den Zwingerkomplex zur Elbe hin fortsetzen, das ›Palais des sciences‹ gleichsam durch das ›Palais des antiques‹ ergänzen sollte. Zacharias Longuelune entwarf einen Zentralbau, der durch kleine Bogengalerien mit den Zwingerpavillons und elbseitigen Anschlußbauten verbunden werden sollte.[211] Der Grundrißentwurf zeigt im Erdgeschoß ein Foyer, zwei Treppenhäuser, eine gewölbte Galerie und zwei Saalfluchten, die sich um eine Mittelhalle gruppieren, im Hauptgeschoß entsprechend gegliederte Räume, die einen Dachgarten umschließen.

Das Projekt setzt die museale Nutzung des Zwingers voraus, ist also nicht vor dem Sommer 1728 entstanden. Es wurde sehr bald aufgegeben, wirkte aber in späteren Museumsprojekten nach (s. unten).

Unmittelbar nach dem Kauf der Skulpturen, noch vor ihrem Abtransport aus Rom, muß August der Starke den Plan gefaßt haben, sie in einem repräsentativen Stichwerk vorzulegen. Der Augsburger Maler Johann Justin Preißler, seit 1724 für Philipp von Stosch in Rom tätig, hat gemeinsam mit einem seiner Söhne und dem jungen Marcus Tuscher mindestens vierzig der für Dresden bestimmten Antiken gezeichnet.[212] Vielleicht hat auch Stosch, dessen Gemmenwerk 1724 erschienen war, hier mit seinem Rat beigetragen.[213] Die Mehrzahl der Stichvorlagen hat dann Anna Maria Werner gezeichnet, die seit 1721 mit ihrem Mann, dem Hofmaler Christoph Joseph Werner, in Dresden tätig war.[214]

Die Herstellung von zweihundert großformatigen Kupferstichen erfordert einen immensen Aufwand. Die Koordinierung und Organisation der Arbeit, die sich über fünf Jahre erstreckte, lag in den Händen Leplats. Sie-

Raymond Leplat: Recueil des marbres antiques (1733). Titelstich von Martin Bernigeroth nach einer Zeichnung von Anna Maria Werner
Unmittelbar nach dem Kauf der antiken Skulpturen muß August der Starke bereits ihre Publikation in einem monumentalen Tafelwerk geplant haben. Die ersten Zeichnungen entstanden noch 1729 in Rom, und im selben Jahr nahmen die Stecher ihre Arbeit auf. Kurz vor seinem Tode drängte der König auf den Abschluß, und noch 1733 wurde das Werk gedruckt, aber wohl erst später, zusammen mit einer »Suite de divers marbres modernes« (1735) ausgeliefert. Der Titelstich des »Recueil« zeigt ein Porträtmedaillon Augusts des Starken, getragen von Minerva und Apoll, im Vordergrund einige Antiken und das von Putten gehaltene sächsisch-polnische Wappen.

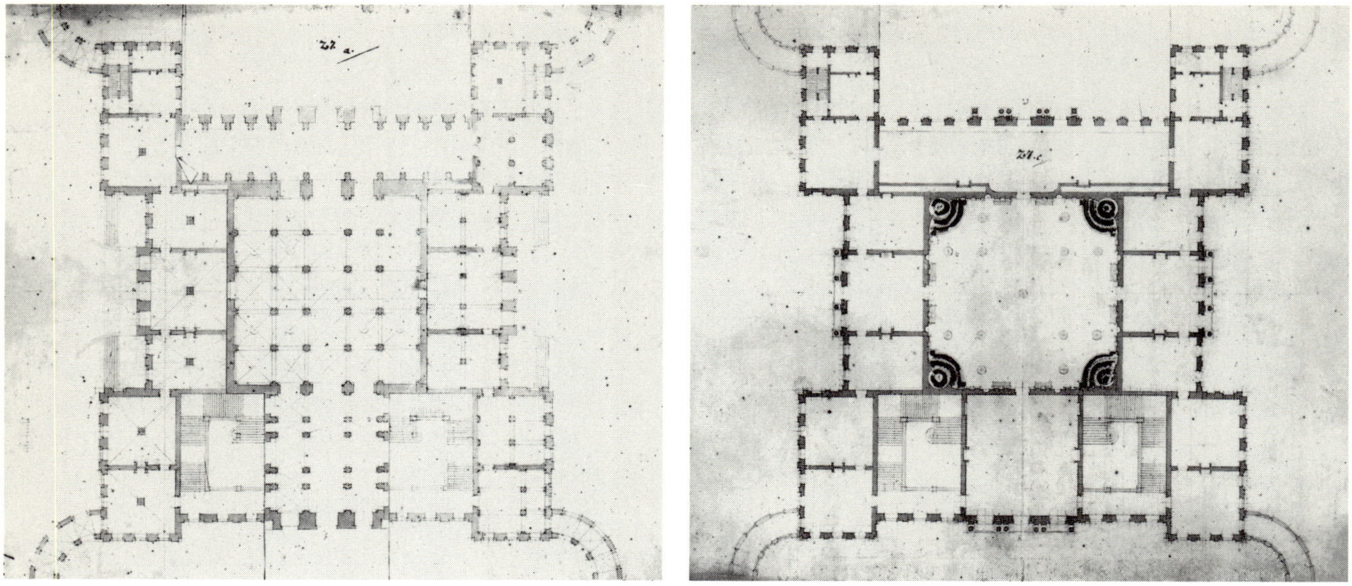

Zacharias Longuelune: Projekt eines Antikenmuseums, Grundrisse von Erd- und Obergeschoß, 1728. Staatsarchiv Dresden
Nach dem Kauf der antiken Marmorskulpturen plante August der Starke ihre Aufstellung in einem Museumsbau, der den bereits museal genutzten Zwinger zur Elbe hin abschließen sollte. Zacharias Longuelune entwarf einen zweigeschossigen, im Grundriß beinahe quadratischen Bau. Im Erdgeschoß waren großzügige Foyers und Hallen vorgesehen, zwei repräsentative Treppen führten ins Obergeschoß, das sich mit drei Fluchten von Sälen und einer Galerie um den als Garten geplanten Binnenhof zog.

ben Augsburger und ein Nürnberger Stecher haben zusammen etwa 50 Platten geliefert: Georg Martin Preißler, ein Sohn des erwähnten Zeichners, hat seinen signierten Anteil mit den Jahreszahlen 1729 und 1730 versehen.[215] In Augsburg arbeiteten ferner Johann Balthasar Probst[216], Johann Jakob Steltzer[217] und Johann Gottfried Thelot.[218] Geringer war der Anteil von Johann Daniel Hertz[219], Jakob Andreas Fridrich[220], Hieronymus Sperling[221] und Christoph Raimund Thomann.[222] Im Jahre 1730 kehrte Christian Philipp Lindemann, der für Hertz gearbeitet hatte, in seine Vaterstadt Dresden zurück.[223] Einige seiner signierten Stiche zeigen Jahreszahlen von 1731 bis 1733. Er allein hat etwa so viele Platten gestochen wie seine Augsburger Kollegen zusammen. Ebenso umfangreich ist der Anteil des seit 1726 in Dresden tätigen Lorenzo Zucchi, der seine Erfahrungen später für Heineckens Galeriewerk nutzen konnte.[224] Schließlich wurden zwei Leipziger Stecher herangezogen, die eng mit dem Dresdener Hof verbunden waren: Martin Bernigeroth[225], der auch das Titelbild übernahm, und Christian Friedrich Boëtius.[226]

Die Arbeiten standen kurz vor dem Abschluß, als August der Starke, drei Tage vor seiner letzten Reise am 10. Januar 1733, noch einmal persönlich eingriff. Er schrieb an Friesen, Wackerbarth und Fritsch: »So sind Wir entschlossen die Einrichtung der Riße und Kupfferstiche von den in Unserer Antiquitäten-Cammer befindlichen Statuen, Brust-Stücken, Vasen, halberhabenen Bildern und Arbeit und anderen ihres Alterthums halber berühmten Curiositaeten euch zugleich mit aufzutragen; Begehren demnach gnädigst, ihr insgesamt wollet darüber fleißige Deliberationes pflegen, durch Unseren Architecte den Baron le Plat und andrer hierzu benöthigte Dessinateurs, Wappen- und Kupfferstecher, Drucker und sonst darzu zugebrauchende Personen, als welche sammt und sonders Krafft dieses an euch gewiesen werden, und sich nach euern Verordnungen hierinnen zu richten haben, die Riße und Kupfferstiche, daraus das Werk bestehen soll, mit eigentlicher Exprimirung der Stellungen, in richtiger Proportion, auch mit convenienten Auszierungen und Beyschrifften, fertigen laßen, einen jeden, was er dabey zu beobachten habe, an Hand geben, und darauf bedacht seyn, daß hieraus ein vollständiges accurates Werck zusammen gebracht werde. Hieran geschiehet Unser Wille und Meynung und Wir verbleiben euch mit Gnaden gewogen. Datum Dreßden den 7.ten Januarij 1733. Augustus Rex«.[227]

Der Oberkammerherr Graf Friesen widmete sich der Redaktion mit großem Eifer. Geplant war eine ganze Serie von Tafelwerken, die alle Bereiche der Dresdener Sammlungen vorführen sollte, unter dem Titel ›Galerie de S. M. le Roy de Pologne, Electeur de Saxe‹. Der einleitende Antikenband hat jedoch erst zwei Jahrzehnte später in Heineckens ›Recueil d'Estampes‹ eine Fortsetzung gefunden.

Den Tafeln sollte eine Widmung sowie eine Einleitung mit Informationen über Werke und Künstler vorangestellt werden. Die bereits gelieferten Platten sollten anhand der Originale überprüft und korrigiert, Material und Maße vermerkt werden.

Leplats erster Widmungsentwurf wurde von Friesen zurückgewiesen, weil jener seinen persönlichen Anteil an der Erwerbung der Skulpturen herausgestrichen hatte, auch weil die von Leplat benutzte Parallele zum Kaiser Augustus als unangemessen empfunden wurde.[228] Nach dem Tode des Königs am 1. Februar 1733 mußte der Text ohnehin geändert werden. Die Einleitung schrumpfte zu einem Verzeichnis von Werknamen, die, zum Teil nachträglich, auch den Tafeln beigefügt wurden. Zu ausführlichen Kommentaren fehlte wohl nicht nur die Zeit, sondern auch ein kompetenter Autor.

Noch im Jahre 1733 konnte Leplat das Titelblatt drucken lassen: ›Recueil des marbres antiques qui se trouvent dans la galerie du Roy de Pologne à Dresde, avec privilège du Roy l'année 1733. Dresden, à l'Imprimerie de la Cour chez Veuve Stössel«. Der Titelkupfer, von Bernigeroth nach einer Zeichnung von Anna Maria Werner gestochen, zeigt ein ovales Porträtmedaillon des Königs, getragen von Apoll und Minerva, sowie im Vordergrund einzelne Antiken und Allegorien der Künste, schließlich das von Putten umspielte sächsisch-polnische Wappen. Den 198 Tafeln ist der ursprünglich von Friesen geplante Titel in leichter Variation vorangestellt:

Zacharias Longuelune: Entwurf eines Antikenmuseums, Fassade zum Zwingerhof, 1728
Kurze Bogengalerien sollten das Antikenmuseum mit den Zwingersalons verbinden. Die noble Fassadengliederung wird durch einen Mittelrisaliten mit drei Torbögen im Erdgeschoß, doppelter Säulenstellung im Obergeschoß und statuengeschmückter Attika in der Dachzone akzentuiert. Im Erdgeschoß bestimmen rustizierte Wandpfeiler, im Obergeschoß Pilaster die Wandgliederung. Der klassizistische Charakter des Entwurfs geht über die klassizistischen Tendenzen am Japanischen Palais, an das er erinnert, weit hinaus und läßt an Dresdener Bauten der zweiten Jahrhunderthälfte denken.

Zacharias Longuelune: Entwurf eines Antikenmuseums, Wandgliederung der großen Galerie, 1728. Staatsarchiv Dresden
Die Galerie sollte den größten Teil des elbseitigen Flügels einnehmen. Die durch korinthische Pilaster gegliederten Wände sollten im unteren Teil Skulpturen und Arrangements von Vasen, im oberen Teil Gemälde aufnehmen.

Zacharias Longuelune: Entwurf eines Antikenmuseums, drei Varianten der Innendekoration, 1728. Staatsarchiv Dresden.
Die drei Varianten treten im Grundriß mehrfach auf: dreifenstrige Außenwand, Wand mit Kamin und zwei Türen, Wand mit Mitteltür. Statuen und Büsten sind fest eingebunden in die schlichte klassizistische Wanddekoration.

›Statues, Groupes, Vases, Bustes, Marbres et autres pièces contenus en ce Recueil‹. Dazwischen prangt Leplats französisch abgefaßte Widmung, die nunmehr August III. gilt. Beschwörend preist sie die Kunstliebe des neuen Herrschers:

»An den König.
Sire, von allem Kostbaren, was die Fremden in der Residenz Eurer Majestät bewundern, zeichnet sich nichts mehr aus als die antiken Statuen, die auf Befehl der verstorbenen Majestät des Königs, Ihres Vaters glorreichen Andenkens, am Hof Italiens zusammengebracht wurden und die besten Stücke darstellen, die uns von der alten griechischen und römischen Skulptur erhalten blieben.

Eure Majestät, die Ihrem erhabenen Vater vollkommen nacheifern im Geschmack und in der Kenntnis der schönen Künste, haben denjenigen neuen Mut eingehaucht, die sie ausüben und die Wissenschaften pflegen, indem Sie mir befahlen, die Zeichnungen dieser Sammlung stechen zu lassen, um die Reichtümer dem Publikum zu erschließen. Ich lege deshalb, Sire, dies Werk zu den Füßen Eurer Majestät nieder und wünsche nichts als die Befehle würdig ausgeführt zu haben, denen all meine Mühe galt. Ich bin in tiefster Unterwerfung (usw.) B. (!) Leplat«.

Die dem ›Recueil‹ angebundenen 32 Tafeln der ›Suite de divers marbres ...‹ wurden erst 1735 abgeschlossen. Da sie die Numerierung der Antikentafeln fortsetzen, liegt der Schluß nahe, daß der Band als ganzes nicht schon 1733, sondern erst 1735 ausgeliefert wurde. Da August III. erst 1734 zum König von Polen gekrönt wurde, wäre die Widmung Leplats auch 1733 kaum möglich gewesen.

Gewiß war Leplats ›Recueil‹ nicht das »vollständige accurate Werck«, das August dem Starken vorgeschwebt hatte. Dennoch stellt er eine beachtliche Leistung dar. Als erstes monumentales Antikenwerk, das nach Begers ›Thesaurus Brandenburgicus‹ (Band 3, 1701) in Deutschland erschien, blieb es lange ohne Nachfolge und vermittelte mehreren Generationen eine Vorstellung von den Dresdener Antiken. Leplat hat sich nicht auf eine Auswahl repräsentativer Statuen und Büsten beschränkt, sondern sich um ein komplexes Bild bemüht. Der ›Recueil‹ bildet auch Reliefs und Cinerarien ab, Tonlampen und Gläser.[229] Zwei Tafeln geben Fragmente römischer Freskomalerei aus Nettuno wieder, fünf Tafeln acht unteritalische Vasen als »Vases hetrusques«.[230] Unter den Kleinbronzen findet sich eine archaisch-griechische Greifenprotome, auch einiges Ägyptische und Indische; nicht vergessen wurden die erstmals 1756 von Winckelmann ausführlich interpretierten Mumien.[231]

Bei der Abbildung der Skulpturen wurde auf eine Dokumentation moderner Ergänzungen und Montierungen verzichtet. Gerade die skrupellosen Überarbeitungen und Anstückungen, die das antike Original mitunter bis zur Unkenntlichkeit entstellen, bestimmen den Charakter der Sammlungen jener Zeit. Die gegen Ende des 19. Jahrhunderts von Georg Treu vorgenommene »Entrestaurierung« der Dresdener Antiken ergab, daß oftmals zwei oder drei nicht zusammengehörige Fragmente zu einem Pasticcio verbunden waren.[232]

Unter den Skulpturen überwiegen einmal die qualitätvollen Römerporträts, von denen einige aus der Sammlung Bellori stammen, zum andern aber römische Kopien nach griechischen Meisterwerken, die ihren Rang in der Kunstgeschichte bis heute behaupten konnten, wie der Dresdener Zeus und die Dresdener Artemis, der Dresdener Knabe und die Athena Lemnia.[233]

Trotz ihrer Einzigartigkeit und ihres von Anfang an bewußten Wertes erschien die »Gallerie von antiquen und modernen Statuen« erst seit 1744 im Hof- und Staatskalender.[234] Ihr erster Inspektor war kein Gelehrter, sondern der Bildhauer Lorenzo Mattielli.[235]

* * *

DIE PORZELLANSAMMLUNG UND DAS JAPANISCHE PALAIS. Am Ende des 17. Jahrhunderts war die Bewunderung für chinesisches und japanisches Porzellan in ganz Europa verbreitet. Daß die Erfindung des europäischen Porzellans in Sachsen gelang, wo es auch zuerst künstlerisch durchgebildet und in bedeutendem Umfang produziert wurde, ist kein Zufall. Die Leidenschaft Augusts des Starken für Porzellan war so ausgeprägt, daß er gelegentlich selbst darüber spottete.[236]

Im Schloß Oranienburg war bereits 1693 ein verspiegeltes Porzellankabi-

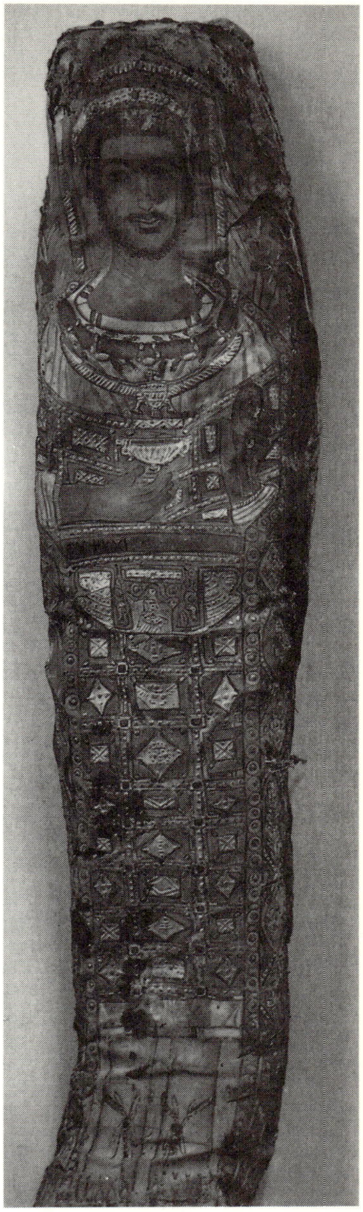

Mumie eines Mannes. L. 1,75 m. Saqquara, frühes 4. Jahrhundert u. Z. Staatliche Kunstsammlungen Dresden, Skulpturensammlung Aeg. 777
Die Mumie wurde (zusammen mit einer ebenfalls spätantiken Frauenmumie) von Pietro della Valle 1615 in einem Hypogaeum bei Saqquara entdeckt. Aus seinem Nachlaß gelangten beide in den Besitz des Fürsten Chigi und kamen 1729 mit dessen Skulpturen nach Dresden. Johann Joachim Winckelmann hat die Mumie in seiner »Nachricht von einer Mumie in dem Königlichen Cabinet der Alterthümer in Dreßden« (1756) beschrieben und anhand der Inschrift bereits in die römische Kaiserzeit datiert.

Statue des Zeus, sog. »Dresdener Zeus«. Marmor, H. 2,12 m. Römische Kopie nach einem griechischen Original vom späten 5. Jahrhunderts v. u. Z. Stich in: Raymond Leplat, Recueil des marbres antiques (1733) Tafel 83
Der »Dresdener Zeus« gehört wie die »Dresdener Artemis«, zu den Skulpturen, die August der Starke 1728 in Rom von Kardinal Alessandro Albani erwerben ließ. Zusammen mit den 160 Antiken aus der Sammlung Chigi kamen die Skulpturen aus dem Besitz Albanis Ende 1729 in Dresden an und wurden im Januar 1730 im Palais im Großen Garten aufgestellt. Leplats Tafelwerk bildet fast alle Skulpturen ab. An der Herstellung der Abbildungen waren mehr als zehn Stecher beteiligt, überwiegend routinierte Techniker. Die nach einer Zeichnung von Preißler gestochene Platte des Augsburgers Johann Gottfried Thelot zeigt die Statue mit der von der falschen Ergänzung abgeleiteten Benennung Aesculap. Viele der in Rom erworbenen Statuen waren schlecht oder irreführend ergänzt. Am Ende des 19. Jahrhunderts ließ Georg Treu, damals Direktor der Skulpturensammlung, die alten Ergänzungen sorgfältig entfernen.

nett entstanden, dem 1706 im Schloß Charlottenburg ein weiteres folgte.[237] August der Starke hat diese brandenburgischen Spiegelkabinette gewiß gekannt, war jedenfalls über ihre Bestände genau unterrichtet und hat bei Gelegenheit sein Interesse an ihnen bekundet (s. unten S. 85).

Der Sammlungstrakt im Schloß Salzdahlum bei Wolfenbüttel war 1709 durch eine Porzellangalerie erweitert worden, die sich an die »Kleine« Gemäldegalerie und das Majolikakabinett anschloß; auf Konsolen, die in den Wanddekor aus geschnitzten und vergoldeten Drachen und Greifen einbezogen waren, standen hier 8 000 Porzellane.[238] Pöppelmann hat Salzdahlum 1715 besucht und in Dresden gewiß nicht nur von der berühmten Gemäldesammlung, sondern auch von der Porzellangalerie berichtet.[239]

Alltäglich waren Porzellansammlungen solchen Umfangs nicht. Leonhard Christoph Sturm weist in der ›Geöffneten Raritaeten-Cammer‹ (1707) Porzellane neben Gemmen und Münzen, Pretiosen und Juwelen, Elfenbeinarbeiten und Prunkwaffen in den Raumkomplex der Schatzkammer: Eines von vier Zimmern bewahrt »in Schränken von Orientalischer lacquirter Arbeit / Trinck-Gefässe / Wasch-Gefässe / Rauch-Fässer / item Thee-Geschirr von … Japanischer lacquirter Arbeit und raren Porcellain«.[240] Sturm hat gerade für Schatzkammerräume auch eine repräsentative, architekturbezogene Aufstellung vorgeschlagen (s. oben S. 50): »Es stehet auch sehr schön / wenn man die Wände in Felder eintheilet / diese mit schönen Rahmen einfasset und mit Spiegeln ausfüllet / auf welchen vergüldete Postementgen befestigt und die kostbarsten Gefässe darauf gesetzt werden können«.[241]

Eine solche Aufstellung sah August der Starke für seine Porzellansammlung vor; sie sollte das Grüne Gewölbe wohl nicht an Pracht, aber in der Dimension übertreffen.

Hauptumschlagplätze für ostasiatisches Porzellan waren die Handelszentren Hollands. In die Dresdener Kunstkammer waren einzelne Stücke schon vor 1640 gelangt.[242] August der Starke schuf in kaum zwei Jahrzehnten durch kontinuierliche Ankäufe großer Bestände eine der umfangreichsten Sammlungen ostasiatischen Porzellans in Europa. Graf Flemming, selbst Kunstkenner und -sammler, hatte dem König 1715 Stücke aus seinem Besitz abgetreten. Als Graf Lagnasco 1716 nach Holland reiste, um Kriegsschiffe für die polnische Flotte zu erwerben, galt seine Aufmerksamkeit immer wieder auch, um nicht zu sagen zuerst, dem Kauf kostbarer Porzellane; dabei ging es vorrangig um Serien »sehr schöner Stücke, in Hinsicht sowohl auf die Größe als auch die Schönheit der Malerei, angemessen dem Geschmack eines großen Fürsten«.[243] Schließlich gelangten in 76 Kisten, neben kostbaren Lackmöbeln, insgesamt 17 Ziergarnituren, 7 große Orangenkübel, 6 Tafelservice und 3 Tee- und Kaffeeservice nach Dresden; in seiner Schlußabrechnung weist Lagnasco Zahlungen von 20 388.14 Talern an elf Händler aus.[244]

Im März 1717 ließ August der Starke bei Friedrich Wilhelm I. anfragen, ob Brandenburg-Preußen an der Übernahme sächsischer Soldaten interessiert sei: Das Ende des Nordischen Krieges mache eine Verringerung der sächsischen Kavallerie erforderlich, »um Sachsen etwas zu entlasten«.[245] Die Entschädigung in Höhe des üblicherweise gezahlten Handgeldes erbat sich der König in Porzellan. General Wuthenau durfte aus 780 Dragonern und Kürassieren 600 aussuchen, und am 1. Mai 1717 fand an der sächsisch-brandenburgischen Grenze bei Baruth die Übergabe der Truppe statt, die noch lange »Porzellanregiment« genannt wurde. Der Vorgang ist nicht mit dem Soldatenhandel zu vergleichen, wie ihn später etwa der Landgraf von Hessen betrieb. Dennoch wünschten beide Monarchen, ihn als Austausch von Geschenken zu deklarieren, um ihn nicht als Geschäft erscheinen zu lassen.[246]

Welche Stücke zu dem stattlichen »présent au porcellain« gehörten, läßt sich im einzelnen nicht mehr rekonstruieren. Eine von sächsischer Seite unterbreitete Wunschliste nennt Porzellane im Gesamtwert von 27 109.16 Talern, darunter 1 500 Teller, 300 Schüsseln, 12 blauweiße Aufsätze und 40 »Bluhm Teller« aus Schloß Charlottenburg, ferner »1 Piramide«, »300 paar Thee, Caffe und Choccolata Schalen« weiterhin »6 oder mehr Wasen aus der Oranienb(urger) Cammer«. Mit Sicherheit geliefert wurden aus Oranienburg 18 große chinesische Vasen sowie 48 Teller und Schüsseln, aus Charlottenburg 12 Aufsätze, 5 Becher, 37 Orangentöpfe, 12 Schüsseln.[247]

Porzellanbestände von dieser Dimension ließen sich in den herkömmlichen Paraderäumen nicht mehr unterbringen. Vermutlich erfolgten die Erwerbungen bereits im Zusammenhang mit der Idee eines Porzellanschlosses, die den König bis zu seinem Lebensende beschäftigte. Im selben Jahr 1717 nämlich übernahm August vom Grafen Flemming das Holländische Palais am rechten Elbufer. Errichtet 1715 von Johann Rudolf Faesch, hatte der Bau zeitweilig dem holländischen Gesandten als Wohnung gedient und daher seinen Namen empfangen.[248] In den nächsten Jahren stat-

Moritz Bodenehr: Fassade des Holländischen Palais, Zustand vor 1728. Sächsische Landesbibliothek Dresden
Das 1715–16 von Pöppelmann für den Grafen Flemming erbaute Palais, »das erstmals das französische Vorbild der Maison de plaisance in die Dresdener Barockarchitektur übertrug« (Walter May), hat August der Starke 1717 erworben und zur Aufstellung seiner Porzellansammlung einrichten lassen. Im Dachgeschoß war seit 1718 die Kunstkammer untergebracht. Bodenehrs Stich orientiert sich an der Abbildung in Pöppelmanns Zwingerwerk, vereinfacht aber die Fassadendekoration.

tete der König das Palais verschwenderisch mit ostasiatischem Porzellan aus, ohne ihm den Charakter eines Wohnschlosses zu nehmen; vielmehr fand er im Japanischen Palais (wie es ICCander schon 1723 nennt) »sein grössestes Divertissement« und mochte dort »wohlzuweilen gar pernoctiren« (übernachten).[249] Bei den Hochzeitsfeierlichkeiten 1719 spielte es eine wesentliche Rolle, wie ein damals entstandener Stich bezeugt, der die Ausstattung mit Porzellan recht detailliert wiedergibt. Spätestens im Jahr darauf wurde »die in aller Welt berühmte Chur-Sächsische Kunst-Kammer aus Neu-Dreßden in dieses Palatium 2. Treppen hoch in 9. oder 10. absonderlich darzu aptirte Zimmer, wegen der allda befindlichen guten frischen Lufft gebracht, und in schönster Ordnung rangiret«.[250] Der Plan, die im Regimentshaus und dann im Zwinger vereinigten Sammlungskomplexe hier unterzubringen, hatte sich bereits als undurchführbar erwiesen (s. oben S. 40). Ein 1721 angelegtes »Inventarium über das Palais zu Altdresden« dokumentiert die Verteilung der Porzellanbestände auf die beiden Hauptgeschosse, bezieht jedoch die Kunstkammer nicht ein.[251]

War auch, wie betont, das Holländische Palais nicht als Museumsgebäude konzipiert, so setzte das Arrangement der Porzellane in etwa 20 Räumen doch Mittel musealer Präsentation voraus. Dieses Arrangement wurde schnell berühmt. Im Sommer 1721 erbat Kardinal Annibale Albani vom Grafen Wackerbarth eine Zeichnung »de l'arrangements des porcellaines et de l'ameublement de la maison des Indes aux Vieux Dresden«, und Wakkerbarth sandte unverzüglich »le dessein, qui marque en même tems le Profil des chambres de la maison hollandaise« nach Rom.[252]

Wie manche Schöpfung Augusts des Starken, hatte auch das Porzellan-

Schematisierter Längsschnitt durch das Holländische Palais, 1719, Zeichnung. Staatliche Kunstsammlungen, Kupferstichkabinett
Die Zeichnung dokumentiert das Souper am 10. September 1719 anläßlich der Hochzeit des Kurprinzen. Sie gibt die Porzellanarrangements wieder, die vor allem im Erdgeschoß die Wanddekoration bestimmen. Die Kunstkammer im Dachgeschoß ist, da für das Festgeschehen unerheblich, nicht abgebildet.

schloß nur wenige Jahre Bestand, um einem noch größeren Projekt zu weichen. Der König plante, an der Stelle des Holländischen Palais, unter dessen teilweiser Verwendung, einen Vierflügelbau errichten zu lassen. Nach einem Abschiedsfest im Sommer 1727 wurde das Palais geräumt. Teile der Porzellanbestände wurden damals (oder erst nach 1730) für die Dekoration des berühmten Turmbuffets im Residenzschloß verwendet, dessen Wandgestaltung große Ähnlichkeit mit der Ausstattung des Grünen Gewölbes in der zweiten Phase zeigt.[253]

Mit dem Neubau wurde 1728 unter Pöppelmanns Leitung und Longuelunes, de Bodts und Knöffels Mitarbeit begonnen.[254] Die Fassaden mit ihrer vornehmen Gliederung, die bereits klassizistische Züge anklingen lassen

Zacharias Longuelune: Entwurf zur Ausstattung des Buffetzimmers im Dresdener Schloß, 1719. Getuschte Zeichnung. Staatliche Kunstsammlungen Dresden, Kupferstichkabinett.
Im Zusammenhang mit den bevorstehenden Festlichkeiten zur Vermählung des Kurprinzen beauftragte August der Starke im Dezember 1718 Leplat, Longuelune und Dinglinger mit Entwürfen zu einem Silberbuffet im Schloß. Die Künstler sollten die zur Aufstellung vorbereiteten Prunkgefäße besichtigen und dann, »jeder seinem Genius gemäß«, ein Projekt erarbeiten. Longuelunes Entwurf ist an Spiegelkabinetten orientiert, wie sie in der Schloßarchitektur um 1700 beliebt waren. Obwohl höfischer Repräsentation und nicht musealen Zwecken dienend, stellt Longulunes Entwurf eine Vorstufe zu späteren Ausstattungen musealer Räume dar.

und nur im Hof noch einmal an den bewegten, plastischen Stil der Zwingerzeit anknüpfen, wurden 1736 vollendet, die Ausstattung der Innenräume kam nicht mehr zum Abschluß.

Thronsaal und Kapelle, Festsäle und Wohnsuiten des Japanischen Palais sollten mit Porzellan ausgestattet werden. Das Untergeschoß war der Kollektion ostasiatischen Porzellans vorbehalten, im Obergeschoß sollte die einheimische Manufaktur dominieren. Zeigte der (spätere) Giebel des Mittelrisalits, wie Saxonia die Huldigung der in der Porzellanherstellung bisher führenden Länder entgegennimmt, so sollten im Deckenbild der großen Galerie Japan und Sachsen vor Minerva um den Vorzug streiten, gerahmt von Allegorien der Künste und Manufakturen.[255]

Aus dem Archiv des Oberhofmarschallamts erhielt sich, neben einigen schriftlichen Grundrißvarianten, eine wohl 1735 entstandene ›Specificatio Dererjenigen Zimmer, welche Ihro Maith: der höchstseeligste König glorwürdigsten Andenkens, im Japanischen Palais, und zwar in der ersten Etage, auf nachbeschriebene Arth ausmeubliren zu laßen, allergnädigst intentioniret gewesen«.[256] Die Aufzählung der Porzellangruppen und der farblich auf sie abgestimmten Wanddekorationen von achtzehn Räumen legt den Schluß nahe, daß mehr von den Planungen realisiert war, als bisher angenommen wurde. So heißt es von der »untersten Gallerie«: »Große Japanische Vasen, Becher und Terrinen, die Schäffte mit indianisch vergoldeten Pappier, worauf bunte Blumen und Vögel gemahlt sind. Das Pappier muß durchgehends auf Leinwand gezogen werden«; von einem Zimmer: »Japanisch Porcellaine mit grün leinewandnen laquirten Banden, worauff goldene Drachen und Zierrathen gemahlt, von dem Laquier Schnellen verfertiget«; von einem der Schlafzimmer: »Weiß Indianisch Porcellaine das Zimmer ist von Boiserie und roth laquirt, mit erhabenen vergoldeten Figuren, Ist zu repariren«.[257] Auch in anderen Teilen setzt der Text das Vorhandensein von gemalten und gestickten Chinoiserien, Spiegeln und Holzver-

Dresdener Schloß, Porzellankabinett im Turmzimmer, 1719. Foto um 1930
Bei der Einrichtung des Buffets im zweiten Obergeschoß wurde, wie später im Pretiosensaal des Grünen Gewölbes, die Stuckdecke des 16. Jahrhunderts übernommen. Das Spiegelkabinett diente der Schaustellung silbernen Prunkgeschirrs. Nach der Einrichtung des Silberzimmers und des Weißsilberzimmers im Grünen Gewölbe fanden hier um 1730 kostbare Porzellane aus dem Holländischen Palais einen neuen Platz. Als Porzellankabinett wurde das Buffetzimmer Vorläufer der im Japanischen Palais geplanten Arrangements.

kleidungen voraus. Weinart erwähnt 1777 »Zimmer, so noch etwas von ihrer alten Pracht haben« und hebt die Tapeten des Federzimmers hervor. Die Möblierung war durchaus stattlich; noch 1759 ließ der damalige Kurprinz eine beträchtliche Menge von Schränken und Konsolen, Gueridons und Geschirren aus dem Japanischen Palais ins Residenzschloß bringen.[258]

Noch zu Lebzeiten des Königs sind im Umkreis Pöppelmanns Entwurfszeichnungen entstanden, die einen Eindruck von den geplanten Wandgliederungen vermitteln.[259] Eine zweite Serie von Entwürfen entstand 1735 im Zusammenhang mit neuen Ausstattungsplänen; sie sind stärker museal geprägt und zeigen kühlere, erstarrte Formen.[260]

Im Obergeschoß war die Einrichtung zweier großer Galerien, einer Kapelle und eines Thronsaals vorgesehen. Auch dafür gibt es ältere und jüngere Entwürfe. Die stadtseitige Galerie sollte »Große Japanische Vasen« aufnehmen, alle anderen Räume aber Erzeugnisse der Meißener Manufaktur.[261]

Nachdem die erst 1710 gegründete Porzellanmanufaktur 1713 erstmals weißes Porzellan auf der Leipziger Messe angeboten hatte und nachdem 1720 das beständige Unterglasurblau erfunden worden war, hatte die Produktion einen mächtigen Aufschwung genommen. Gerade waren 1730 die ersten Tafelservice für den Hof geliefert worden, als der König mit umfangreichen Aufträgen für das Japanische Palais die Manufakur aufs äußerste forderte und schließlich überforderte. Zwar wurden bis 1735 fast 300 große

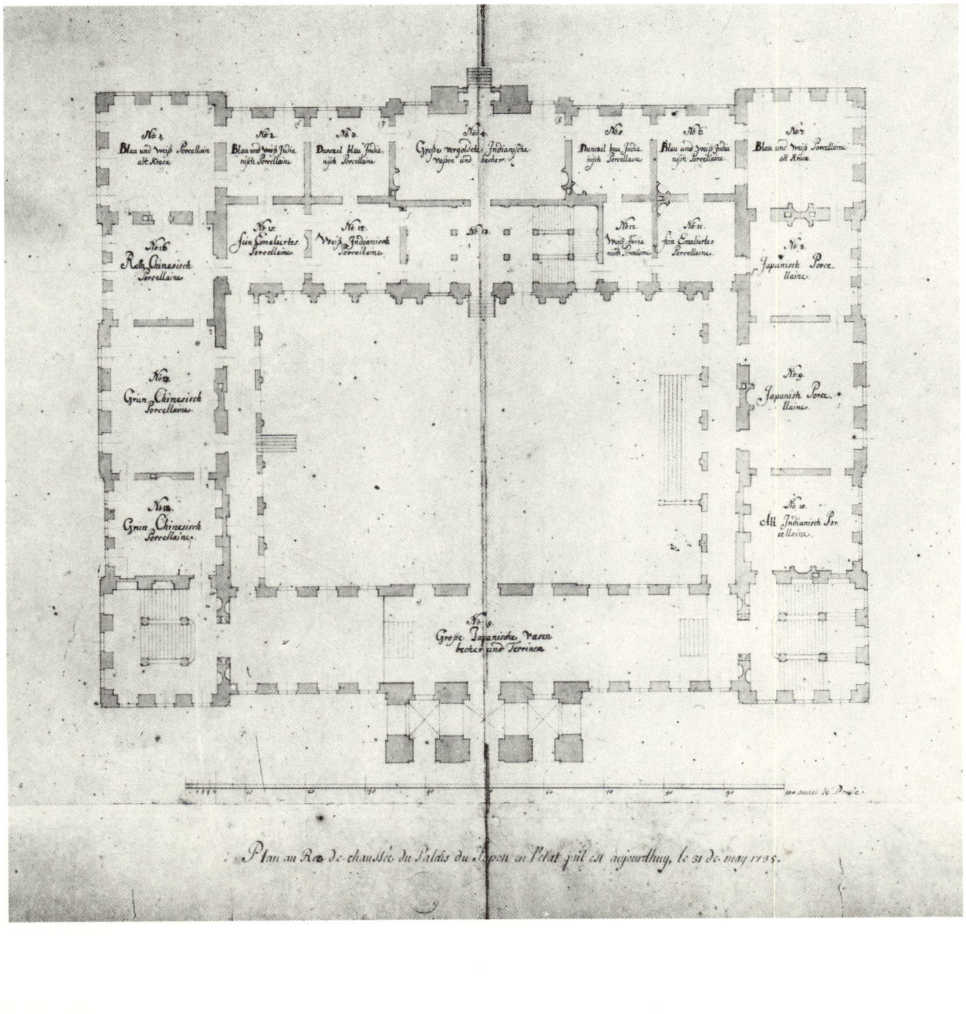

Japanisches Palais: Grundriß vom Erdgeschoß mit Raumbezeichnungen, 1735
Das Erdgeschoß des Japanischen Palais sollte nach den Intentionen Augusts des Starken die umfangreiche Sammlung ostasiatischen Porzellans aufnehmen. Der Plan bezeichnet 19 Räume, darunter die große Eingangshalle (Nr. 19) und das hintere Vestibül (Nr. 13). Die in Material und Farbe fein auf die Porzellane abgestimmte Ausstattung, überliefert in zahlreichen Entwurfszeichnungen und einer »Specificatio« von 1735, blieb unvollendet.

Zacharias Longuelune: Entwurf für die Aufstellung von Porzellanen in der Großen Galerie des Japanischen Palais, 1735. Getuschte Zeichnung. Staatsarchiv Dresden

Die geplante Einrichtung des Japanischen Palais wurde durch den Tod Augusts des Starken unterbrochen und nicht oder nur zu einem sehr geringen Teil ausgeführt. Im Gegensatz zu den früheren Entwürfen des Kondukteurs Johann Adam Rothe von 1731 eignet den Zeichnungen Longuelunes ein klassizistischer Charakter, wie ihn bereits die Entwürfe zur Antikenaufstellung von 1728 zeigten. Die Porzellanarrangements sind flächenfüllend in die tektonisch klar gegliederte Wand eingefügt.

a.

b.

Zacharias Longuelune: Entwürfe für das Arrangement ostasiatischer Porzellane im Japanischen Palais, Zimmer 3, 4 und 16. Getuschte Zeichnungen, 1735. Staatsarchiv Dresden

Tierfiguren für die Galerie geliefert, doch von den 910 im Jahre 1732 bestellten Vasen war 1735 nur die Hälfte fertig. Später wurden die Lieferungen zugunsten Brühlscher Aufträge ganz eingestellt, ja Brühl ließ aus dem Japanischen Palais bereits aufgestellte Porzellane wieder entnehmen.[262]

Die Ausstattung des Porzellanschlosses muß selbst in ihrem provisorischen Zustand einen überwältigenden Eindruck gemacht haben. Die Sammlung unterstand, wie die übrige Ausstattung, dem Bettenmeister des Schlosses und wurde von ihm den Besuchern gezeigt. Erst 1786, nach der unrühmlichen Überführung ins Souterrain, gewann sie einen musealen Status und wurde nunmehr zu den »Cabinetern« gezählt.

* * *

DIE NEUAUFSTELLUNG DER RÜSTKAMMER. Dem Rat Wackerbarths folgend hatte sich August der Starke im Februar 1718 dazu entschlossen, »unser itziges Schloß stehen zu laßen, mithin die so großen Unkosten zu erspahren, und die Zeit zu gewinnen«.[263] Damit erlangte der gesamte Schloßkomplex ein neues Interesse, und auch das Stallgebäude mit seiner direkten Verbindung zum Georgenbau und seiner repräsentativen Fassade zum Jüdenhof verlockte den König zu Umbauplänen. Zunächst hatte er daran gedacht, in zwei Flügeln ein Theater und einen Redoutensaal errichten zu lassen.[264] Doch der Anbau dieser Räumlichkeiten an die Stadtseite des Zwingers war wohl schneller und billiger zu erreichen, was angesichts der bevorstehenden Kurprinzenhochzeit von ausschlaggebender Bedeutung war. Auch die Idee, im Stallgebäude die Sammlungen unterzubringen, wurde nicht verwirklicht (s. oben S. 145). Dennoch war der König entschlossen, das Stallgebäude umzubauen und stärker in das höfische Leben einzubeziehen; erst 1731 jedoch war der Umbau zum Gästequartier mit Festsälen und repräsentativer »englischer« Freitreppe abgeschlossen.[265]

Die altehrwürdige Rüstkammer, die seit der Errichtung des Stallgebäudes in seinen oberen Geschossen untergebracht war, mußte ihr Domizil räumen. Im Sommer 1722 ordnete der König an, ihre Bestände in andere Gebäude zu überführen.[266] Dabei sollten Naturalien ins Regimentshaus, »Silberwerck« ins Grüne Gewölbe, »Jagdzeug« in den Jägerhof, Fahrzeuge ins Wagenhaus, verwendbare Waffen ins Zeughaus gebracht werden.[267] Die überwiegende Masse der Bestände sollte in den Räumen der alten »Kriegs Canzley«, dem Gebäudekomplex neben dem Stallhof, aufgestellt werden. Dazu mußte der Oberstallmeister von Thielau sogar seine Wohnung räumen, weil sie »zu einem gewißen Gebrauch benöthiget« würde.[268]

Thielau konnte sich zwar dem königlichen Befehl nicht widersetzen, meldete aber Bedenken an: »Gleichwie nun Ew. Königl. Majt. allergnädigsten Befehl jeder Zeit in allerunterthänigsten respect venerire«, beruft er sich auf die ihm übertragene Verantwortung und gibt zu bedenken, daß »durch solche Veränderung aber dieses considerable Werck, wovon bißhero in ganz Europa soviel bruit gemachet worden, sehr zergliedert, und das Inventarium, woran sowohl Ew. Majt: glorwürdigste Vorfahren mit großen Fleiß gesammlet, als auch Ew. Königl. Majt: zeit Dero höchstlöblicher Regierung, solches noch mit vielen raren Pretiosis zu Dero immerwehrenden

Grundriß der Rüstkammergebäude, erstes Obergeschoß, 1771. Staatsarchiv Dresden
August der Starke ließ die Rüstkammer 1722 vom Stallgebäude in den benachbarten Gebäudekomplex verlegen, wo sie bis zur Übertragung in den Zwinger 1833 blieb. Die Raumnummern der Grundrisse, die 1771 dem Kurfürsten Friedrich August III. vorgelegt wurden, werden in Legenden erläutert. Im ersten Obergeschoß bedeuten: 1.2. Schwartze Gewehr-Cammer, 3. Garten-Instrumente, 4. Spieß-Pagen-Cammer, 5. Alt-deutsche Gewehr-Cammer, 6. Dolch-Cammer, 7. Decken-Cammer, 8. Der Gang von der Treppe bis in die schwartze Gewehr-Cammer, 9. Chur-Cammer, 10. Jäger-Cammer, 11. Alte Harnisch-Cammer, 12. Küchen-Gewölbe, 13. Küche, 14. 15. 16. Baillen-Cammer, 17. Platz bey der Treppe, 18.–21. Scharff Rennen.

Grundriß der Rüstkammergebäude, zweites und drittes Obergeschoß, 1771. Staatsarchiv Dresden
1. das Türckische Serail, 2. Schlitten-Cammer, 3. Indianische Cammer, 4. Armatur-Cammer, 5. 6. 7. Erste, Zweyte, Dritte Pistohlen-Cammer, 8. Der Gang von der Treppe bis ins Serail, 9. 10. Türcken-Cammer, 11. 12. 13. der Steinern Gang, 14. die Küche, 15. 16. Schneiderey, 17. Vor der Schneiderey, 18. Feder-Cammer, 19. Elementen-Cammer, 20. Platz bey der Treppe, 21. 22. 23. Kleine Sattel-Cammer, 24. Große Sattel-Cammer. Drittes Obergeschoß: 1. Maulthier-Decken-Cammer, 2. 3. Roßzeug-Cammer, 4. Platz bey der Treppe.

Ruhm, umb ein großes vermehret, in nicht geringe Confusion gerathen wird, weswegen sowohl mir, als denenjenigen, so zur Rüst Cammer bestellet, ins künfftige nicht wenig Verantworttung zuwachßen dürffte«.[269] Thielau starb bereits zu Beginn des Jahres 1723, konnte aber noch eine Revision der Bestände durchsetzen, ehe der Umzug begann.[270]

Eine »Specification Derer auff Ihro Königl. Mayt. Rüst-Cammer befindlichen Cammern, wie solche bey künfftiger Ausräumung rangiret und untergebracht werden können« zählt den Inhalt aller 34 Kammern im Stallgebäude auf und gibt die Nummern der 28 vorgesehenen neuen Zimmer an.[271] Es gelang offenbar, die einzelnen Komplexe geschlossen an ihre neuen Standorte zu übertragen, was durch die unmittelbare Nachbarschaft der Gebäude sehr begünstigt wurde; sogar die alten Raumbezeichnungen blieben erhalten.

Das neue Domizil der Rüstkammer erstreckte sich über drei miteinander verbundene Häuser (Schössergasse 16, Schössergasse 15, Sporergasse 6) mit dem dazugehörigen Nebengelaß. In dem Gebäude, das im spitzen Winkel auf den Jüdenhof stieß und dessen lange Seitenwand nur durch einen schmalen Gang vom Stallgebäude getrennt war, hatte sich über den Gewölben der alten Hofschmiede die Wohnung des Oberstallmeisters befunden, deren Räumung der König verfügte. Das Eckhaus an der Schössergasse, errichtet bereits im 16. Jahrhundert, war gegen 1680 umgebaut, mit

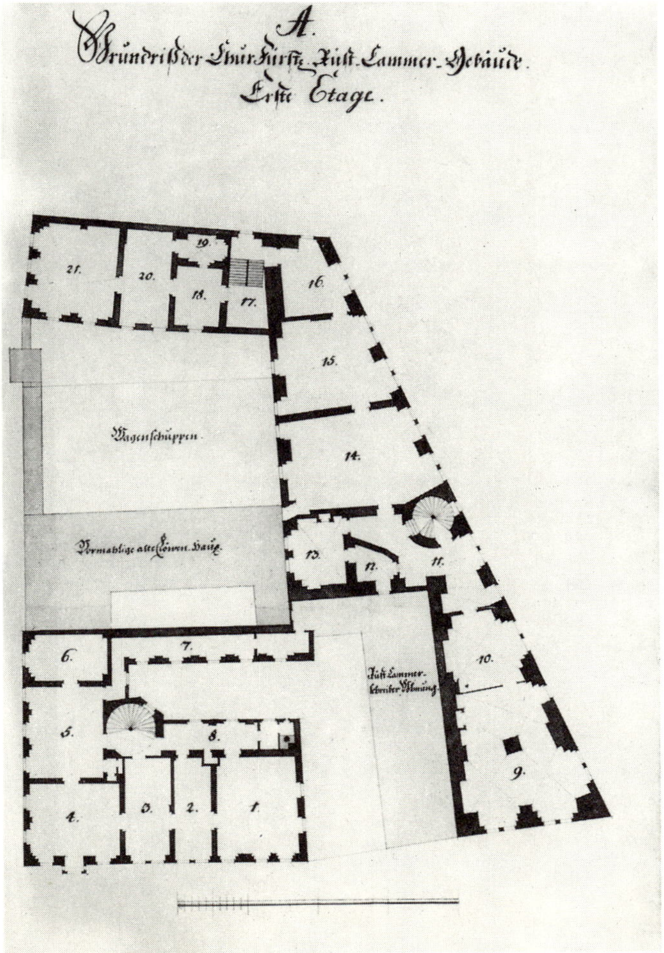

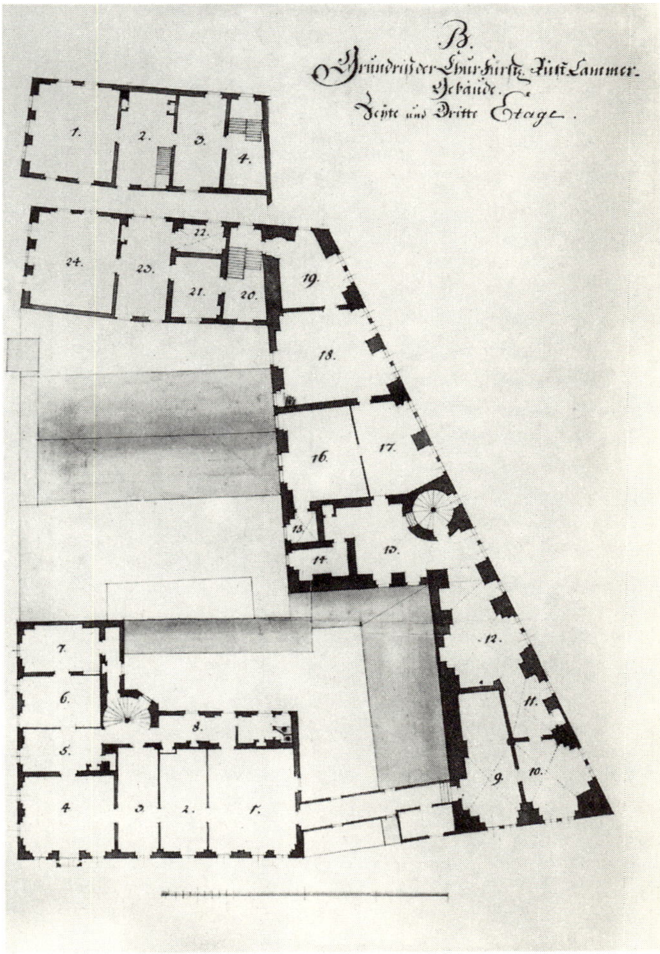

einem wappengeschmückten Portal und einem stattlichen Erker versehen worden.[272] Die Rüstkammer nahm die Obergeschosse der drei Häuser ein und nutzte natürlich Bodenkammern als Depots.

Die Zimmer waren von beachtlichen Dimensionen, einige hatten »gantz herrliche Platfonds«.[273] Aber auch ein Saal von acht Metern im Quadrat wirkt eng und niedrig, wenn in ihm eine ganze Reiterkompanie oder eine Gruppe von Holzpferden mit Rennzeugen zusammengedrängt wird. Überdies waren manche Räume verwinkelt und nur dürftig beleuchtet. Als 1746 das Stallgebäude zur Gemäldegalerie umgebaut wurde (s. unten S. 118), glich man den Rüstkammerkomplex in Höhe und Dachform der Galeriefassade an. Das erforderte die »Wieder-Aufführung eines ganz neuen Daches 35. Ellen lang auch mit Kammern, um dieses ... in Gleichheit zu bringen, nicht weniger ... Abpuzzung der äusserlichen Façade von diesem ganzen Gebäude«.[274] Die Aufstellung der Sammlung aber ist damals wohl ebenso wenig verändert worden wie in den folgenden Jahrzehnten. Der Zustand der Räume und der Sammlung wurde immer unerfreulicher, bis die Rüstkammer endlich 1832–33 ein neues Domizil im Zwinger fand, ehe sie 1876 wieder in das nunmehr zum »Johanneum« umgebaute Stallgebäude zurückkehrte.

Die Rüstkammer enthielt neben Prunkwaffen und Turnierrüstungen aller Art auch Sättel und Schlitten, Kleider und Inventionsstücke, Jagd- und Gartengerät, überwiegend aus dem 16. und 17. Jahrhundert. Johann George Keyßler, der die Sammlung 1730 besichtigt und die erste authentische Beschreibung der Neuaufstellung überliefert hat, charakterisiert sie als »die alte Garderobbe, das Magazin von allen zum kostbaren Aufputz des Hofes gehörigen Sachen, und ein Vorrath von Trachten, Gewehr und Hausrath auswärtiger Völker«.[275] Neben dem historischen Aspekt trat damals also der ethnographische stark hervor. Dem durchaus musealen Cha-

Die Gewehrgalerie im »Langen Gang«. Foto um 1900
Der »Lange Gang« zwischen Schloß und Stallgebäude hatte seine manieristische Dekoration weitgehend bewahrt. August der Starke ließ 1731 die bislang verstreut aufbewahrten Jagdgewehre in der über 100 m langen Galerie aufstellen. Die Einrichtung der schlichten, der Wanddekoration untergeordneten Schränke und Gestelle war 1733 abgeschlossen. Unter August III. und den späteren sächsischen Monarchen wurde die Sammlung bedeutend vermehrt. Die Aufnahme zeigt die Gewehrstellagen zwischen Porträts wettinischer Fürsten. Die Holzdecke stammt von einer 1861 vorgenommenen Restaurierung der Galerie.

rakter entsprachen aber weder Präsentation noch Organisation. Im Unterschied zur Bibliothek und den »Curiositäten-Cabinetern« unterstand die Rüstkammer nicht dem Oberkammerherrn, sondern dem Oberstallmeister, ehe sie später als »Historisches Museum« mit allen übrigen Sammlungen der Direktion des Staatsministers von Lindenau, dann dem Ministerium des Königlichen Hauses zugeordnet war.

Obwohl also die Rüstkammer nicht museal »rangiret« war wie etwa das Grüne Gewölbe, die Gemäldegalerie und der Sammlungskomplex im Zwinger, sondern stets den Charakter des »Magazins«, der »Garderobbe« bewahrte, war sie dank ihrer eindrucksvollen Bestände entschieden populärer, wohl auch leichter zugänglich als die übrigen Sammlungen: Um sie zu besichtigen, mußte man sich bei dem im Hause wohnenden Rüstkammerschreiber melden.[276]

Nachdem der Umbau des Stallgebäudes abgeschlossen war, ließ der König auch den Verbindungsgang zwischen diesem und dem Georgenbau, der gewöhnlich »Langer Gang« oder »Stallgalerie« genannt wurde, museal nutzen. Die über 100 m lange Galerie hatte ihre kostbare manieristische Dekoration bewahrt: Porträts wettinischer Fürsten und Darstellungen der Turniere des Kurfürsten August in geschnitzter Rahmung.[277] August der Starke wies 1731 den Oberhofjägermeister von Leubnitz an, in dieser Galerie die bislang zerstreut aufbewahrten Jagdgewehre aufzustellen; kurz nach dem Tode des Königs war die Einrichtung der schlichten, behutsam in die Wandgliederung einbezogenen Schränke und Gestelle abgeschlossen, und noch 1733 wurde das erste Inventar angelegt.[278]

Nach der Eingliederung der Gewehrkammern der Herzöge von Merseburg und Weißenfels sowie späterer Erwerbungen enthielt die »Königliche Gewehrgalerie« am Ende des 19. Jahrhunderts etwa 2000 wertvolle Handfeuerwaffen des 17. und 18. Jahrhunderts. Bei einer Restaurierung wurde 1861 die Decke offenbar wenig glücklich erneuert; im ganzen hat die Gewehrgalerie ihre historische Gestalt bis zur Zerstörung im Februar 1945 erhalten.

* * *

DIE LETZTEN MUSEUMSPROJEKTE AUGUSTS DES STARKEN Nach einem Jahrzehnt beharrlicher, wenn auch nicht kontinuierlicher Bemühungen um die Organisation der Dresdener Sammlungen war Beachtliches geschaffen worden, das auch vielfältig in die Zukunft wies. Dennoch blieben museale Probleme ungelöst: Die Antiken konnten nur provisorisch aufgestellt werden, die Kunstkammer war in den alten Räumen im dritten Obergeschoß des Residenzschlosses nur notdürftig untergebracht, die Bibliothek in getrennten Zwingerpavillons kaum zu ordnen und zu nutzen. Das Münzkabinett hielt der König unter Verschluß, die Gemäldegalerie im Riesensaal konnte keine dauerhafte Lösung sein.

Noch in seinen letzten Lebensjahren plante August der Starke, durch eine Ausdehnung des Zwingers zur Elbe hin einen Museumskomplex zu schaffen.[279] Die Entwürfe, in mehreren Varianten überliefert, entstanden gegen 1730 und werden Zacharias Longuelune zugeschrieben. Sie nehmen Pöppelmanns Idee einer Zwingererweiterung durch lange, parallel verlau-

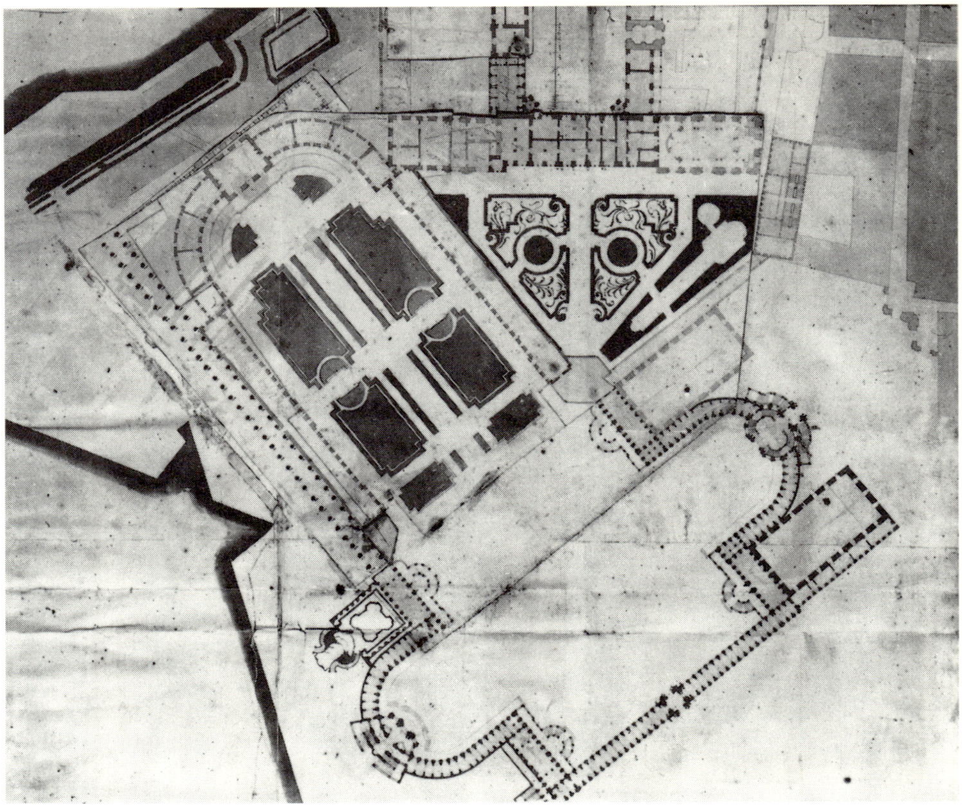

Entwurf zur Erweiterung des Zwingers, nach 1730. Staatsarchiv Dresden
In seinen letzten Lebensjahren hat August der Starke noch einmal versucht, durch eine Erweiterung des Zwingers zur Elbe einen zusammenhängenden Museumskomplex zu schaffen. Die im Detail leicht voneinander abweichenden Entwürfe stammen vermutlich von Longuelune. Sie nehmen Ideen Pöppelmanns auf, der bereits an eine Zwingererweiterung durch parallel verlaufende Galerien mit bogenförmigem Abschluß an der Elbseite gedacht hatte. Die Planungen beziehen meist den gesamten Schloßkomplex ein.

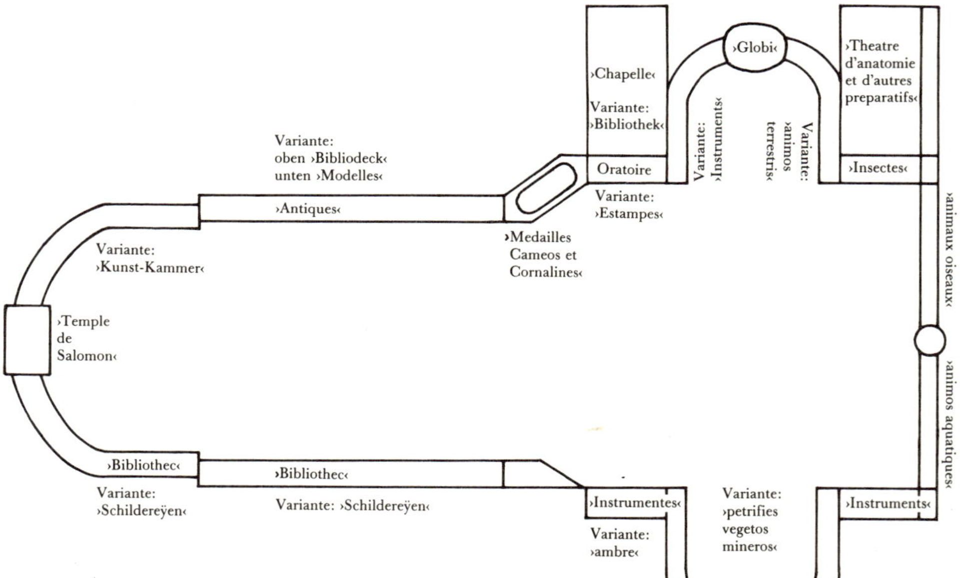

Museumsprojekt im Anschluß an den Zwinger, nach 1730, mit Eintragungen Augusts des Starken. Schematische Skizze unter Verwendung mehrerer Varianten im Staatsarchiv Dresden und im Institut für Denkmalpflege Dresden
Die Entwürfe sehen einen Museumskomplex von enormen Ausmaßen vor. Die Erweiterungsbauten sollten die Ausdehnung des vorhandenen Zwingerareals erreichen und Sammlungen aufnehmen, die im Zwinger nicht untergebracht waren, also Gemäldegalerie, Antikensammlung, Kunstkammer, Münzkabinett, Gemmenkabinett. Auch die bereits im Zwinger befindlichen Sammlungen sollten neu gruppiert, einige Raumkomplexe anders genutzt werden. Es wurde erwogen, den Redoutensaal zur Bibliothek oder zur Kapelle, das Opernhaus zum »Theatre d'anatomie« umzubauen.

fende Galerien mit bogenförmigem Abschluß auf. Die Gliederung der zweigeschossigen Fassaden mutet klassizistisch an und hebt sich deutlich vom Stil Pöppelmanns ab.

Im Zusammenhang mit diesen Projekten stehen wohl auch Notizen, die sich auf einen nicht mehr nachweisbaren Grundriß beziehen; sie stammen nicht von der Hand des Königs, aber wohl von einem seiner engen Vertrauten.

Der König erwog damals, das Opernhaus zum »Theatre d'anatomie chirurgie et d'autres preparatifs« umbauen zu lassen. Im Zusammenhang mit einer Neuaufstellung der Anatomiekammer war ein großer Seziersaal mit der Funktion einer »Ecole« geplant, wie es die Beschriftungen auf dem Grundrißentwurf ausweisen. Der Redoutensaal sollte zur Kapelle oder, nach der Beischrift auf einem separaten Grundrißentwurf, zu einer zweigeschossigen Bibliothek umgebaut werden. Die Bestände des Naturalienkabinetts und die Instrumente sollten sich weiträumig auf die Galerien und Pavillons des Zwingers verteilen; für die letztgenannte Sammlung wird bereits der dann 1746 tatsächlich bezogene Mathematisch-Physikalische Salon erwogen. Die beiden Langgalerien sollten »Antiques« und »Schildereyen« oder die Bibliothek aufnehmen. Ein ovales Kabinett im Übergang vom »Estampes« – Pavillon zu den »Antiques« sollte »Medailles, Cameos et Cornalines« aufnehmen. Für die elbseitig abschließenden Bogengalerien wurden »Bibliothec«, »Schildereyen« und »Kunst-Kammer« erwogen. Der Mittelpavillon aber, gleichsam Zentrum und Krönung des Ensembles, sollte das Modell des Salomonischen Tempels umschließen, um dessen Erwerbung der König sich seit 1729 bemüht hatte und das dann 1733 im Wallpavillon aufgestellt wurde (s. oben S. 73).

In den genannten Notizen finden sich neben detaillierten Vorschlägen zur Dekoration der Räume auch zwei Skizzen zur Einrichtung der Bibliothek. Für sie und die »gallerie ... pour les Tableaux« waren »quelques bustes vases et Bronses pour ornement« vorgesehen. Bei der Einrichtung sollte darauf Rücksicht genommen werden, daß sich gelegentlich bei Festen größere Menschenansammlungen in den Galerien bewegen würden.

In seiner Beschreibung der Dresdener Bibliothek von 1763 merkt Heinrich Jonathan Clodius an: »Ihro Majest. waren auch gnädigst entschlossen, zu äußerlicher Auszierung der Bibliothec eine besondere Gallerie erbauen zu lassen. Allein diese herrliche Bemühungen wurden durch den unvermutheten Todtes-Fall dieses großen Monarchen unterbrochen«. Drei Jahrzehnte nach dem Tode des Königs erinnerte man sich noch immer seiner grandiosen Projekte, die erst später vollkommen in Vergessenheit gerieten.

Modell des Salomonischen Tempels, 1692. Hamburg, Museum für Hamburgische Geschichte
Das hölzerne Modell, unter der Leitung des Hamburger Architekten Johann Jakob Erasmus als Operndekoration gefertigt, mißt etwa 3,45 m im Quadrat und ist 0,86 m hoch. Es rekonstruiert den im Alten Testament beschriebenen Tempel Salomos zu Jerusalem in Stilformen der Hochrenaissance. Bevor das berühmte Werk 1710 nach England gebracht wurde, hatte sich Zar Peter der Große lebhaft dafür interessiert. August der Starke mühte sich seit 1729 um die Erwerbung und konnte 1732 den Kaufvertrag abschließen; die Ankunft des Modells in Dresden 1733 und seine Aufstellung im Wallpavillon 1734 hat er nicht mehr erlebt. In den späten Museumsprojekten des Königs spielte das Werk eine zentrale Rolle, vielleicht im Zusammenhang mit Ideen der Freimaurerei, die damals von Polen nach Sachsen kamen; bereits 1738 wurde in Dresden durch den Grafen Rutowski die erste Freimaurerloge gegründet. Das Modell wurde nach 1832 von der Kreuzkirche erworben und gelangte später in den Besitz des Altertumsvereins, der es 1909 an Hamburg verkaufte.

STAGNATION UND REORGANISATION: DIE DRESDENER SAMMLUNGEN UNTER AUGUST III.

1733–1763

DIE DRESDENER SAMMLUNGEN NACH 1733 UND ALGAROTTIS MUSEUMSPROJEKT. Die Organisation der Dresdener Sammlungen seit 1720 war eine Pionierleistung. Wie bei allen seinen Unternehmungen, hatte sich August der Starke auch mit den Museumsprojekten zunächst am aktuellen Standard orientiert, dann selbst neue Maßstäbe gesetzt. Seine ausgreifende Phantasie, mit der sich jedoch Realitätssinn und Improvisationsgabe verbanden, hatte dem Komplex der Dresdener Sammlungen eine durchaus persönliche Prägung verliehen, die bis heute nachwirkt und die in den Jahrzehnten nach dem Tode des Königs wenig Spielraum für Neuerungen ließ. So ist nach 1733 kein radikaler Bruch, keine Umkehr festzustellen, sondern eher eine Ermattung und ein allmähliches Versiegen musealer Aktivitäten.

Die letzten Museumspläne Augusts des Starken wurden weder verwirklicht noch später aufgenommen. Was aber der König bereits begonnen hatte, wurde abgeschlossen oder doch eine Zeitlang fortgesetzt. So wurde die Ausstattung der Gewehrgalerie noch 1733 vollendet (s. oben S. 95), an der des Japanischen Palais noch mehrere Jahre gearbeitet (s. oben S. 92). Beide Komplexe waren jedoch keine spezifisch musealen Einrichtungen, sondern dienten höfischen Zwecken, wenn sie auch Mittel musealer Präsentation nutzten. Unmittelbar nach dem Tode Augusts des Starken traf das Modell des Salomonischen Tempels in Dresden ein, um dessen Erwerbung sich der König so intensiv bemüht hatte (s. oben S. 73), und wurde in den Sammlungskomplex eingegliedert.

Die Kunstkammer war 1730 noch einmal in ihrem alten Domizil im dritten Obergeschoß des Residenzschlosses aufgestellt worden. Johann Gottlieb Michaelis, »adjungirter Kunst-Cämmerer« seit 1727, hatte noch im selben Jahr in einer Denkschrift an den Grafen Friesen nachdrücklich auf die Mängel dieser Unterbringung hingewiesen. Er wiederholte seinen »unterthänigsten Vortrag« nach dem Tode Augusts des Starken, und noch 1733 zog die Kunstkammer in die Räume der aufgelösten Anatomiekammer (s. oben S. 73). Dies war der letzte Umzug der altehrwürdigen Sammlung, die noch ein volles Jahrhundert bis zu ihrer leichtfertigen Auflösung 1832 ein allerdings eher kümmliches Dasein fristete.[280]

Die drei Jahrzehnte vom Tod Augusts des Starken bis zum Ausbruch des Siebenjährigen Krieges stehen, wie die vorausgehenden, im Zeichen der sächsisch-polnischen Union. Für den gesamten Zeitraum von etwa 1700 bis 1763 hat sich die wohl zutreffende, aber leicht irreführende Bezeichnung »augusteisches Zeitalter« durchgesetzt. Über den Zusammenhängen, den Konstanten sollten jedoch die Unterschiede zwischen den beiden Zeitabschnitten nicht vergessen werden.

In den vierziger und fünfziger Jahren wurde die höfische Kultur in Dresden verfeinert und bereichert, Wandlungen in Geschmack und Anspruch setzten sich durch.[281] Dies entsprach der veränderten historischen Situation und dem Wechsel der maßgebenden Persönlichkeiten. Die berühmten Hofkünstler Augusts des Starken starben meist noch in den dreißiger Jahren: Dinglinger 1731, Permoser 1732, Pöppelmann 1736. Silvestre verließ Dresden 1748, im selben Jahr starb Longuelune, der das Wirken klassizistischer Tendenzen in der Dresdener Architektur entscheidend gefördert hatte.

Dem Kurfürsten Friedrich August II., als König von Polen August III., fehlten Dynamik und Phantasie seines Vaters auf dem Felde der Kunst ebenso wie auf dem der Politik und Wirtschaft. Heinrich von Brühl, seit 1733 Kabinettsminister und 1737 in den Grafenstand erhoben, stieg nach dem Sturz des Grafen Sulkowski in wenigen Jahren zum Premierminister und damit zum mächtigsten und reichsten Mann Sachsens auf. Ohne Zweifel hat seine Politik, haben seine Verschwendung und Maßlosigkeit zum Ruin des Landes im Siebenjährigen Krieg wesentlich beigetragen. Dies brachte ihm den Haß der Zeitgenossen und die fast einhellige Verurteilung der späteren Historiker ein.[282]

Sachsen hatte schon in den beiden ersten Schlesischen Kriegen keine rühmliche Rolle gespielt und war bei den Friedensschlüssen benachteiligt worden. Schnell waren die sächsisch-polnischen Großmachtsträume zerronnen; mit dem wachsenden Dualismus zwischen dem österreichischen Kaisertum und der Machterweiterung des Preußenstaates war Sachsens Schicksal bereits vorbestimmt, nicht zuletzt durch seine Lage zwischen beiden Mächten. Vielleicht hätte eine Konzentration auf militärische Stärkung und eine Sanierung der zerrütteten Staatsfinanzen noch vor dem Schlimmsten retten können; an warnenden Stimmen hat es jedenfalls nicht gefehlt, aber sie erreichten nicht das Ohr des Königs. Die Opposition des Kurprinzenpaares und einiger verantwortungsbewußter Staatsbeamter wußte Brühl zu brechen.

Prunkvoll entfaltete sich die Hofhaltung, die Ausstattungspracht der Oper erreichte ihren Höhepunkt, die katholische Hofkirche am Elbufer wurde geweiht, mit dem Jagdschloß Hubertusburg entstand ein riesiger Schloßkomplex, der dem ganzen Hoflager Raum bot. In der Residenz wurde die Gemäldegalerie vollendet und der Sammlungskomplex im Zwinger neu gestaltet.

Neben den königlichen Bauten gewannen diejenigen des Grafen Brühl zunehmend an Gewicht. Der Premierminister schuf sich einen »Nebenhof«, gewiß auch in der Absicht, mit diesen Aufwendungen die Zurückgezogenheit des Königs und seine Scheu vor öffentlichen Auftritten zu kompensieren. Auf dem mächtigen Sockel des alten Festungswalls an der Elbe baute Johann Christoph Knöffel mit dem Brühlschen Garten das großartigste Ensemble des Rokoko in Dresden, zu dem auch eine Gemäldegalerie und eine Bibliothek gehörten. Obwohl ohne tiefere künstlerische oder wissenschaftliche Neigungen, wurde Brühl, vor allem dank der rastlosen Tätigkeit seines Intendanten Heinecken, zum bedeutenden Sammler und Mäzen (s. unten S. 125).

August III. war feiner Kenner und leidenschaftlicher Sammler von Gemälden und Kupferstichen. Die erste Unterweisung in der Malerei hatte er als junger Prinz von Raymond Leplat empfangen. Die späteren Reisen, vor allem der lange Aufenthalt in Italien, vertieften Kenntnis und Urteil, und der einzigartige Rang, den die Dresdener Gemäldegalerie in kaum drei Jahrzehnten gewann, ist in erster Linie der Kennerschaft des Königs zu danken.

Die Universalität seines Vaters besaß der König allerdings nicht. Er arbeitete nicht mit Architekten und Juwelieren zusammen, die naturwissen-

Lorenzo Zucchi: Porträt Graf Brühl. Stich nach einem Gemälde von Louis de Silvestre. Staatliche Kunstsammlungen Dresden, Kupferstichkabinett
Heinrich von Brühl (1700–1763) hatte seine glänzende Laufbahn am Dresdener Hof 1720 als Silberpage begonnen, wurde 1733 zum Kabinettsminister und Kammerpräsidenten ernannt, 1737 in den Grafenstand erhoben, 1738 nach dem Sturz Sulkowskis Kämmerer, 1746 Premierminister. Durch Ämterhäufung und Amtsmißbrauch sowie durch seine Finanzpolitik lenkte er Kritik und Feindschaft der Zeitgenossen auf sich, die ihn auch für die Katastrophe des Siebenjährigen Krieges verantwortlich machten. Als Kämmerer bzw. Oberkammerherr (seit 1747) war Brühl auch mit der Direktion der königlichen Sammlungen betraut. In Carl Heinrich von Heinecken fand er den Kenner, auf den er sich unbedingt verlassen konnte. Mit Brühls Übernahme der Direktion 1738 beginnt die Zeit der großen Gemäldekäufe, die bis zum Kriegsausbruch 1756 währte. Brühl selbst besaß eine bedeutende Bibliothek, eine erlesene Gemäldesammlung, für die er ein separates Galeriegebäude errichten ließ, und seine umfangreiche Sammlung von Zeichnungen und Kupferstichen.

Georg Friedrich Schmidt: Porträt Graf Algarotti, Radierung 1752. Staatliche Kunstsammlungen Dresden, Kupferstichkabinett

Francesco Algarotti (1712–1764) kam 1742 aus Berlin nach Dresden. Er legte August III. ein Museumsprojekt zur repräsentativen Unterbringung der Gemälde und Skulpturen vor. Im Auftrag des Königs reiste er 1743 nach Italien, um Gemälde zu kaufen, hatte aber nicht den erwarteten Erfolg. Es gelang Algarotti nicht, die Gunst des Königs zu gewinnen; enttäuscht verließ er Dresden 1747, um zu Friedrich II. von Preußen zurückzukehren.

gegenüberliegende Seite:
Statuen der Demeter und der Kore, sogenannte Große und Kleine Herculanerinnen. Marmor, H. 1,98 und 1,81 m. Römische Kopien nach griechischen Originalen des späten 4. Jahrhunderts v. u. Z. Staatliche Kunstsammlungen Dresden, Skulpturensammlung Hm 326 und 327

Zusammen mit einer zweiten Replik der jüngeren Frauengestalt gelangten die »Herculanerinnen« 1736 aus dem Nachlaß des Prinzen Eugen von Savoyen nach Dresden. Sie waren zu Beginn des 18. Jahrhunderts ausgegraben worden und stammen aus dem Theater von Herculaneum. Winckelmann hat »die drei Vestalen« 1755 in seinen »Gedanken über die Nachahmung der griechischen Werke in der Malerei und Bildhauerkunst« beschrieben.

schaftlichen Sammlungsbereiche interessierten ihn kaum. Als Brühl 1738 in der Nachfolge des Grafen Sulkowski die Leitung der Sammlungen übernahm, waren sie im Hof- und Staatskalender noch als »Curiositäten-Cabineter« ausgewiesen. Daß gerade für die Gemälde, deren Zahl in den nächsten Jahren stetig wuchs, noch immer kein repräsentativer Raumkomplex zur Verfügung stand, wurde offenbar nicht nur in Dresden als Mangel empfunden.

Francesco Algarotti, Kunstkenner und Schriftsteller aus Venedig, kam 1742 nach Dresden, um hier sein Glück am Hof zu suchen.[283] Zuvor hatte er Friedrich II. in Rheinsberg und Berlin nahegestanden; der König hatte ihn in den Grafenstand erhoben, spottete über die Dresdener Ambitionen des »Monsieur l'Italien polonais«, nahm aber dann 1747 den Enttäuschten großmütig wieder auf.

Bald nach seiner Ankunft in Dresden legte Algarotti August III. ein Museumsprojekt vor, das zwar nicht, wie die Projekte Longuelunes, das Stadium architektonischer Entwürfe erreichte, aber dennoch wegweisend wurde für die Entwicklung des modernen Kunstmuseums.[284]

Algarotti beschränkt sein Museum auf Gemälde und Skulpturen; damit akzeptiert er die Existenz und die Struktur des Zwingerkomplexes. Er denkt sich einen Zentralbau von quadratischem Grundriß, dessen vier Flügel einen großen Hof umschließen. Die vier Ecksäle empfangen ihr Licht aus den krönenden Kuppeln, ebenso die vier Säle in der Mitte eines jeden Flügels, in denen die kostbarsten Statuen und Gemälde ihren Platz finden sollen. Als Muster dieser Oberlichtsäle nennt Algarotti die Tribuna der Uffizien zu Florenz und die Rotunde im Rubenshaus zu Antwerpen. Die Verbindungsgalerien sollen offenbar dem barocken Schema folgen. Das erinnert etwa an die Kombination von Galerie und Mittelsaal in der ein gutes Jahrzehnt später entstandenen Bildergalerie in Sanssouci.[285]

Eine Serie programmatischer Gemälde betont die Funktion des Herrscherhauses; in ihrem Zentrum denkt sich Algarotti den »König in römischer Tracht ..., das Museum weihend, in einem prächtigen antiken Tempel, auf dessen Giebel die Inschrift zu lesen sei: VRBIS ORNAMENTO / MINERVAE ET MVSIS OMNIBVS DICAVIT / AVGVSTVS ARTIVM ET SAECVLI RESTITVTOR (zur Zierde der Stadt hat es Augustus, Wiederhersteller der Künste und des Zeitalters, der Minerva und allen Musen geweiht). Minerva soll in der Gestalt der Königin erscheinen, die königliche Familie als Musen, Genien, Grazien usw.«. Daneben sollen Büsten von Künstlern und berühmten Männern erscheinen »und die Jugend, die zum neuen Tempel drängt; im Hintergrund auf grünem Hügel an der Elbe die königliche Burg Meißen, aber von griechischer Bauart«.[286]

Dieses Bildprogramm zeigt, trotz seiner Verankerung im absolutistischen Herrscherkult, zwei neue Aspekte: Die Kunstsammlung wird als Kunsttempel begriffen, der seine Weihe von antiken Bauformen und Allegorien empfängt und der vor allem der Bildung, der Erziehung dient. Damit klingen fast winckelmannsche Töne an, ein Jahrzehnt vor dem Erscheinen der »Gedanken über die Nachahmung der griechischen Werke in der Malerei und Bildhauerkunst«. Bedeutsam ist die Verwandlung der gotischen Burg in einen griechischen Tempel.

Algarotti reiste 1743 nach Italien, um Gemäldekäufe zu vermitteln. Noch aus Wien bot er den Betenden Knaben an, doch der König lehnte ab.[287] Wenig später erwarb Friedrich II. die berühmte Bronzestatue.[288] So blieben die bereits 1736 nach Dresden gelangten Herculanerinnen, die ebenso wie die Bronze aus dem Nachlaß des Prinzen Eugen stammten, die einzige bemerkenswerte Erwerbung antiker Skulpturen seit August dem Starken.

Algarottis Mission hatte nicht den erhofften Erfolg, vor allem wegen der Intrigen, mit denen Brühl und Heinecken den lästigen Konkurrenten behinderten. An der Erwerbung der modenesischen Gemälde wurde er nicht beteiligt, und nach seiner Rückkehr zeigte ihm der König deutlich seine Ungnade. Da er auf seine Anstellung nicht mehr hoffen konnte, verließ Algarotti die Elbresidenz 1747 für immer.

Inzwischen war der Umbau des Stallgebäudes zur Gemäldegalerie bereits vollendet. Die »Gallerie von antiquen und modernen Statuen«, im Hof- und Staatskalender erstmals 1744 unter Mattiellis Inspektorat als selbständiger Sammlungsbereich ausgewiesen, wurde eben aus dem Palais im Großen Garten provisorisch in umliegende Gebäude geschafft, weil die Statuen »bey dem Caroussel zur Zeit der doppelten Vermählung 1747. im Wege standen.«[289] Das Münzkabinett hatte der König bereits 1743 dem Kurprinzen Friedrich Christian überwiesen, der es im Taschenbergpalais aufstellen und von Johann Gottfried Richter betreuen ließ.[290]

Gegen 1740 machte sich unter den Inspektoren aller Sammlungsbereiche ein Generationswechsel bemerkbar. Hochbetagt starb 1739 Tobias Beutel, der fünf Jahrzehnte der Kunstkammer vorgestanden hatte, und schon 1740 folgte ihm Johann Gottlieb Michaelis. Mit Gottfried Heinrich Duckewitz gewann die Kunstkammer 1741 einen Inspektor, der sich bis zu seinem Tode 1775 selbstlos für die noch immer bedeutende Sammlung einsetzte. Im selben Jahr wurde Christian Heinrich Eilenburg speziell für die Mineraliengalerie eingestellt. Johann Gottfried Riedel begann 1742 seine Tätigkeit an der Gemäldegalerie, deren erster Inspektor er 1752 wurde.

* * *

DIE NEUGESTALTUNG DER SAMMLUNGEN IM ZWINGER 1746–1750. Am 22. Februar 1746 starb Johann Heinrich von Heucher, der den naturkundlichen Sammlungen und dem Kupferstichkabinett fast drei Jahrzehnte vorgestanden hatte (s. oben S. 44). Bereits vier Tage später erließ der König ein Dekret an Brühl, in dem es heißt: »Gleichwie Wir, wegen der, von dem jüngsthin verstorbenen Hoff-Rath, u. Leib-Medico, Johann Heinrichen von Heucher, übergehabten General- und Special-Inspection, Unserer Galleries des Sciences, nunmehro folgende Disposition zu treffen gnädigst gut gefunden, daß nehmlich unter eurer Direction, dem Berg-Rath, Christian Heinrich Eilenburgen, die Inspection über das Naturalien- und Mineralien-Cabinet, ingleichen den Tempel Salomonis, dem Geheimen Secretario, Carl Heinrich Heinecken, welcher zugleich denen sämtlichen Galleries des Sciences beyzusetzen, ins besondere die Aufsicht und Einrichtung des Cabinets derer Kupffer-Stiche und Handt-Zeichnungen, dergestalt, daß der Berg-Rath, Eilenburg, darinnen, nach des Geheimen-Secretarii Heineckens bekandten, von Uns gnädigst approbirten Methode, mit zu arbeiten habe, dem Commission-Rath, Johann Theophilo Waltzen, die Inspection über die Physicalischen und Mathematischen Instrumenta, und dem Berg-Rath, Gottfried Heinrich Duckewitz, die Inspection über die Kunst-Cammer anzuvertrauen, Also ist hierdurch Unser gnädigstes Begehren, ihr wollet solches alles behörig veranstalten und verfügen, vorerwehnte Persohnen in sothane Functiones einweisen und, ihres Verhaltens halber, mit besonderlicher Instruction versehen«.[291]

Christian Heinrich Eilenburg (1710–1771) war bereits 1741 als Adjunkt Heuchers angestellt und vorrangig mit der Aufsicht über die Mineraliengalerie und das Instrumentenkabinett betraut worden.[292] Dies letztere übernahm nun der Mathematiker und Geograph Johann Theophil Waltz, der jedoch schon 1747 starb; seine Nachfolger waren Joachim Friedrich Mey und später George Gottlieb Haubold, beide geschätzte Mathematiker. Gottfried Heinrich Duckewitz, zunächst 1735 als Vizeamts- und Landphysikus im Kammergemach tätig, dann 1741 Kunstkämmerer als Nachfolger Michaelis', hat sich bis zu seinem Tode 1775 nicht nur für seine Sammlung, sondern für den gesamten Zwingerkomplex eingesetzt.[293]

Carl Heinrich von Heinecken wurde, wie im Dekret ausgeführt, speziell das Kupferstichkabinett übertragen; daß er ausdrücklich »denen sämtlichen Galleries des sciences beyzusetzen« war, bedeutete eine Vorrangstellung, die Brühl als letztlich zuständiger »Ober-Cämmerer« natürlich nur einem zuverlässigen und vertrauten Mitarbeiter einräumte.

Großer Garten, Pavillon am Palaisparterre. Foto um 1920
Die 1694 erbauten acht Kavaliershäuser wurden im 19. Jahrhundert zu Wohnzwecken umgebaut und dabei um ein Halbgeschoß erhöht.

Alexander Glässer: Grundriß und Innenansicht eines Pavillons im Großen Garten, Stich nach einer Zeichnung von Bernhard Christoph Anckermann, um 1740. Staatliche Kunstsammlungen Dresden, Kupferstichkabinett
Als das Palais im Großen Garten 1747 für Festlichkeiten benötigt wurde, deponierte man die Antiken »in einem Pavillon und zwey Schuppen«. Die geplante Aufstellung im Stallgebäude, unter der Gemäldegalerie, hat der Kriegsausbruch 1756 verhindert. Von 1760 bis 1763 waren die Antiken im Keller des Zeughauses untergebracht, von 1763 bis zur Einrichtung der Antikensäle im Japanischen Palais 1786 in vier Pavillons am Palais im Großen Garten aufgestellt.

Heinecken stammte aus einer Lübecker Künstlerfamilie, hatte in Leipzig Jura und Philosophie studiert und war 1730 als Hofmeister nach Dresden gekommen.[294] Brühl erkannte seine Fähigkeiten und stellte ihn 1739 als Bibliothekar und Privatsekretär an, übertrug ihm 1741 die Verwaltung seiner »Hauß und Wirtschaftskasse« sowie die »Direction seiner Güter« und ließ ihn zum Secretarius beim General-Accis-Collegium ernennen. Nicht vorrangig Verdiensten in Wissenschaft und Kunst verdankte Heinecken seine Karriere, sondern seiner Geschäftstüchtigkeit und seiner Vertrauensstellung bei Brühl, der ihn nobilitieren ließ und einträglich verheiratete.

Carl Gottlieb Rasp: Porträt Carl Heinrich von Heinecken, Stich. Staatliche Kunstsammlung Dresden, Kupferstichkabinett
Carl Heinrich von Heinecken (1706–1791, geadelt 1748) stammte aus einer Lübecker Künstlerfamilie, kam 1730 nach Dresden und trat 1739 in Brühls Dienste, zunächst als Bibliothekar, dann als Verwalter des Brühlschen Besitzes. Er baute Brühls Kunstsammlungen auf und wurde 1746 mit der Leitung des Kupferstichkabinetts beauftragt. Innerhalb nur eines Jahrzehnts verdreifachte er die Sammlung und gliederte sie nach einer von ihm später veröffentlichten Systematik. Heinecken war vielfach an Gemäldekäufen für den König beteiligt. Er edierte 1753 und 1757 die beiden Bände seines »Recueil d'Estampes d'après les Tableaux originaux de la Galerie royale«. Die monumentale Stichpublikation zeichnet sich durch sorgfältige Dokumentation und kunsthistorische Kommentare aus. Die Verwicklung in Brühls Mißwirtschaft führte 1763 zur Absetzung Heineckens.

Daß Heinecken neben der Verwaltung des bekanntlich nicht eben bescheidenen Brühlschen Besitzes, auch der Kunstsammlungen, und den »Vorträgen der General-Accise«, die er bis zum Kriegsausbruch wahrnahm, überhaupt Zeit für Museumsbelange fand, bleibt erstaunlich. Ebenso wie der rastlose Brühl verfügte er über eine unerschöpfliche Arbeitskraft. Allerdings hat er sich auch, wie bei der (von Brühl ins Extrem gesteigerten) Ämterhäufung kaum anders möglich und durch den Passus über Eilenburgs Mitarbeit im zitierten Dekret bezeugt, gern der Mit- und Zuarbeit anderer bedient und sich auf Einflußnahme beschränkt. Nach eigener Aussage hatte sich Heinecken neben der »Inspection über die Kupferstich Gallerie und so ferner über die Antiquen« auch die »Ober Aufsicht über die Bilder Gallerie« gesichert.[295]

Die Neugestaltung der Zwingersammlungen betraf sowohl die Systematik als auch die Ausstattung, den »Aufputz«. Grundlage war eine bauliche Instandsetzung. Die Erweiterung der Sammlungen durch umfangreiche Ankäufe, wie sie Heucher bereits eingeleitet hatte, wurde fortgesetzt, ebenso die wissenschaftliche Bearbeitung und Publikation von Teilbereichen.

Von der musealen Ausstattung des Zwingers im gesamten 18. Jahrhundert ist, nach jetziger Kenntnis, nichts erhalten: kein Wanddekor, keine Vitrine. Hauptquelle bleibt Eilenburgs ›Kurzer Entwurf der königlichen Naturalienkammer zu Dresden‹, der 1755 mit deutschem und französischem Text erschien. Da die meisten Sammlungsräume um 1770 weitgehend verändert wurden, bezeugen die Beschreibungen von Hasche (1783) und Daßdorf (1782) den Zustand der Jahrhundertmitte nur im Ausnahmefall. Eilenburgs Text läßt nicht immer eindeutig erkennen, ob er sich auf die Neueinrichtung oder auf einen bereits vorhandenen Zustand bezieht. In einigen Fällen merkt der Autor nicht ohne Stolz die Erneuerung oder Verbesserung an. Geht man davon aus, daß bei der eiligen Einrichtung 1728 die Ausstattung notwendig bescheiden bleiben mußte, so darf man die Wanddekorationen und die auf sie bezogenen Vitrinen wohl der Jahrhundertmitte zuweisen.

Der dynastische Akzent tritt in der Ausstattung der Räume ebenso deutlich hervor wie in Details der Präsentation. Immer wieder begegnen die Initialen AR und Wappenkartuschen, Stammbäume und Porträts der Wettiner, persönlicher Besitz der Fürsten, kostbare Geschenke und Zeugnisse höfischer Repräsentation.

Eilenburg beginnt seine Beschreibung mit der Mineraliengalerie.[296] »Im Eintrittszimmer, wo man sich einschreibt, hängt des Stifters von Heuchers Portrait, Kniestück, gegen über eine sehr herrliche Mosaick. Die übrigen Wände sind mit Mosaicken, florentinischen und andern Marmorn in Rähmen gefaßt, statt schöner Bilder behängt. Unten stehn zwey blankenburgische sehr schöne Marmor- und Schiefertische und eine Antike, ein alter Schrank von Kurfürstin Anna, mit Hölzern ausgelegt«. Die Bezeichnung »Antike« war damals nicht mehr ausschließlich Denkmälern der griechischen und römischen Kunst vorbehalten, sondern konnte bereits für ein Möbelstück des 16. Jahrhunderts benutzt werden.

Die 1750 vollendete Ausstattung der Galerie war aufwendig. »Gleich bey dem Eintritte hat man, in der Mitte, drey viereckigte Pfeiler vor sich, wodurch sie gleichsam in ein besonderes Cabinett abgetheilet wird. In diesem Bezirke nun findet man entweder solche Mineralien, mit denen die Kunst verbunden ist, oder aber ganz gekünstelte Dinge, die zur Untersuchung der hier vorkommenden Naturalien, und zum Schmelzwesen gehören ... Es hängen nämlich an den erwähnten drey Pfeilern, um und um, gefaßte Magnete, von verschiedener Stärke, dergleichen auch in den beyden Feldern, neben der Thüre, zu sehen sind. Diese halten, auf der einen Seite, das königlich polnische, und auf der andern das churfürstliche sächsische Wappen, von 16. und 12. Pfunden, die darunter hängenden, kleinern Magnete aber die verzogenen Namen unserer allergnädigsten Landesherrschaft ... Hier findet man auch sechs kostbare, silberne, und zum Theil ganz vergoldete Probierwagen, nebst zween überaus schönen Probieröfen, deren sich der preiswürdigste Churfürst, Augustus, ehedem selbst bedienet hat.

Das beste Ansehen, in dieser Gegend, machen zween verglaste, pyramidalische Aufsätze, worinne etliche dreyßig, sehr künstlich zusammengesetzte Stufen stehen, ich will sagen, verschiedene Vorstellungen und Figuren, die von den kostbaresten Gold- Silber- und andern reichhaltigen Erzen zubereitet sind. Z.E. auf einem silbernen, stark vergoldeten, Fuße hat die geschickte Hand eines, uns unbekannten, Künstlers die biblische Historie angebracht, wie der König Salomo Gerichte hält, wo sowohl der Thron, worauf er sitzet, als auch die zu dieser Vorstellung gehörigen Personen, aus purem Glaserze zu sehen. Ebenso können wir noch viele andere gekünstelte Stücken aufweisen, worunter ich aber nur noch eines Pocals gedenke, welcher über und über mit allerhand reichen Stufen, auch Edelgesteinen besetzet, und oben auf dem Deckel mit einem Bergmanne versehen ist, der gediegen Gold auf seiner Achsel trägt. Alles das übrige, worunter auch der, sonst in dieser Gegend aufgemachte, große Spiegel von italienischen Marmor ist, muß ich voritzo mit Stilleschweigen übergehen«.

In den Wandarkaden waren »die sämtlichen Erz- und Erdarten, gegen über aber, an den Fenstern, alle Sorten von Steinen« aufgestellt. Die Metalle waren jeweils »in einem Schranke verwahret, welcher oben mit Glasfenstern, unten aber mit vielen Schubladen versehen«. Daß diese Schränke nach Longuelunes Zeichnungen von 1728 gefertigt wurden, ist nicht auszuschließen; zumindest waren sie den Entwürfen sehr ähnlich.

Die Wandfelder wurden mit Allegorien dekoriert. Über den Schränken waren »sehr schöne Spath- und Quarzdrusen zu sehen ..., die mehrentheils mit den dabey befindlichen Metallen einige Verwandtschaft, oder Ähnlichkeit haben; über welchen die, von den Chymisten, einem jeden Metalle zugetheilten Kennzeichen, oder Planeten wahrzunehmen. Z. E. ganz oben, über den Goldstufen, findet man eine große, stark vergoldete Sonne, nebst zwey künstlich ausgearbeiteten und gleichfalls vergoldeten Schildern, mit allerhand Denkbildern, die man der Sonne beyzulegen pfleget. Über den gesammleten Silberstufen hängen zwey zierlich versilberte Schilder, worauf unter andern die Göttin Diana zu sehen, und über denselben ist das Zeichen des Mondes: dergleichen angenommene Merkmale der Planeten wir auch, bey den übrigen Metallen, von Kupfer, Zinn, Bley und Eisen angebracht haben«. Die letzte Wendung erlaubt den Schluß, daß dieses alchemistisch-allegorische Programm aus der Renovierungszeit, also erst aus der Mitte des 18. Jahrhunderts stammt.

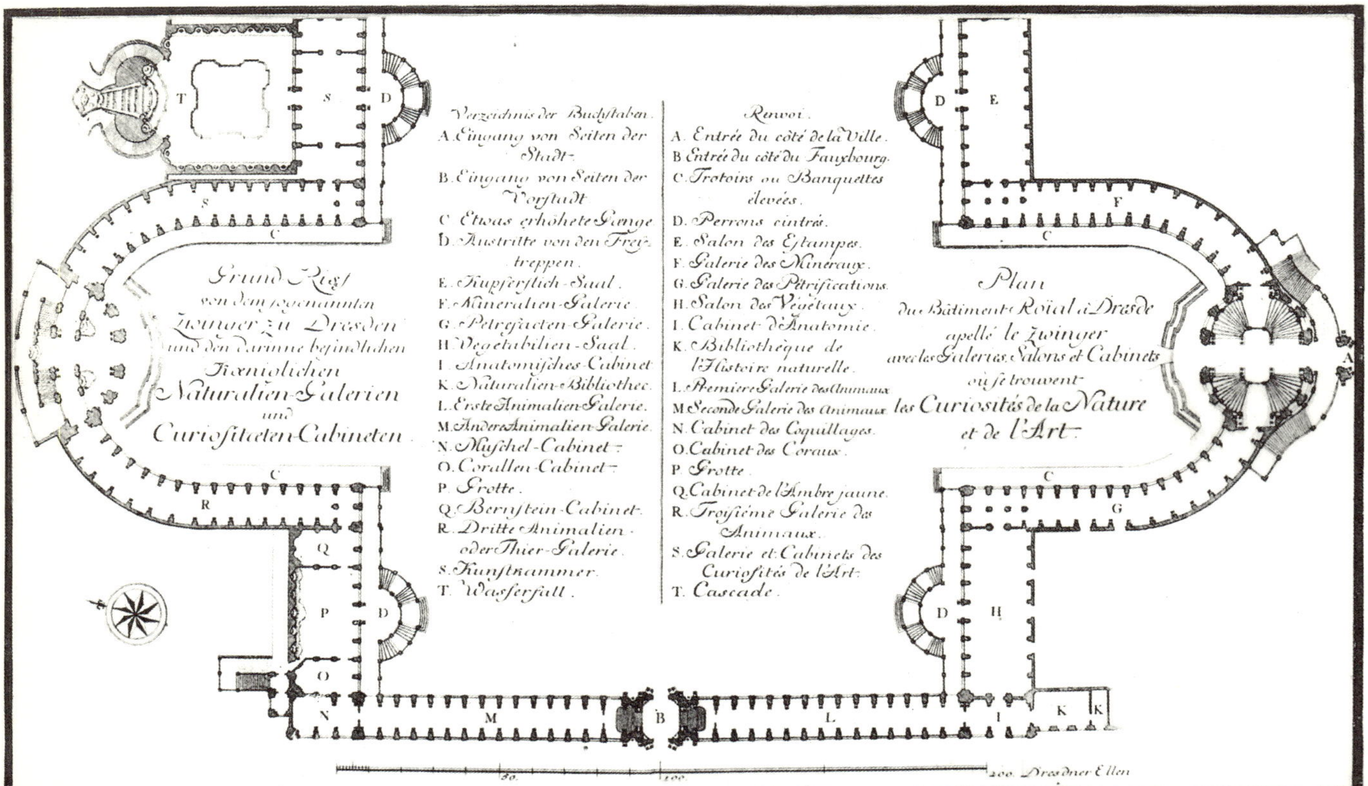

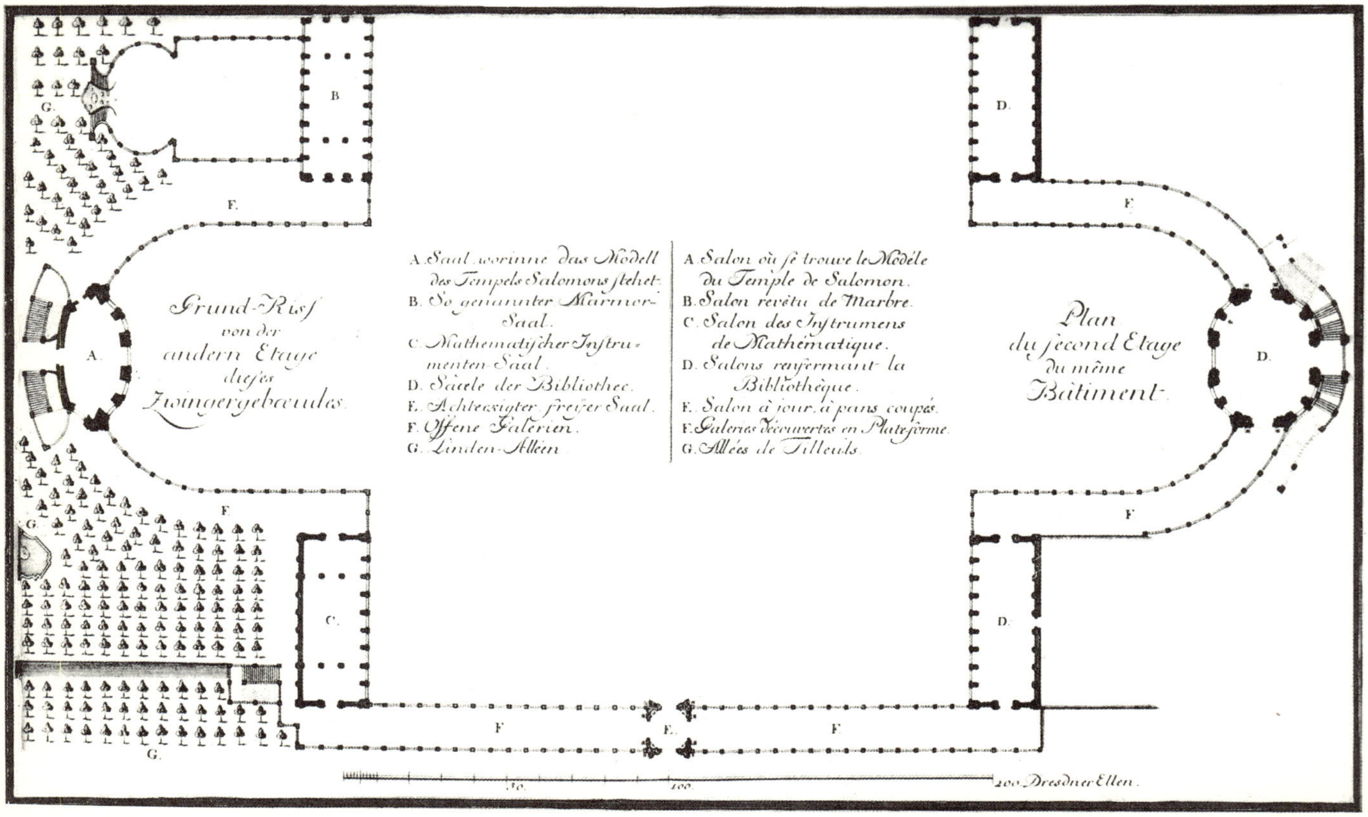

Auf die Metalle folgten »in zwo Arcaden, zween künstlich zubereitete, hohe Aufsätze. In dem ersten liegen mancherley Stufen, welche des itztregierenden Königes Majestät, bey dero Huldigung in Freyberg, vorgetragen und nachhero in die hiesigen Galerien eingeschickt worden. Den andern, allenthalben mit so genannten Korallensteine, ausgezierten Aufsatz hat man mit denjenigen Stufen, Drusen und anderen Mineralien angefüllet, die sich von dem sehr prächtigen Aufzuge herschreiben, den die sächsischen Bergleute, 1719. bey den damaligen Vermählungs-Festivitäten unserer allergnädigsten Landesherrschaft, in dem, ohnweit Dresden gelegenen, Plauischen Grunde, gehalten haben«.[297]

Von Freiberger Korallenachat haben sich aus jener Zeit nur bescheidene Dosen und Schalen erhalten; daß dieser Schmuckstein, offenbar in geschliffenen Platten, zur Dekoration eines »Aufsatzes« verwendet wurde, zeigt den weiten Radius der Bemühungen um künstlerische Verarbeitung heimischer Schmucksteine.

Neben mehreren verglasten Schränken werden noch »vier verglaste pyramidalische Aufsätze« genannt, in denen die Steine, sowie »vier neben einander stehende und mit Glase bedeckte Futterale«, in denen die Edelsteine aufbewahrt wurden. Außerdem waren »zween große Tische aufgesetzt, welche wir mit mehr, als tausend, meist angeschnittenen und polirten Amethist – Jaspis – Agatsteinen etc. beleget haben«.

Über die Form der Vitrinen vor den Fenstern wird nichts gesagt. Die umfangreiche Marmorsammlung war »auf einen besonderen Aufsatz geleget, welcher ... mitten in der Galerie stehet. Was von mosaischer Arbeit herbeigeschafft worden, ist, sammt den florentinischen, auch einigen andern raren Marmorn, entweder in Rähmen gefasset, oder in gewisse Figuren geschnitten, und der leere Raum der in dieser Gegend befindlichen Wände damit ausgezieret«.

Die zweite stadtseitige Bogengalerie, links vom heutigen Glockenspielpavillon, barg die Petrefaktensammlung. Eilenburg bemerkt stolz, daß, »wer diese Galerie vor dem 1747. Jahre gesehen hat, und nunmehro besichtigen wird, solche verhoffentlich nicht mehr kennen dürfte, indem sie, nach der itztbesagten Zeit, durchaus verändert, und in ein ganz anderes Ansehen gesetzet worden. Denn weil die hier vorkommenden Dinge nicht sonderlich in die Augen fallen, und mehr für Gelehrte, als dieser Sachen Unkundige sind; so hat man gewissermaßen, durch den darinnen gemachten Aufputz, denenjenigen, welche den eigentlichen Werth dieser Collection nicht beurtheilen können, eine andere Beschäfftigung an die Hand gegeben, nachdem diese Galerie durch einen geschickten Mann, allenthalben ausgemalt, und mit allerhand Figuren, Schildern und andern Zierraten ausgefüllet worden; worunter die Göttin Isis nebst der Cybele, und der Deucalion sammt der Pyrrha, der meisten Augen an sich ziehen«. Die programmatische Dekoration wird hier zum Beiwerk für den »Unkundigen«, zur Zutat, die auch fehlen könnte. Damit ist die Einheit der musealen Konzeption preisgegeben. Gern wüßte man den Namen des »geschickten Mannes«, der einer solchen Aufgabe gewachsen war. Es läßt sich an einen der Hofmaler denken, etwa an Grones Schüler Johann Benjamin Müller, aber auch an Adam Friedrich Oeser.

Grundriß des Zwingers, Stich bei Eilenburg (1755)

Die Grundrisse geben die Raumverteilung nach der Renovierung von 1746–50 wieder, die von der alten Gliederung nur wenig abweicht. In den stadtseitigen Pavillons befanden sich Kuperstichkabinett (E) und Vegetabiliensaal (H), ihre Obergeschosse beherbergten die Bibliothek (D), die nach dem Umzug des Instrumentenkabinetts in den »Mathematisch-Physikalischen Salon« (C) auch den heutigen Glockenspielpavillon einbezog. In den stadtseitigen Bogengalerien waren Mineralien (F) und Petrefakten (G) aufgestellt, in der Langgalerie am Graben, in den Kabinetten rechts und links vom Grottensaal und in der anschließenden Bogengalerie (L–R) die Animaliensammlung mit ihren Tierpräparaten. Die nordöstliche Bogengalerie und die Räume unter dem Marmorsaal (S) nahmen nach der Auflösung der Anatomiekammer 1733 die Kunstkammer auf. Ein neues »Anatomisches Cabinet« (I) wurde 1746 im Anschluß an die Animaliengalerie eingerichtet. Im Wallpavillon (A) wurde das Modell des Salomonischen Tempels mit einem Synagogenmodell und Kultgerät zu einem »Juden-Cabinet« gestaltet.

Die Versteinerungen waren wiederum »in einem pyramidalischen Aufsatze«, »in einem mit Glas bedeckten Kasten« und in verglasten Schränken ausgestellt.

Der anschließende Vegetabiliensaal wurde »von 9 Arcaden erleuchtet«. Eine Ausmalung ist erst für die Zeit nach dem Siebenjährigen Krieg bezeugt (s. unten S. 140). Mit Herbarien und Zeichnungen waren »zween hohe Bücherschränke angefüllet«, weitere Herbarien befanden sich »in großen, bücherförmigen Futteralen«. Ferner waren »viele hundert aufgesetzte Gläser« mit Samen und »zwey Hölzer-Sammlungen in Schränken« zu sehen. Eine erstaunliche Bereicherung bildeten »vier aus Cypressenholze verfertigte Statuen, die alle Riesengröße haben, und mit ihrem starken Geruche den ganzen Saal einnehmen«. Hasche beschreibt sie etwas ausführlicher: »4 Koloßalstatüen aus Cypreßenholz, ein Hercules, Minerva, ein Gladiator und (vermutlich) eine Bacha, zu Venedig für 4 000 Thaler erkauft, erfüllen den ganzen Saal mit ihrem Geruch«. Die Figuren waren noch um 1800 vorhandenen und sind wahrscheinlich 1849 verbrannt.[298] Ihre Zerstörung gehört zu den zahllosen schmerzlichen Verlusten an Dresdener Kunstwerken, die sich über das ganze 19. Jahrhundert ziehen.

Auch im Vegetabiliensaal waren, wie Hasche entschuldigend anmerkt, »für minder Kundige ein paar Spielwerkgen vorhanden«, nämlich »ein Schiff aus Gewürznelken gekünstelt und ein Indianisch Palmblatt, zu einem Sonnenschirm für 10–12 Personen zubereitet«.

Aus dem Vegetabiliensaal gelangte man in das Anatomische Kabinett. Nach Keyßlers Zeugnis war in diesem dreifenstrigen Raum, mit dem die lange Galerie am Graben beginnt, früher ein »Cabinet d'Ignorance« mit ungedeuteten Objekten eingerichtet, und in einem Nebenraum nach Schramm ein »Juden-Cabinet«: »In demselben erblicket man einen ausgestopfften Rabbinen in Manns-Größe«. Weil nach der Abgabe der alten Anatomie-Kammer an die Wittenberger Universität eine solche Sammlung seit 1733 fehlte, beauftragte Brühl 1746 Eilenburg mit der Auflösung der »Ignorance« und der Einrichtung einer neuen Anatomiekammer, die allerdings weniger fachlich-systematisch als kurios-publikumswirksam orientiert sein sollte und neben anatomischen Präparaten zahlreiche alte Kunstkammerstücke aufnahm. »Über den Thüren des Saales sieht man zwey Gemählde, die Prinz Eugen von Savoyen verfertigen ließ, einen Ungar von 185 Jahren und eine 172 Jahre alte Frau«. Ferner bestaunte man hier »das Modell einer bärtigen 64jährigen, 1732 hier im Lazareth verstorbenen Jungfrau von Lücke gefertigt ..., nebst ihrem treuen Bildniß vom Kämmerer Michaelis gemahlt«. Eine im Dresdener Kupferstichkabinett erhaltene Zeichnung zeigt das Gesicht der Frau mit kräftigem Backenbart. Auch Lückes jetzt im Grünen Gewölbe aufbewahrtes Modell der »zwey Kinder mit zusammengewachsenen Köpfen« (Inv. Nr. II 120) zeigte man hier, ferner einen Schrank mit alten chirurgischen Instrumenten und »besondere Wirkungen von Donnerstrahlen« wie etwa »eine rothsammtne Jagdtasche an einer goldenen Kette, welche 1709. am Leibe des damaligen Woywoden von Lublin vom Donnerstrahl berührt worden ..., ohne daß das Feuer die geladenen Patronen zündete, welche in der Tasche waren«, und »eine kleine Flasche von Glas, welche der Wetterstrahl 1717. geschmelzt und krumm zusammen gebogen hat«.

Das Kronentor teilte die erste, den Quadrupeden (Vierfüßern) und Vögeln gewidmete Animaliengalerie von der zweiten mit den Wassertieren. Noch zu Beginn des 19. Jahrhunderts hingen im Innern des Torbaus »zwei 18 Fuß lange Walfisch-Rippen und der Kopf eines Pottfisches«, wie sie bereits Keyßler beschrieben hatte. Über die Ausstattung der Galerien sagt Eilenburg nichts. Daßdorf erwähnt »eine mit Glas überzogene Pyramide, unter welcher 50 Arten amerikanischer Vögel sind«. Es versteht sich, daß die Spirituspräparate, deren Konservierung regelmäßiges Auffüllen verlangte, auch optisch hervortraten. Obwohl die doppelten Fensterreihen kaum Wandfläche boten, überliefert Hasche, daß in der »ersten Animaliengalerie die Wände mit verschiedenen Thiergemälden prangen«. Ob es sich dabei um Wandbilder oder aufgehängte Gemälde handelte, bleibt ungewiß.

Um zu demonstrieren, »worzu diese und jene Naturalien im menschlichen Leben zu gebrauchen sind«, hatte Eilenburg neben die Naturprodukte in einigen Fällen Werke gestellt, die aus jenen gefertigt wurden, z. B. Elfenbeinschnitzereien neben einen Elefantenstoßzahn und Rhinozerospokale neben ein Rhinozeros. Diese Konzeption zeigt, wie eng im Zeitalter der beginnenden Aufklärung die Verbindung zwischen Naturalien und Artificialien gesehen wurde. So wirkte die alte universale Kunstkammersystematik (s. oben S. 28) auf neue Weise fort.

In der Animaliengalerie fand auch »ein Schrank mit Bezoarsteinen« seinen Platz, deren medizinale Bedeutung offenbar nicht mehr akzeptiert wurde, und ein Hirsch, der »in seinem Bauche eine Apotheke hat, die blos aus solchen Arzeneyen besteht, welche vom Hirsche kommen«, ein altberühmtes Kunstkammerstück. In der zweiten Galerie war ein Seehund mit einem ethnographischen Ensemble verbunden: »Als Seltenheit steht auch noch hier ein Grönländisches Schifchen mit der ganzen Equipage eines solchen Schiffers, und Waffenrüstung, womit er auf den Seehundfang geht«.

Den Abschluß der zweiten Animaliengalerie bildete das Muschelkabinett, das gemeinsam mit dem benachbarten Korallenkabinett thematisch zum Grottensaal überleitete, der also in das Programm ebenso einbezogen war wie das an ihn sich anschließende Bernsteinkabinett. »Gleich dem Eingange gegen über zeiget sich ein, an die Wand gemalter Baldachin, zwischen welchem man, in einem mit allerhand Muschelwerke ausgezierten Schilde, die verzogenen Anfangsbuchstaben des glorreichen Namens AVGVSTVS REX, und über demselben eine, ebenfalls von Conchilien zusammengesetzte Krone angebracht hat. An den beyden Hauptwänden hängen zwey andere, aus verschiedenen Muscheln und Schneckenhäusern verfertigte Schilder, und an den übrigen findet man allerhand aus dergleichen Naturalien gebildete Thiere und Mascarons, welche mehrentheils auf sauber geschnitzten und fein vergoldeten Consolen stehen«.

Keyßler erwähnt diese Dekoration nicht. Andererseits hebt Eilenburg auch nicht, wie er es sonst tut, hervor, daß sie in seiner Amtszeit entstand. Es bleibt also ungewiß, wann dieses großartige Ensemble entstand, das den Schauwänden des Grünen Gewölbes nahe kam und dessen Verlust besonders bedauerlich ist.

Neben der systematisch geordneten Conchiliensammlung waren in diesem Raum besonders viele »Künsteleien« ausgestellt. »Zwey von Muschelwerk gemachte Blumensträußer, und zwey mit Früchten angefüllte Schüsseln stehen unter der großen Cartouche«, und »mitten im Cabinet ist der Berg Helicon mit der Hippocrene, welche sehr künstlich von Perlmutter, Edelgesteinen und Muscheln verfertiget sind«. »In einem auswendig mit Ebenholze, und inwendig mit Elfenbeine ausgelegten Schranke liegen diejenigen Conchilien, die ihrer Größe wegen, nicht füglich in unsere methodisch abgetheilten Kasten haben können gebracht werden«; auf diesem Schrank »stehet eine aus unzählig kleinen Conchilien verfertigte Einsiedlershöhle«. Die eigentliche, »methodisch abgetheilte« Sammlung befand sich »in fünf, mit Delphinköpfen, auch andern Zieraten ausgearbeiteten Behältnissen, die ... mit Glase bedecket«. Das Muschelkabinett enthielt ferner eine große Sammlung von Elsterperlen, die sich zu den Initialen AR formierten.

Der Grottensaal nahm den mittleren Raumabschnitt mit fünf Fensterjochen ein, während die seitlichen Raumabschnitte mit jeweils zwei Fensterjochen separate Kabinette bildeten. Im linken Kabinett war die Korallensammlung, im rechten, noch immer programmatisch auf das Wasser bezogen, die Bernsteinsammlung aufgestellt.

Daßdorf versichert, das Korallenkabinett sei »eines der vollständigsten seiner Art«; neben natürlichen Korallenbildungen fanden sich hier »allerhand Figuren und Gruppen von rothen Korallen, besonders zwey Stücke, welche die Geburt Christi vorstellen«. Von der Dekoration des Korallenkabinetts ist nichts überliefert. Zwischen Muschelkabinett und Grottensaal war vermutlich eine optisch beruhigte Zone eingefügt.

Im Bernsteinkabinett standen neben dem großen und dem kleinen Bernsteinschrank, die sich beide heute im Grünen Gewölbe befinden, zwei Glasschränke mit schwarzen Brettern und zwei Schränke mit Schubfächern. Einer der Glasschränke barg die Sammlung der Inklusen, der Insekteneinschlüsse, der zweite eine Sammlung von gefärbtem und bearbeitetem Bernstein. Hier wurden auch die antiken Bernsteinarbeiten ausgestellt, die Kurprinz Friedrich Christian 1740 von seiner Italienreise mitgebracht hatte. Auf Wandsockeln standen monströs geformte Hornschwämme.

An das Bernsteinkabinett schloß sich die dritte Animaliengalerie: »Die Galerie ist 95 Ellen lang, und enthält in dreyfacher Reihe harichte vierfüßige Thiere, die meist alle ... zu Dresden im Jägerhofe gelebt haben«; »auch ist das, im Gestüte zu Merseburg gezogene Pferd Augusts II, wegen seines über 12 Ellen langen Schweifes und der 7 Ellen langen Mähne bemerkenswert«. Mit dem Templum Salomonis und dem Synagogenmodell im Wallpavillon schließt Eilenburg seine Beschreibung, die sich auf die »Naturalien-Kammer« beschränkt und die übrigen Sammlungskomplexe bewußt ausklammert.

Der Königsberger Professor Christian Gabriel Fischer konnte 1758 feststellen: »Die königlich polnische Naturalienkammer zu Dresden behält in Deutschland, Italien, Frankreich, England und Holland, den ersten Rang, weil sie an Reichthum und Ordnung es denen übrigen zuvor thut«.[299] Ein höheres Lob konnte sich Eilenburg kaum wünschen.

In der nordöstlichen Bogengalerie des Zwingers und in den drei anschließenden Räumen unter dem Marmorsaal war seit 1733 die Kunstkammer untergebracht.[300] Nach der Abtrennung der Spezialsammlungen in den zwanziger Jahren waren dieser ältesten Dresdener Sammlung nur Restbestände verblieben, meist kunsthandwerkliche Erzeugnisse, aber auch Gemälde und Skulpturen, die sich nicht in den ästhetischen Rahmen der Galerie und der Skulpturensammlung einfügten oder die überwiegend dynastisches Interesse erregten. Nach dem frühen Tode von Michaelis hatte Gottfried Heinrich Duckewitz (s. oben S. 101) das Inspektorat der Sammlung übernommen. Es gibt aus seiner Feder keine gedruckte Beschreibung, aber er legte 1741 ein hervorragendes Inventar an, das bis zur Auflösung der Sammlung im Jahre 1832 verbindlich blieb, und er bemühte sich energisch um bauliche Instandsetzungen, um Restaurierungen und um eine angemessene Neuordnung.[301]

Von einer dekorativen Ausstattung der Kunstkammer wird nichts berichtet. Hasche schreibt lediglich: »Den äußeren Aufputz machen durch alle Zimmer auf 300 Gemälde«. Mit der Kunstkammer des Erzherzogs Leopold Wilhelm in der Wiener Stallburg, die nach einem Bildinventar aus dem Jahre 1720 Gemälde, Skulpturen und Kleinkunstwerke in raumbezogener Aufstellung vereinte, läßt sich die Dresdener Sammlung nicht vergleichen.

Die Mehrzahl der Gemälde, Zeichnungen und Stiche füllte die Wandarkaden der Bogengalerie. Dort befand sich auch eine »Menge von Schränken, Kasten und Repositorien«; »alle diese Schränke, Repositorien und Schubkasten von Ebenholz, Gold und Silber sind mit Anticken und andern aus Gold und Silber verfertigten Kunstsachen angefüllt«. An diese »Lange Gallerie« schloß sich das nach einem »Tisch-Service von Alabaster, mit Gold geziert« benannte Alabaster-Zimmer. Es enthielt Reliefs, Pietradura-Mosaiken und Steinschnittarbeiten. Im größeren »Uhren-Gewölbe« waren »116 Meisterstücke in der Uhrmacherkunst« aufgestellt, darunter Uhren und Automaten von beträchtlicher Größe. Das Bernsteingewölbe schließlich barg Arbeiten aus Bernstein, Elfenbein und Holz. Hier zeigte man auch »mikrologische Spielereyen« wie den berühmten Kirschkern, ferner »ein mit zwey Hufeisen beschlagenes Ey«. Über Details der Präsentation ist nichts bekannt.

Die Kunstkammer war kein lebendiges Museum mehr, sie wurde weniger ernst genommen als die naturkundlichen Sammlungen; sie war überdies in höherem Grade »Führungsmuseum«, in dem der Inspektor die Objekte aus ihrem Behältnis nahm und herumzeigte.

Das Instrumentenkabinett, von Michaelis 1728 im heutigen Glockenspielpavillon eingerichtet, hatte den von Silvestre mit einem mythologischen Deckenbild geschmückten Salon über dem Grottensaal bezogen; der »Mathematisch-Physikalische Salon« hat als einziger Sammlungskomplex seinen Standort bis heute behauptet.

Heinrich Jonathan Clodius bemerkt in seinem erst 1763 gedruckten Abriß, August III. habe durch Brühl »Dero Bibliothec ... in einen gantz andern Anblick setzen lassen«.[302] Vermehrt durch bedeutende Ankäufe aus Gelehrtennachlässen, konnte sie sich nunmehr über drei Pavillons auswei-

Der Mathematisch-Physikalische Salon. Foto nach: Ansichten der K.Sammlungen zu Dresden (1905)
Das »Mathematische Instrumenten-Cabinet« wurde 1746 aus dem heutigen Glockenspielpavillon in den Salon über dem Grottensaal verlegt. Als einziger Sammlungskomplex des 18. Jahrhunderts hat der Mathematisch-Physikalische Salon seinen Standort bis heute behalten. Die Ansicht vom Anfang des 20. Jahrhunderts zeigt die kostbare Ausstattung mit Silvestres Deckenbild, den Schrankvitrinen in den Wandfeldern und den freistehenden großen Instrumenten. Standpunkt der Kamera war die Mitte des Saales.

ten. Stolz berichtet Clodius, »daß die Anzahl derer sämtlichen Repositorien in der Königl. Bibliothec, ohne die unter denen Fenstern befindlichen kleinern Schräncke, aus Hundert und Vier und Zwanzig bestehet«.[303]

Der erste, heute zur Gemäldegalerie gehörige Pavillon enthielt in goldverzierten Glasschränken die Manuskripte sowie in 43 Schränken die Sachgebiete Theologie und Jurisprudenz. In diesem Saal stand »das Bildniß des Durchlauchtigsten Stifters der Bibliothek, des Kurfürsten August«, und eine lateinische Widmung Brühls berichtete von der 1750 abgeschlossenen Neuordnung.

Im mittleren, dem heutigen Glockenspiel-Pavillon standen 49 Schränke mit Drahtgittern, die Lexica, Ceremonialia sowie die Sachgebiete Geschichte und Geographie enthielten. Hier hingen auch zwei große gemalte Stammbäume des Hauses Wettin aus dem 16. Jahrhundert.

»In dem dritten Salon nächst am Opera-Hause« standen in 32 vergitterten Schränken antike Autoren, Werke neuerer Literatur sowie die naturwissenschaftlichen Sachgebiete. Ein kleines Zimmer vereinigte »Merckwürdigkeiten« wie die Franekersche Kette, jene von den Friesen für Herzog Heinrich den Frommen bestimmte Eisenkette, die sich heute im Historischen Museum befindet. Die Bibliothek verwahrte auch eine Sammlung von Miniaturen und Handzeichnungen.

Am Beginn seines ›Entwurfs‹ meint Eilenburg, man sollte auch »vor allen Dingen, von dem sogenannten Kupferstichsaale etwas gedenken: Weil aber der so geschickte, als berühmte Aufseher dieser Sammlung, zu seiner Zeit, die Menge, Schönheit und Ordnung derselben, zum Nutzen und Vergnügen der Liebhaber dieser Wissenschaft, öffentlich bekannt machen wird; so bleiben wir dessen von selbst entübriget«.[304] Eine Beschreibung des Kupferstichkabinetts ist während Heineckens Amtszeit nicht erschienen. Aber wie er selbst betont, basiert seine 1771 gedruckte ›Idée générale d'une

Collection complette d'estampes‹ auf den Beständen der Dresdener Sammlung.

In dem Jahrzehnt von seinem Amtsantritt bis zum Ausbruch des Siebenjährigen Krieges hat Heinecken den Bestand des Dresdener Kupferstichkabinetts von 49 000 auf 130 000 Blätter erweitert. Der ausgedehnten Ankaufstätigkeit dienten Kontakte zu Künstlern, Gelehrten und Sammlern, die Heinecken systematisch ausbaute. Am Beispiel des Pariser Kunstgelehrten Pierre Jean Mariette (1694 bis 1774) hat Christian Dittrich diese Seite von Heineckens Tätigkeit umfassend geschildert.[305] Die Ankäufe erreichten zwischen 1750 und 1755 ihren Gipfel, um dann 1756 jäh abzubrechen. Die von Dittrich ermittelten Zahlen belegen eindrucksvoll das Ausmaß der

Titelblatt zum ersten Band der Stichsammlung »Les Oeuvres de François Boucher«, Stich von Moitte nach Bachelier. Staatliche Kunstsammlungen Dresden, Kupferstichkabinett

Die Sammlung von Stichen nach Gemälden gehörte vor der Entwicklung der Fotografie zu den wichtigen Dokumentationsaufgaben der Kupferstichkabinette. Heinecken hat nicht nur die Anzahl der Stiche vervielfacht, sondern sie auch mustergültig geordnet. Für die Klebebände, die das Oeuvre eines Malers vereinigten, ließ er in Paris Titelblätter mit Ornamenten oder, wie in unserem Beispiel, mit allegorischen Figuren stechen.

Vermehrung:

Italiener	– von	6 064	auf	24 122	Blätter,
Franzosen	– von	11 726	auf	33 049	Blätter,
Holländer	– von	12 774	auf	33 134	Blätter,
Deutsche	– von	11 306	auf	21 901	Blätter.

Zu den repräsentativen Klebebänden, in denen die Stiche vereinigt wurden, ließ Heinecken ornamental und figürlich dekorierte Titelblätter in Paris stechen.

Die ›Idée générale‹ gliedert den Gesamtbestand in zwölf Klassen. Wenn die Handzeichnungen als zwölfte Klasse ganz am Schluß erscheinen, so ist damit natürlich keine Mißachtung angedeutet, sondern vielmehr die Sonderstellung betont, die Heinecken der Zeichenkunst einräumte. Im Hof- und Staatskalender war längst nicht mehr vom »Cabinet d'Estampes« die Rede, sondern von »Kupferstichen und Handzeichnungen«.

Die erste Klasse umfaßt die Stichsammlungen der Galeriewerke (»Galleries, Cabinets, Recueils«), wie sie in Dresden durch Leplats ›Recueil des marbres antiques‹ (s. oben S. 81) und Heineckens ›Recueil d'Estampes‹ (s. unten S. 124) repräsentiert waren. Ergänzt wird dieser Bestand durch eine kunsthistorische Spezialbibliothek (elfte Klasse). In der achten bis zehnten Klasse sind Sachgruppen von überwiegend dokumentarischem Charakter zusammengefaßt: Plastik und Architektur, Antike, Zeremonialwesen. Eine separate Gruppe bildet auch die Porträtsammlung (siebente Klasse). In fünf Gruppen (zweite bis sechste Klasse) werden die Künstler in nationalen Schulen zusammengefaßt: Italiener, Franzosen, Flamen und Holländer, Engländer, Deutsche.

* * *

DIE GEMÄLDEGALERIE, HEINECKENS ›RECUEIL‹ UND WINCKELMANNS ›BESCHREIBUNG‹. Obwohl der Nachwelt als passionierter Gemäldesammler bekannt, begann August III. seine Regierung durchaus nicht mit spektakulären Bilderkäufen. Vielmehr bestimmte die Stagnation, die sich im Dresdener Museumswesen nach 1733 beobachten läßt, auch die ersten Jahre der Gemälde- und Skulpturensammlung. Über das Schicksal der von August dem Starken geschaffenen Galerie ist aus jener Zeit fast nichts bekannt. Die einzige bedeutende Erwerbung waren die Herculanerinnen aus dem Nachlaß des Prinzen Eugen (s. S. 101). Mit diesen antiken Marmorstatuen kamen 1736 drei Skulpturen nach Dresden, denen später eine große Wirkung beschieden sein sollte.

Der Hofmaler Giovanni Ventura Rossi, lange schon als Restaurator in Dresden tätig, sandte 1738 aus Venedig 44 Gemälde in die Elbresidenz.[306] Dies war die erste umfangreiche Erwerbung seit mehr als zehn Jahren. Die Aktivitäten steigerten sich nunmehr von Jahr zu Jahr, um dann zwischen 1743 und 1756 auf gleicher Höhe zu bleiben. Das Einsetzen der Gemäldekäufe im großen Stil hängt zweifellos damit zusammen, daß 1738, nach dem Sturz Sulkowskis, Heinrich von Brühl das Amt des Oberkämmerers übernahm.[307] Als solcher stand Brühl den Sammlungen ohnehin vor; entscheidend aber wurde die Energie, mit der er nicht nur Kenner und Händler in ganz Europa, sondern auch die sächsischen Diplomaten einspannte.

Carl Heinrich von Heinecken, seit 1739 Bibliothekar und Privatsekretär Brühls, hat bei dieser Erwerbungstätigkeit, zunächst ohne Amtskompetenz, eine erhebliche Rolle gespielt.[308] Durch seine Mutter, die als Blumenmalerin in Hamburg lebte, hatte Heinecken Zugang zum Hamburger Kunsthandel, aus dem er seit 1740 mehrfach Bilder für Dresden kaufte, darunter 1751 Rembrandts Ganymed (Nr. 1558).

Der Maler Johann Gottfried Riedel vermittelte 1739, noch bevor er an der Galerie angestellt wurde, den Kauf von 268 Gemälden aus dem Besitz des Grafen Waldstein; sie kamen 1741 von Dux (Duchcov) nach Dresden. Im Jahr darauf erwarb Riedel 84 Bilder aus der kaiserlichen Galerie zu Prag, darunter die berühmte Gleichnisfolge von Domenico Fetti; sieben Jahre später ermöglichte Pietro Guarienti, der 1746 zum Galerieinspektor ernannt wurde, den Kauf von weiteren 69 Gemälden aus der Prager Burg.

Schwerpunkt der Erwerbungstätigkeit blieb Italien. Rossi sandte noch einige Kollektionen. Francesco Algarotti (s. oben S. 101) reiste 1743 über Wien in mehrere Städte, um nach käuflichen Bildern zu suchen. In seiner Instruktion vom 16. Februar wird klar formuliert, was man von ihm erwartet: Er soll systematisch suchen; in Florenz soll er vor allem die Sammlung Pallavicini begutachten, Maße nehmen, die Echtheit prüfen, Provenienzen erforschen.[309] Eine Kaufvollmacht besitzt er nicht. Den Intrigen Rossis, der sein Monopol bedroht sieht, ist er endlich nicht gewachsen, so daß seine Mission trotz einiger Erfolge (Palma Vecchio, Drei Schwestern, Nr. 189; Liotard, Schokoladenmädchen, Pastell Nr. 161) unerfreulich bleibt.

Den entscheidenden Zuwachs brachte der Kauf von hundert auserlesenen Gemälden aus dem Besitz des Herzogs Francesco III. von Modena; mit ihnen gelangte erstmals eine repräsentative Kollektion von Meisterwerken der italienischen Hochrenaissance nach Nordeuropa. Aus Modena kamen aber auch die drei Velazquez-Porträts (Nr. 697–699), der Heilige Hieronymus des Rubens (Nr. 955) sowie Holbeins Porträt des Morette (Nr. 1890), das allerdings damals und noch lange als Werk des Leonardo da Vinci galt. Kurz darauf vermittelte der venezianische Sammler und Antiquar Antonio Zanetti den Ankauf einiger Gemälde, darunter Tizians Sacra Conversazione (Nr. 168); in Venedig unterstützte Graf Villio als sächsischer Gesandter die Dresdener Ankäufer. Erfreulich waren auch die von dem Canonicus Luigi Crespi in Bologna getätigten Ankäufe. Crespi brachte die Bilder, darunter Parmigianinos »Madonna della Rosa« (Nr. 161) und Guido Renis »Ninus und Semiramis« (Nr. 325) 1752 selbst nach Dresden, besichtigte mehrfach die Galerie und gab Hinweise zur Komplettierung.[310]

Zu den Malern, deren Namen Crespi damals in Dresden vermißte, gehörte Raffael. Bereits zwei Jahre später konnte, mit unglaublichen Mühen und Kosten, Raffaels Altarbild der Klosterkirche San Sisto in Piacenza, die »Sixtinische Madonna«, erworben werden.[311] Während Heinecken das Bild kühl beurteilte und nicht in sein Galeriewerk aufnahm, wurde es für Johann Joachim Winckelmann zum Muster der von ihm geforderten »Nachahmung der Alten«.[312] Erst am Ende des Jahrhunderts aber erschien eine Stichwiedergabe, und erst im Zeichen des Klassizismus und der Romantik gewann die »Sixtinische Madonna« die Popularität, die ihr bis heute geblieben ist.[313]

Johann Heinrich Riedel: Stich nach dem verschollenen Selbstporträt Johann Gottfried Riedels, 1813. Staatliche Kunstsammlungen Dresden, Kupferstichkabinett

Johann Gottfried Riedel (1691–1755) stammte aus dem Egerland, war in Wien Schüler Solimenas, arbeitete seit 1730 in Prag und kam 1739 nach Dresden. Er wurde 1742 zum Hofmaler und Aufseher der Gemäldegalerie, 1752 als Nachfolger Steinhäusers zu deren erstem Inspektor ernannt. Riedel war maßgeblich an der Einrichtung der Gemäldegalerie seit 1745 beteiligt und hat mehrfach bedeutende Gemäldekäufe vermittelt. Sein Sohn und Nachfolger Johann Anton Riedel (1732–1815) hat die Auslagerung der Gemälde während des Siebenjährigen Krieges und ihre Rückführung geleitet. Gemeinsam mit Christian Friedrich Wenzel, dem Inspektor des Kupferstichkabinetts, verfaßte er den ersten gedruckten Katalog der Dresdener Gemäldegalerie.

In Paris wurden der Legationssekretär de Brais (bis zu seinem Tode 1742) und der sächsische Beauftragte le Leu von Hyacinthe Rigaud beraten. Aus dem Nachlaß des Prinzen Carignan und anderen Pariser Sammlungen gelangte schon 1742 eine große Zahl wichtiger Bilder nach Dresden, so Carlo Dolcis »Heilige Cäcilia« (Nr. 509), Rubens' »Löwenjagd« (Nr. 972), Rembrandts Porträt der Saskia mit der roten Blume (Nr. 1562), Vermeers Briefleserin (Nr. 1336), Poussins »Anbetung der Könige« (Nr. 717) und »Pan und Syrinx« (Nr. 718). Später folgte Marattis »Heilige Nacht« (Nr. 436) aus dem Nachlaß des Kardinals Polignac, dessen antike Skulpturen Friedrich II. von Preußen bereits 1742 erworben hatte, und 1749 Rembrandts Selbstbildnis mit Saskia (Nr. 1559).[314]

Im Dezember 1743 beauftragte Brühl den Legationssekretär Talon, der in Madrid mit dem Einkauf von Pferden für den königlichen Marstall beschäftigt war, mit der Suche nach Gemälden, die für vernünftige Preise (»des prix raisonable«) zu erwerben seien.[315] Obwohl ausdrücklich vor dem Kauf von Kopien gewarnt (»denn die meisten Bilder sind immer Kopien«, schrieb Brühl), erwarb Talon nur wenig bedeutende Bilder, weil ihm eigenes Urteil und zuverlässige Beratung offenbar fehlten. So blieb der Zuwachs an Werken der spanischen Malerei damals spärlich; Riberas »Heilige Agnes« (Nr. 683) wurde 1745 vom spanischen Gesandten Graf Masseran in Dresden erworben, Murillos »Maria mit dem Kinde« (Nr. 705) 1755 in Paris.

Alexander Glässer: Grundrisse vom ersten und zweiten Obergeschoß des Stallgebäudes. Stiche nach Zeichnungen von Bernhard Anckermann, um 1740. Staatliche Kunstsammlungen Dresden, Kupferstichkabinett

Die Grundrisse stammen aus einer Sammlung architektonischer Stiche, die der Augsburger Verleger Martin Engelbrecht in mehreren Folgen edierte. Sie dokumentieren den Zustand des Stallgebäudes nach seinem Umbau zum Gästequartier mit Festräumen (1729–31). Einige Räumlichkeiten, vor allem im zweiten Obergeschoß, wurden gegen 1740 bereits provisorisch zur Unterbringung der stetig wachsenden Gemäldesammlung benutzt. Dies beweisen Raumbezeichnungen wie »Mahlerey Zimmer in welchen Landschafften« und »Kleines Mahlerey Zimmer«.

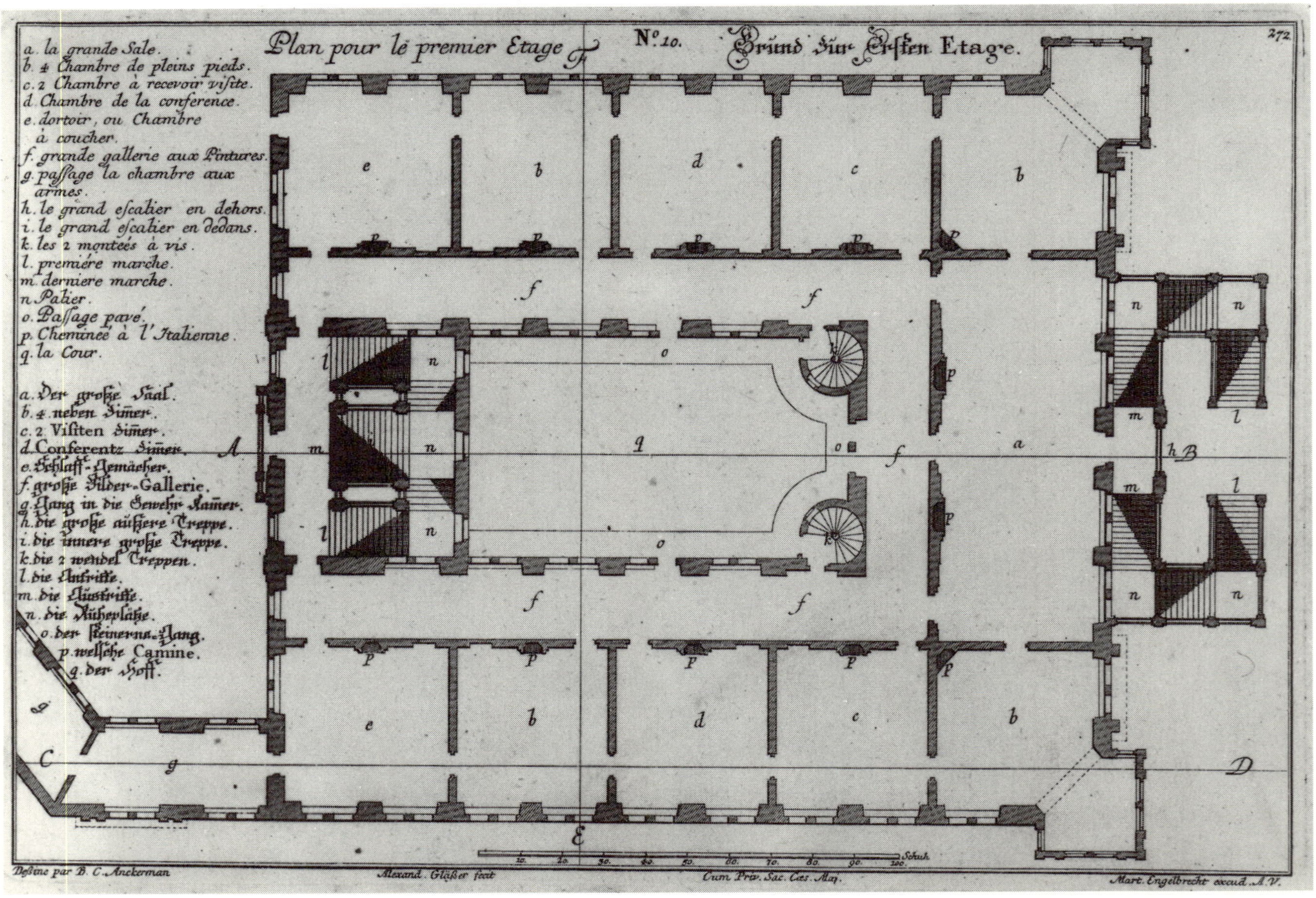

In wenigen Jahren waren Hunderte von Gemälden nach Dresden gelangt, überwiegend Bilder berühmter Meister, zum Teil von beträchtlichen Abmessungen. Wo sollten sie untergebracht werden? Diese Frage wurde immer dringlicher, und Algarottis Museumsprojekt von 1742 (s. oben S. 100) war der Versuch einer Antwort. Die alten Galerieräume im Residenzschloß waren nicht auf Zuwachs berechnet und längst unbrauchbar geworden. Als provisorische Lösung bot sich das Stallgebäude, das kaum noch genutzt wurde (zuletzt wohnte dort 1742 Friedrich II.), vor allem dessen zweites Obergeschoß. Hier ließ der König die Neuerwerbungen zunächst unterbringen. Carl Christian Schramm bemerkt 1744 in seinem ›Reise-Lexicon‹ zum Stallgebäude: »In der zweyten Etage aber sind die sämtlichen Zimmer mit den auserlesensten und zum Theil sehr großen historischen und anderer Gemälden embellirt«.[316]

Das von dem Augsburger Verleger Martin Engelbrecht edierte Sammelwerk ›Unterschiedliche Architectonische Risse und Anleitungen‹ enthält, neben anderen Plänen und Schnitten vom Stallgebäude, einen Grundriß des zweiten Obergeschosses.[317] Die Beschriftung dieses um 1740 entstandenen Plans bezeichnet von den elf Räumen zwei als »Mahlerey Zimmer in welchen Landschafften«, eines als »Kleines Mahlerey Zimmer« und acht als »Zimmer in welchen allerley Kunstsachen stehen«. Nach dem Zeugnis einer erhaltenen Liste ist erst 1742 die beträchtliche Menge von 81 Stein- und Metallskulpturen aus dem Stallgebäude in das Palais im Grossen Gar-

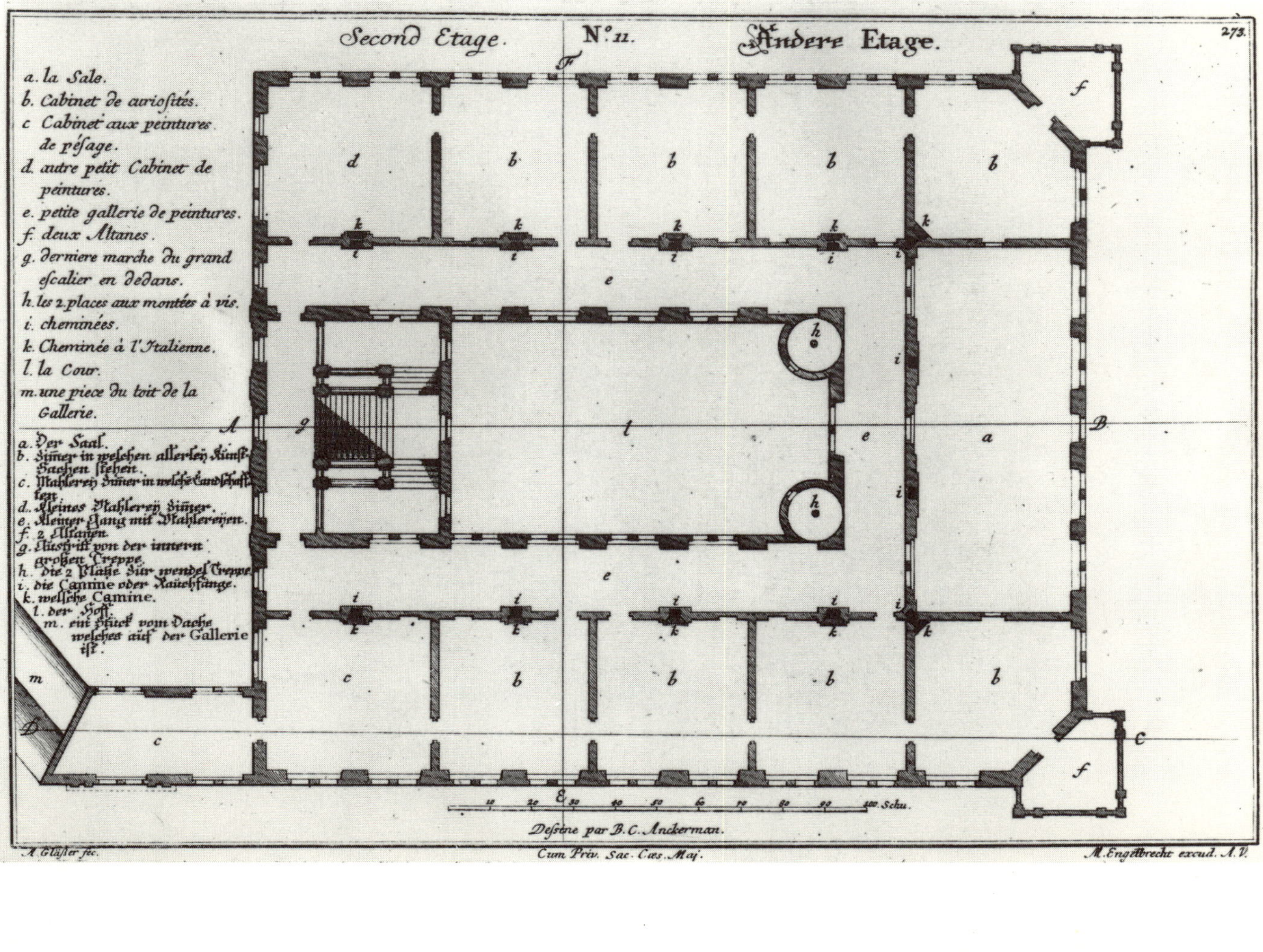

ten gebracht worden. Die Korridore beider Obergeschosse heißen »große Bilder-Gallerie« und »Kleiner Gang mit Mahlereyen«. Ein Inventar-Protokoll von 1741 verzeichnet »In der Ersten Obern Stall-Gallerie« 144, »In der Andern Obern Gallerie« (also der des zweiten Obergeschosses) 164, »In den Zimmern No. 1–11« aber 1465 Gemälde. Zählt man die »In denen untern Stall-Zimmern« verteilten 185 Bilder hinzu, so ergibt sich für das gesamte Stallgebäude die Zahl 1958, wozu allerdings noch die auf dem Boden deponierten Beständen kommen. Insgesamt aber verzeichnet das Inventar 4708 Bilder, von denen 3110 als wertvoll, nur 1598 als »geringer« gelten.[318]

Nach dem Kauf der Gemälde aus Modena, unter denen sich die großformatigen Stücke von Veronese und Tintoretto befanden, ließ sich die Errichtung einer Gemäldegalerie nicht länger verschieben. Eben hatte Johann Christoph Knöffel für Brühl ein elegantes Galeriegebäude errichtet (s. unten S. 126). Der König aber entschied sich nicht für einen Neubau, sondern für einen Umbau des Stallgebäudes.

Am 21. April 1745 erging ein Reskript an das Cammer-Collegium, in dem es heißt: »Demnach Wir auf Unsern am Jüden-Hofe allhier befindlichen Stall-Gebäuden, eine zu Placirung des Bilder-Vorraths, benöthigte Gallerie, anlegen zu laßen, in Gnaden resolviret, und diesen Bau, Unserm Ober-Land-Baumeister, Johann Christoph Knöffel, gegen Bezahlung von 60 000 Thlr. überhaupt, und Überlaßung derer, in ermeldten Stall-Gebäuden, bei derer innerlichen Einreißen, zu erlangenden Materialien, an Steinwerck, Holtz- Kupfer- Schmiede- Schloßer- Tischler- und Glaser-Arbeit, nebst Oefen, außer denen marmornen Fuß-Böden, und dergleichen Caminen, welche zum Bau-Amts-Vorrath abzugeben, und damit solches behörig erfolgen möge, von euch zu veranstalten ist: dergestalt anvertrauet und verdungen haben, daß er zwar selbigen vor sich allhier dirigiren, auch über besagte Gelder einige weitere Verrechnung zu führen und abzulegen nicht verbunden seyn ..., jedoch aber davon sothanen Bau, nach denen von uns

Gemäldegalerie: Fassade zum Jüdenhof. Zeichnung 1745/46. Staatsarchiv Dresden
Das Stallgebäude wurde 1745–46 nach Entwürfen und unter der Leitung Johann Christoph Knöffels zur Gemäldegalerie umgebaut. An der Fassade zum Jüdenhof blieben die beiden Tore des 16. Jahrhunderts und die 1730 erreichteten »englischen Flötz-Treppen« erhalten. Das zweite Obergeschoß und das alte Dach wurden abgetragen, dafür das Hauptgeschoß erhöht und mit hohen Bogenfenstern versehen.

approbirten und signierten Rißen bis auf das Meublement, vollkommen tüchtig und gut zu Stande zu bringen, schuldig«.[319]

Knöffel begann unverzüglich mit der Arbeit und trieb sie so schnell voran, daß bereits im Juli 1745 mit dem Bau des Dachstuhls begonnen werden konnte. Da diese Aufgabe die Kapazität der Residenz überforderte, ließ der König auf Knöffels Ersuchen 50 Zimmerleute aus den umliegenden Ämtern holen – immerhin nicht als »Hoffröhner«, sondern zum »gewöhnlichen Bürgerlohne«.[320] An den Umbau des Stallgebäudes schloß sich eine Neugestaltung des ganzen Stallhofkomplexes, in die auch die benachbarten Rüstkammergebäude einbezogen wurden: In Höhe, Fassadenwirkung und Dachform sollten die alten Häuser dem Galeriebau angeglichen werden, durch »Abtragung eines Giebels ingleichen eines Geschoß Mauerwercks mit dem Dache ... und Wiederaufsetzung eines neuen Daches mit Dach Fenstern und verschiedenen Kammern, als auch ... Niederbrechung noch eines Stück Daches von obgedachten an, bis in die Sporergaße und Wieder-Aufführung eines ganz neuen Daches ... auch mit Kammern, um dieses mit erstern in eine Gleichheit zu bringen, nicht weniger ... Abpuzzung der äusserlichen Façade von diesem ganzen Gebäude«.

Der Innenausbau des Galeriegebäudes begann noch in den letzten Monaten des Jahres 1745; als Handwerker sind bezeugt: der Bildhauer Matthäus Kugler, die Vergolder Benedikt und Müller, die Stukkateure Bossi und Sättler.[321] Im September 1746 waren die Arbeiten so weit beendet, daß die Hängung der Bilder beginnen konnte. Für den November 1746 berichtet der ›Kern Dreßdnischer Merckwürdigkeiten‹: »Den 25. dito, geruheten Ihro Königliche Hoheit, der Churprinz, sich nach der neuen großen Bildergallerie, auf den Königl. Stall, zu begeben, und selbige, nachdem sie nunmehro, durch die neulich aus Italien angekommene kostbare Schildereyen und Gemählde, in vollkommensten Stand gesetzet worden, in hohen Augenschein zu nehmen«.[322] Der König weilte zu dieser Zeit in Polen. Die Einrichtung der inneren Galerie zog sich noch in das Jahr 1747.

Knöffel nutzte Anlage und Dimension des Stallgebäudes zur Vervielfältigung des zeitgenössischen Galerieschemas mit durchlaufender Hängewand und gegenüberliegender Fensterwand. Er eliminierte das zweite Obergeschoß und erhöhte das erste, das sein Licht nunmehr durch hohe Bogenfenster empfing. Eine durchgehende Mittelwand teilte den um den Binnenhof gezogenen Raum in drei innere und vier äußere Galerieflügel. Um die Einheit der längeren, der äußeren Galerie zu wahren, hatte Knöffel das schöne Treppenhaus im Nordflügel abbrechen und dafür zwei versteckte Wendeltreppen neben dem Durchgang zur inneren Galerie errichten lassen. Der Haupteingang am Jüdenhof blieb über die Freitreppe zugänglich.

Bei gleicher Breite von etwa 7 m waren die Flügel der äußeren Galerie 48 bzw. 47 m, die der inneren 33 bzw. 29 m lang. Die Beschreibung Hasches vermittelt eine Vorstellung von der Ausstattung: »Die Decke ist weiß, ungemahlt, die Wände mit gründamastenen Tapeten mit goldenen Leisten, und obenher desgl(eichen) Laubwerk bekleidet, und auf ihnen hängen die Bilder in prächtigen goldenen Rahmen von Bildhauerarbeit«.[323] Die Fertigung der eleganten Rokokorahmen, von denen sich erfreulich viele erhalten haben, zog sich über Jahre hin; im September 1750 baten die Bildhauer Mat-

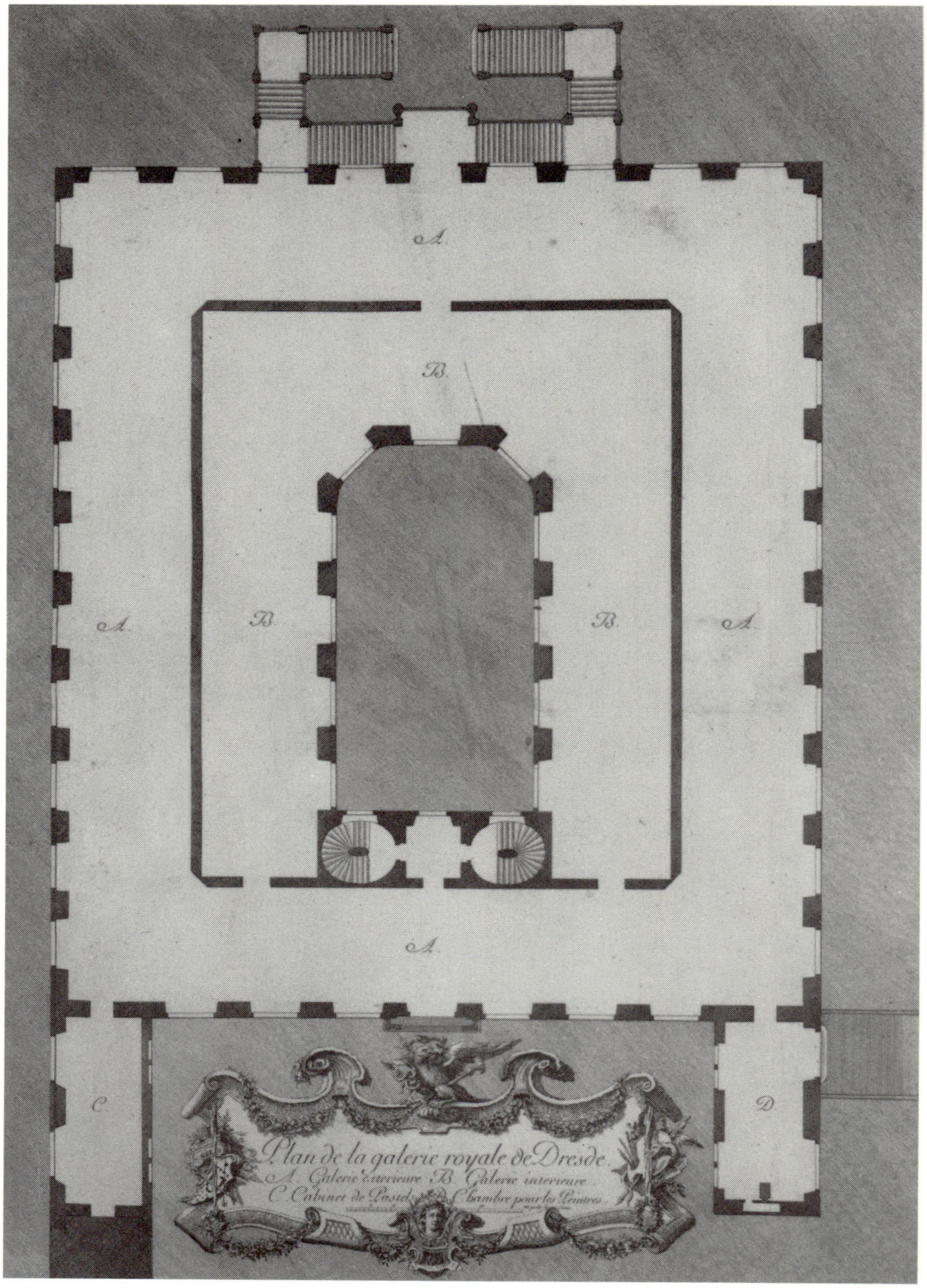

Grundriß der Gemäldegalerie. Stich in Heineckens »Recueil d'Estampes«, Bd. 1, 1753. Staatliche Kunstsammlungen Dresden, Kupferstichkabinett
Knöffels Gemäldegalerie war ein Vierflügelbau, der durch die Trennung in eine äußere und eine innere Galerie das barocke Galerieschema vervielfachte. Die Flügel waren einheitlich 6,80 m breit, die äußeren 47,50 m bzw. 43,50 m und die inneren 33,40 m bzw. 29 m lang. »Dieser in sich selbst wiederkehrende Saal« hat in seiner architektonischen Wirkung noch Goethe beeindruckt, als er ihn 1768 kennenlernte. Erst 1831 wurde der Raumcharakter durch das Einfügen von Zwischenwänden entscheidend verändert.

thäus Kugler und Franz Deibel den Grafen Hennicke »wegen der zur Königl. Bilder-Gallerie annoch zufertigen habenden Rähmen« um eine Abschlagzahltung.[324]

Bei seinem Besuch im März 1768 zeigte sich Goethe gerade von der Ausstattung der Galerie beeindruckt: »Meine Verwunderung überstieg jeden Begriff, den ich mir gemacht hatte. Dieser in sich selbst wiederkehrende Saal, in welchem Pracht und Reinlichkeit bei der größten Stille herrschten, die blendenden Rahmen, alle der Zeit noch näher, in der sie vergoldet wurden, der gebohnte Fußboden, die mehr von Schauenden als von Arbeitenden benutzten Räume gaben ein Gefühl von Feierlichkeit, einzig in seiner Art, das umso mehr der Empfindung ähnelte, womit man ein Gotteshaus betritt, als der Schmuck so manches Tempels, der Gegenstand so mancher Anbetung hier abermals, nur zu heiligen Kunstzwecken aufgestellt schien«.[325] Zur Zeit dieses ersten Besuchs, dem Goethe noch viele folgen ließ, war die Galerie gerade zwei Jahrzehnte alt, und ebenso lange war es her, daß Johann Joachim Winckelmann sie kennengelernt hatte.

Blick in die Gemäldegalerie. Tuschzeichnung, 1830. Staatliche Kunstsammlungen Dresden, Kupferstichkabinett
Die Ansicht zeigt die innere Galerie mit den Werken der italienischen Malerei, und zwar die Südwestecke. Die Fenster links gehen auf den Stallhof. Über dem Wandgesims ist das zarte Rankenornament der Voute erkennbar.

Einrichtung der Gemäldegalerie. Titelstich in Heineckens »Recueil«, Band 2, 1757. Staatliche Kunstsammlungen Dresden, Kupferstichkabinett
Während Putten sich in der Kunstbetrachtung üben und Arbeiter die gerahmten Bilder an der Wand befestigen, weist der Genius der Malerei auf Correggios »Heilige Nacht«, ein besonders geschätztes Gemälde, das 1746 aus dem Besitz des Herzogs von Modena nach Dresden gelangt war.

Die äußere Galerie vereinigte Werke der niederländischen, französischen und deutschen Malerei; die innere war den Italienern vorbehalten. Die Hängung der Gemälde mußte sich, entsprechend der dekorativen Konzeption, weitgehend nach den Formaten richten. Die Füllung der Wände bis unter die Decke hatte zur Folge, daß die oberen Abschnitte nicht mehr deutlich zu sehen waren; Winckelmann beklagt in seiner ›Beschreibung‹ immer wieder, daß Bilder »zu hoch« hängen.[326] Obwohl jeder Fleck genutzt wurde, auch die »Pfeiler zwischen den Fenstern«[327] trotz der schlechten Ausleuchtung nicht frei blieben, war die Aufnahmefähigkeit der Galerie von vornherein erschöpft. So blieb die Zahl der Bilder bis zur Einfügung von Zwischenwänden im Jahre 1831 annähernd konstant: In der inneren Galerie hingen etwa 350, in der äußeren etwa 830 Gemälde. Ein Zimmer, das vom Stallgebäude zur Gewehrgalerie überleitete, wurde als Pastellkabinett eingerichtet.

Der Hof- und Staatskalender nennt seit 1729 die »Gemählde« unter Raymond Leplat und Johann Adam Steinhäuser als selbständigen Sammlungsbereich. Damals waren sie räumlich noch eng mit den Skulpturen verbunden, doch hatte Steinhäuser bereits getrennte Inventare angelegt. Nach Leplats Tod (1742) trat in der Neufassung des Textes von 1743 in den »Galleries von Gemählden« der Hofmaler Johann Gottfried Riedel neben Steinhäuser, der dann 1746 pensioniert wurde. Riedel, 1690 bei Eger geboren, hatte in Wien Erfahrungen gesammelt und auch Italien bereist, ehe er 1739 nach Dresden kam.[328] Er wurde 1752 erster Inspektor der Galerie, starb aber schon 1755. Nachfolger wurde sein Sohn Johann Anton Riedel (1733–1816), und dem 1746 speziell für die innere, die italienische Galerie eingestellten Venezianer Pietro Guarienti folgte nach seinem Tode 1753 Matthias Oesterreich als Unterinspektor. Dieser letztere, Vetter und Protegé Heineckens, genoß nicht den besten Ruf.[329] Als er dann schon 1756 in preußische Dienste wechselte, mußten Brühl und Heinecken das als Verrat empfinden.[330] Oesterreich ist der Verfasser des Inventars von 1754, das den Bestand der Galerie zur Zeit ihrer Blüte verzeichnet.[331]

Bald nach der Einrichtung der Gemäldegalerie muß der Plan einer repräsentativen Publikation entstanden sein, wie sie für die Antiken Raymond Leplat bereits 1733 vorgelegt hatte (s. oben S. 81). Carl Heinrich von Heinecken, den der König mit dieser Aufgabe betraute, konnte mit einer solchen Publikation sowohl seine Kennerschaft als auch sein Organisationstalent bewähren. Hatte sich Leplat bei den etwa 200 Tafeln seines ›Recueil des marbres antiques‹ noch mit vier Zeichnern und elf Stechern begnügen müssen, so beschäftigte Heinecken über viele Jahre für die 100 Tafeln seines Galeriewerks neun Zeichner und 42 Stecher. Vor allem die Herstellung der großformatigen Kupferplatten wurde auf viele Hände verteilt, um Zeit zu sparen; elf Stecher trugen nur zwei Stiche, zwanzig sogar nur einen einzigen Stich bei.

Die Vorlagen wurden direkt nach den Gemälden von bewährten Zeichnern angefertigt. Aus Paris wurde 1748 Charles Hutin[332] mit seinem Bruder Pierre nach Dresden berufen; sie allein übernahmen mit 54 mehr als die Hälfte der Zeichnungen. Drei Italiener folgten 1750: Giovanni Battista Internari (14 Zeichnungen)[333], Marcello Bacciarelli (7 Zeichnungen)[334], Fran-

Titel des ersten Bandes von Heineckens Galeriewerk, 1753. Staatliche Kunstsammlungen Dresden, Kupferstichkabinett
Das Galeriewerk, von dem 1753 und 1757 zwei Bände mit je 50 Tafeln erschienen, zeugt von Heineckens Kennerschaft und Organisationsgabe. Die Herstellung der großformatigen Kupferplatten wurde auf 42 Stecher verteilt, denen Zeichnungen vorlagen. Die Stiche des »Recueil« haben die Publikumswirkung der Dresdener Gemäldegalerie nachhaltig geprägt, sie wurden noch zu Beginn unseres Jahrhunderts in Serien und einzeln verkauft.

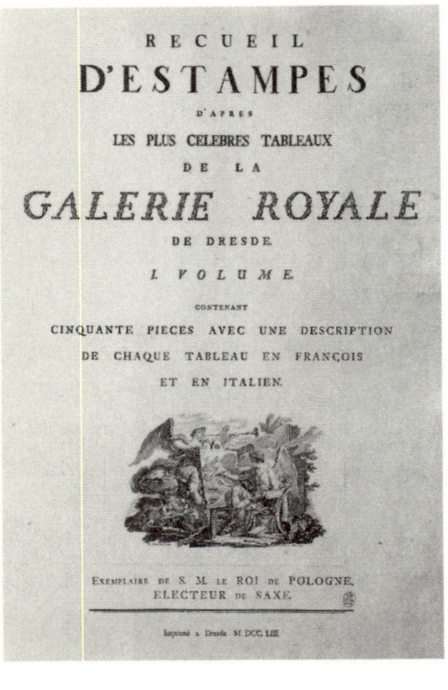
RECUEIL
D'ESTAMPES
D'APRES
LES PLUS CELEBRES TABLEAUX
DE LA
GALERIE ROYALE
DE DRESDE.
I. VOLUME.
CONTENANT
CINQUANTE PIECES AVEC UNE DESCRIPTION
DE CHAQUE TABLEAU EN FRANÇOIS
ET EN ITALIEN.

EXEMPLAIRE DE S. M. LE ROI DE POLOGNE,
ELECTEUR DE SAXE.

Imprimé à Dresde M. DCC. LIII

cesco Gandini (4 Zeichnungen)[335]. Stefano Torelli[336], der bereits seit 1740 in Dresden tätig war, beteiligte sich mit neun, Matthias Oesterreich immerhin mit drei Zeichnungen.

Die Kupferplatten ließ Heinecken überwiegend in Pariser und Amsterdamer Werkstätten herstellen, zog aber auch den Augsburger Philipp Andreas Kilian sowie die Venezianer Marco Pitteri und Giuseppe Camerata heran. Der letztere, 1751 nach Dresden berufen, wurde später, wie auch der mit zwei Tafeln beteiligte Christian Friedrich Boëtius, Professor für Kupferstich an der Dresdener Kunstakademie.[337]

Die Auswahl der reproduzierten Gemälde war gewiß im wesentlichen vom König selbst bestimmt. Bezeichnend ist die absolute Dominanz der Italiener: Von den hundert Tafeln des ›Recueil‹ geben nur zehn Werke holländischer und flämischer Künstler wieder. Raffaels Sixtinische Madonna, erst im Februar 1754 erworben, wurde nicht aufgenommen (s. oben S. 115). Das muß nicht unbedingt eine Bosheit Heineckens gegen Winckelmann sein, sondern kann rein technische Gründe haben; das Bild befand sich bei seiner Ankunft in Dresden in schlechtem Zustand. Vielleicht war es auch nicht mehr möglich, sogleich Zeichner und Stecher zu finden. So ist Winckelmanns Beschreibung von 1755 die erste Würdigung des Gemäldes.

Heinecken hat den Kupfertafeln erläuternde Texte in italienischer und französischer Sprache beigefügt. Sie verzeichnen nicht nur Provenienz und Maße, sondern enthalten auch eine Charakteristik von Malweise und Stil. Als Einleitung zu ›Recueil‹ war ursprünglich eine Abhandlung des Pariser

Jusepe de Ribera: Die heilige Agnes, 1641. Öl auf Leinwand. H. 2,02 m, B. 1,52 m. Staatliche Kunstsammlungen Dresden, Gemäldegalerie Alte Meister Nr. 683

Riberas heilige Agnes gehört zu den wenigen Werken spanischer Malerei, die im 18. Jahrhundert in die Dresdener Galerie gelangten; das Bild wurde 1745 durch die Vermittlung des spanischen Gesandten erworben.

Marco Pitteri: Die heilige Agnes des Jusepe de Ribera. Stich nach einer Zeichnung von Charles Hutin. Recueil d'Estampes, Band 1, 1753, Tafel 30. Staatliche Kunstsammlungen Dresden, Kupferstichkabinett

Sammlers und Kunstgelehrten Pierre Jean Mariette vorgesehen. Heinecken druckte jedoch nicht diese, sondern einen eigenen Text ab, angeblich auf Wunsch des Königs; Mariettes Vorrede nahm er dann 1768 in seine »Nachrichten von Künstlern und Kunstsachen« auf.[338]

Der ›Recueil d'estampes d'après les tableaux originaux de la Galerie royale‹ erschien in zwei Bänden 1753 und 1757 bei Christian Heinrich Hagenmüller. Wenn Hagenmüllers Druckerei in der Dresdener Friedrichstadt, die 1755 auch Winckelmanns ›Gedanken von der Nachahmung der griechischen Werke in der Malerei und Bildhauerkunst‹ gedruckt hat, ein so aufwendiges Prachtwerk herstellen konnte, war sie gewiß nicht die bescheidene Werkstatt, als die sie gelegentlich charakterisiert wurde.[339]

Die Qualität der Reproduktionsstiche war so vorzüglich, daß die Tafeln des ›Recueil‹ für mehr als ein Jahrhundert das Bild der Dresdener Galerie vermittelten. Noch 1870 wurde eine dritter Band hinzugefügt, und die 150 Stiche des gesamten ›Alten Galeriewerks‹ wurden noch am Beginn unseres Jahrhunderts einzeln und gebunden verkauft.[340]

Als die Arbeit am ersten Band des ›Recueil‹ fast abgeschlossen war, gewann ein bislang völlig unbekannter Gelehrter die Freundschaft Riedels und den regelmäßigen Zutritt zur Galerie: Johann Joachim Winckelmann.[341] Er war 1748 als Bibliothekar des Grafen Bünau nach Nöthnitz gekommen, hatte zunächst an der berühmten ›Teutschen Kayser- und Reichs-Historie‹ des Grafen mitgearbeitet, dann aber, nach dessen Berufung zum gothaischen Statthalter in Eisenach 1751, sich verstärkt den Kunst- und Altertumsstudien zugewandt. Die Nähe der Residenz mit ihren Bibliotheken und Museen, ihrem Opern- und Konzertleben bot ihm manche Anregung. Vor allem aber widmete er sich über Monate der Gemäldegalerie, und bereits im Januar 1753 übersandte Winckelmann als erste Frucht dieser Studien seinem Freund Berendis, den Bünau als Hofmeister für seinen jüngsten Sohn eingestellt hatte, ›Gedanken über die Königliche Gallerie‹. Dieser »Aufsatz« beschränkt sich auf die italienische Malerei, denn Winckelmann hatte »nicht Zeit, den zweyten Abschnitt hinzuzuthun«. Obwohl nur als Leitfaden für den Unterricht des jungen Bünau gedacht, war der Entwurf, als erste selbständige Abhandlung, seinem Verfasser doch so wichtig, daß er ihn in einem Brief vom Februar 1752 erwähnt und betont, er sei mit seinem Text zufrieden, wolle ihn aber noch dem Urteil der Kenner unterwerfen. Vielleicht haben jene Kenner, doch wohl Riedel und Dietrich, ihn vor einer Veröffentlichung gewarnt, nicht zuletzt angesichts des im Druck befindlichen ›Recueil‹. Winckelmann hat Heinecken nicht persönlich gekannt; in der Galerie ist er ihm bezeichnenderweise nie begegnet, und im Freundeskreis von Hagedorn und Lippert, Dietrich und Oeser verkehrte der Intendant des Premierministers nicht.

Winckelmanns ›Beschreibung der vorzüglichsten Gemälde der Dreßdner Gallerie‹ ist in einer fragmentarischen Abschrift überliefert, die zuerst ungenügend 1923, dann von Walther Rehm mit ausführlichem Kommentar 1968 publiziert wurde.[342] Die vorliegende Fassung setzt mit Correggio ein und endet mit Trevisani; offenbar fehlen Anfang und Schluß. Mit 68 Bildern wird nur ein kleiner Teil der italienischen Gemälde erwähnt, die damals in der inneren Galerie hingen.

Winckelmanns Text folgt offenbar, ohne konsequente Gliederung, im ganzen der bei der flächenfüllenden Hängung entstandenen Folge. Er zählt die Künstler mit ihren in der Galerie vertretenen Werken auf, knüpft daran technische und ästhetische Bemerkungen, zieht Bilder gleichen Sujets zum Vergleich heran. Im Mittelpunkt stehen, dem Wertkanon des Seicento entsprechend, Correggio und Tizian, Reni und die Carracci, Veronese und Parmigianino. Mit einem Exkurs über Landschaftsmalerei endet das Fragment.

Winckelmann gebraucht in der ›Beschreibung‹ noch nicht die ästhetischen und historischen Kategorien, wie er sie in seinen späteren Schriften entwickelt, vor allem in den ›Gedanken über die Nachahmung der griechischen Werke in der Malerei und Bildhauerkunst‹ (1755) und der ›Geschichte der Kunst des Altertums‹ (1764). Die meisten Begriffe entnahm er der älteren Kunstliteratur, die er allerdings erst später systematisch las, und dem Künstlerjargon; sie finden sich ähnlich auch bei Heinecken. In der Bevorzugung von »Contour« und »Zeichnung« gegenüber malerischen Werten, ferner in der Betonung von Gefühlswerten wie »Ausdrückung«, »Erhobenheit«, »Geist« kündigt sich eine neue Haltung an.

* * *

DIE KUNSTSAMMLUNGEN DES GRAFEN BRÜHL Neben den kurfürstlich-königlichen Sammlungen hatte es in Dresden seit langem größere und kleinere Privatbibliotheken und Privatsammlungen gegeben.[343] Die Grafen Flemming und Wackerbarth waren nicht nur an Erwerbungen Augusts des Starken beteiligt, sondern sammelten auch selbst leidenschaftlich. Die Bibliothek des Grafen Bünau stand in dessen Dresdener Haus, bevor sie 1740 im Schloß Nöthnitz neu geordnet wurde. Beim Tode des Grafen umfaßte sie 42 000 Bände und war nicht nur eine der größten Privatbibliotheken Europas, sondern zeichnete sich auch durch systematischen Aufbau und vorbildliche Katalogisierung aus.[344]

Als Graf Brühl gegen 1740 mit dem Aufbau eigener Sammlungen begann, konnte er durchaus an Dresdener Tradition anknüpfen. Doch innerhalb eines Jahrzehnts erreichten die Brühlschen Sammlungen eine Dimension, die sie wenn auch nicht an Umfang, so doch in Qualität und Funktion in die Nähe der königlichen »Cabinete« rückte, denen Brühl als Oberkämmerer vorstand.

Der vielgeschäftige Minister hatte zwar keine tieferen wissenschaftlichen und künstlerischen Interessen, aber Geschmack, regen Geist und Sinn für Modernität. Vor allem aber hatte er in seinem Intendanten Carl Heinrich von Heinecken einen Kenner und Organisator gefunden, auf den er sich verlassen konnte. Schon durch den Ausbau seines Besitzes, durch die Ausstattung seiner Schlösser und Gärten wurde Brühl ein Arbeitgeber für viele Künstler; fast alle, die für den Hof arbeiteten, waren auch für ihn tätig: Knöffel und Mattielli, Coudray und Knöffler, Hutin und Torelli. Auf ihr Honorar mußten sie freilich meist lange warten. Bellotto klagte das Geld für die Repliken seiner Veduten, die Brühl bei ihm bestellt hatte, noch 1765 von den Erben ein.[345]

Im Anschluß an den 1737 begonnenen Bau eines Palais am Elbwall ent-

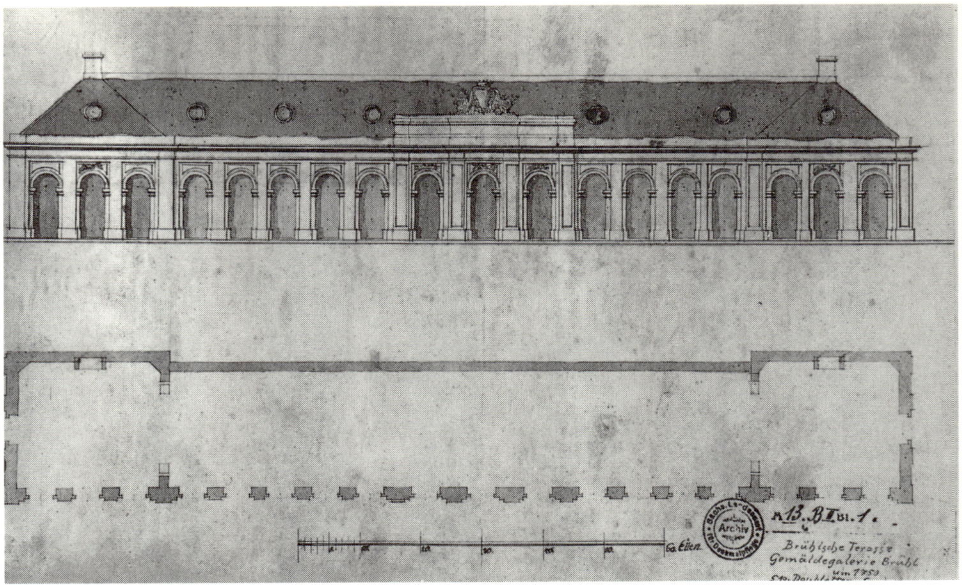

Fassade und Grundriß der Brühlschen Gemäldegalerie. Zeichnung um 1750. Institut für Denkmalpflege Dresden, Planarchiv
Das Galeriegebäude im Brühlschen Garten wurde nach Knöffels Entwurf 1743 errichtet und in den nächsten Jahren ausgestattet. Es vereinigte einen Galerieraum mit zwei Eckkabinetten. Nach dem Verkauf der Brühlschen Gemälde diente das Galeriegebäude als Ausstellungssaal der Kunstakademie. Zeitweilig war in ihm die Mengssche Aggußsammlung aufgestellt (1786–92).

Brühlsche Gemäldegalerie. Foto von Hermann Krone, vor 1869. Technische Universität Dresden, Sektion Physik/Fotophysik, Krone-Archiv
Das Foto zeigt den Zustand des Galeriegebäudes etwa zwei Jahrzehnte vor dem Abbruch 1890.

stand nach Entwürfen und unter der Leitung Johann Christoph Knöffels mit dem »Brühlschen Garten« eine großartige Anlage, die Gebäude für die Sammlungen einschloß.[346] Die Gemäldegalerie war 1743 im Rohbau vollendet und wurde im Jahr darauf von Heinecken kostbar ausgestattet.[347] Die etwa 11 m breite Galerie erstreckte sich über eine Länge von 85 m; sie war durch eine dreiteilige Mitteltür und zwei seitliche Türen von der Terrasse aus zugänglich. An den etwa 60 m langen Mittelsaal mit zehn Fensterachsen schlossen sich zu beiden Seiten etwa 12 m lange, also fast quadratische Kabinette mit je drei Fensterachsen. Für den Mittelrisaliten meißelte Knöffler zwei Kindergruppen. Über die Innenarchitektur ist nichts bekannt; Gurlitt rühmt die Qualität der Stuckdecken.[348]

Der Engländer Thomas Nugent, der Dresden vor dem Ausbruch des Siebenjährigen Krieges besuchte, überliefert eine kurze Beschreibung des Brühlschen Gartens, in der es über die Gemäldegalerie heißt: »Das Überraschendste ist die Gemäldegalerie, die zwar nicht den vierten Teil der Bilder enthält wie die Königliche Galerie, aber unvergleichlich prächtiger ist. Sie ist 156 Ellen lang, also 18 Ellen länger als die Spiegelgalerie von Versailles. Die Gemälde sind sehr vorteilhaft aufgestellt, da sie nur auf der einen Seite des Raumes angeordnet und die ihnen gegenüberliegenden Fenster sehr hoch sind. Die Felder zwischen den Fenstern bestehen aus Spiegeln, denen gegenüber Büsten und Statuen aufgestellt sind, dadurch wird eine große Wirkung erzielt.«[349] In einem Brief an Heinecken hatte Brühl die Anbringung von Spiegeln und Konsoltischen ausdrücklich gewünscht, ebenso »eine gute Menge von Stühlen mit Rückenlehnen«.[350] Die von Nugent erwähnten Skulpturen sind 1768 in die Skulpturensammlung gelangt; eine Liste von 1764 nennt 22 Marmor- und 52 Bronzewerke.[351]

Im Brühlschen Nachlaßverzeichnis hat sich ein flüchtig zusammengeschriebenes Inventar der Gemälde erhalten.[352] Es summiert unter 844 Nummern fast 1000 Bilder, darunter die Fürstenporträts im Festsaal des Palais, Porträts der Brühlschen Familie und einiger Zeitgenossen, Bellottos Vedutenserie, auch »Die Geburt des Höchstseel: Königs Augusti II von Sylvestern«. Trotz der fehlerhaften Schreibung vieler Künstlernamen darf man davon ausgehen, daß die Zuweisungen Heineckens im ganzen korrekt wiedergegeben wurden. Die Liste zeigt ein Überwiegen holländischer und flämischer Malerei des 17. Jahrhunderts, während sich Namen italienischer Meister nicht finden. Wie das Stichwerk bezeugt, besaß Brühl aber auch

Jacques Nicolas Tardieu: Perseus und Andromeda, Gemälde von Rubens in der Brühlschen Galerie. Stich nach einer Zeichnung von Adam Friedrich Oeser, in: Recueil d'Estampes d'après les tableaux de la Galérie … Brühl (1754) Staatliche Kunstsammlungen Dresden, Kupferstichkabinett

Heinecken gab 1754 einen Band mit Stichen nach Gemälden der Brühlschen Galerie heraus. Das Brühlsche Nachlaßverzeichnis zählt etwa 1 000 Gemälde, unter denen die Werke flämischer und holländischer Maler des 17. Jahrhunderts dominieren. Von den fünf Gemälden des Rubens, die Brühl besaß und die sich heute in der Leningrader Ermitage befinden, ist die mythologische Szene besonders eindrucksvoll.

einzelne Werke italienischer, spanischer und französischer Maler. Daß die großformatigen Gemälde der italienischen Renaissance der königlichen Galerie vorbehalten blieben, ist wohl auch eine Folge der Marktlage und des speziellen Geschmacks des Premierministers und seines Intendanten; vielleicht aber sprach auch Rücksicht auf den Monarchen mit.

Unter den Malern finden sich mehrfach Ruisdael und Saftleven, Ostade und Potter, Mieris und Dou, besonders häufig Wouwerman. Brühl besaß fünf Gemälde von Rubens; sie alle haben der Kritik bis heute standgehalten.[353] Im November 1748 schrieb Brühl an Heinecken: »Die Galerie ist Ihr Werk; ich habe davon die Ehre, Sie jedoch den Ruhm«.[354]

In der repräsentativen Publikation seiner Gemälde wollte Brühl nicht hinter dem König zurückstehen. Ein Jahr nach dem ersten Band des großen Galeriewerks erschien, in Dresden bei Hagenmüller in kostbarer Ausstattung gedruckt und verlegt bei George Conrad Walther, ein Stichwerk der Brühlschen Galerie.[355]. Die Zeichnungen hatte Hutin geliefert, die Stecher sind im wesentlichen die gleichen, die auch für das große Galeriewerk tätig waren; die Texte stammen von Heinecken.

Die königliche Gemäldegalerie hatte nach ihrer Herauslösung aus dem Verband der Paradezimmer im Residenzschloß ihre höfisch-repräsentative Funktion verloren; sie war auch als Raumgefüge zur musealen Institution geworden. Die Brühlsche Galerie dagegen diente im Rahmen des »Nebenhofs«, den der Premierminister unterhielt, durchaus repräsentativen Zwekken. Anschaulich belegt das ein Bericht Winckelmanns vom Sommer 1749: »Als der Marschall Moriz von Sachsen an dem Geburts Fest des Königs in der Brühlischen Bilder Gallerie zum letzten Mal speisete, waren etl. 1000 Menschen die sich um die Tafel drängeten, daß auch unzählige Gläser zerbrochen wurden«.[356] Andererseits war der gesamte Brühlsche Garten eine Fremdenattraktion und konnte besichtigt werden. Die ›Dreßdnische Addresse‹ betont 1756, daß »alles denen Fremden, von denen von Sr. Excell. hierzu bestellten Inspectoribus mit der complaisantesten Willfährigkeit gezeiget wird«.[357]

Die Gemäldesammlung hat den Tod ihres Besitzers nicht lange überdauert. Es gelang nicht, sie in Dresden zu behalten. Von wenigen Ausnahmen abgesehen, hat die Zarin Katharina II. 1765 die Gemälde für 80 000 Taler gekauft; im Nachlaßverzeichnis war ihr Wert auf 105 329 Taler geschätzt worden. Sie gehören heute zum kostbaren Besitz der Leningrader Ermitage. Das Galeriegebäude wurde 1756 von Friedrich II. als Exerziersaal für seine Garde benutzt.[358] Es diente später Ausstellungszwecken, bis es 1890 dem Neubau der Kunstakademie zum Opfer fiel.

Es versteht sich, daß Heinecken für Brühl eine exquisite Sammlung von Zeichnungen und Stichen angelegt hat. Die letzteren, deren Zahl ein Verkaufskatalog mit 31 569 angibt, füllten 300 große und 800 kleine Bände; das Nachlaßverzeichnis schätzt ihren Wert mit 16 800 Talern.[359] Die 1076 Zeichnungen füllten 14 kostbar ausgestattete Klebebände.[360]

Eine Auswahl von 40 Zeichnungen stach Matthias Oesterreich für einen ›Recueil de quelques desseins‹, der bereits 1752 erschien.[361] Obwohl Oesterreich durchaus versucht hat, den Charakter der Zeichnung mit den Mitteln des Kupferstichs wiederzugeben, wirken die Tafeln unbeholfen.

Matthias Oesterreich: Stich nach einer Zeichnung von Tizian aus Brühls Sammlung. In: Recueil de quelques desseins … du Cabinet … Brühl (1752)
Heinecken hat für Brühl eine erlesene Sammlung von Zeichnungen und Kupferstichen zusammengetragen, die ebenso wie die Gemälde von Katharina II. erworben wurde und heute zum Bestand der Ermitage in Leningrad gehört. Die etwa 1 000 Handzeichnungen waren in 14 Klebebänden gesammelt. Eine Auswahl von 40 Blättern stach Matthias Oesterreich für einen »Recueil«, der bereits 1752 erschien. Tizians Putto ist eine der wenigen Zeichnungen italienischer Meister der Renaissance, die Brühl besaß.

Eine sachliche Gliederung ist nicht zu erkennen. Daß Karikaturen nach Ghezzi und Internari untergemischt wurden, macht einen etwas peinlichen Eindruck. Bei den Zeichnern überwiegen Franzosen und Holländer des 17. Jahrhunderts, doch finden sich auch einzelne hervorragende Zeichnungen italienischer Meister (Tizian, Palma, Veronese). Die Blätter, meist in Paris und Amsterdam, auch in Italien erworben, gelangten ebenso wie die Gemälde 1768 in den Besitz der Zarin Katharina II. und werden heute in der Ermitage zu Leningrad aufbewahrt. Eine Auswahl von ihnen war 1972 im Albertinum zu sehen.[362]

Im Brühlschen Garten befand sich zwischen dem Palais und der Galerie, mit beiden durch Gänge von Lattenwerk verbunden, das Bibliotheksgebäude. Nach der Erwerbung des Geländes hatte Knöffel 1747/48 ein älteres Gebäude umgebaut, nach 1750 ein Obergeschoß aufgesetzt. Den Plan zur Anlage einer großen Büchersammlung, die sich mit der königlichen Bibliothek und der des Grafen Bünau messen konnte, hat Brühl wohl erst spät gefaßt. Nach seiner Ankunft in Nöthnitz berichtet Winckelmann im September 1748: »Der Minister Graf Brühl leget itzo eine kostbare und weitläuftige Bibliothec an«.[363] Diese Bibliothek übertraf alsbald die Bünausche an Menge, nicht aber an Qualität. Der gedruckte Katalog, von dem 1750–56 vier Bände erschienen, sollte den berühmten Katalog der Bünauschen Bibliothek in der prachtvollen Ausstattung noch überbieten, wenn er ihm schon in der Substanz nicht nahekam.

Brühls Bibliothek war benutzbar; allerdings empörte sich Winckelmann später darüber, daß ihm die Herausgabe eines Buches verweigert worden sei.[364] Als Bibliothekare waren Johann Christoph Rost und Johann George

Müller angestellt.[365] Seit 1752 war Christian Gottlob Heyne als Adjunkt mit kümmerlichem Gehalt an die Bibliothek tätig. Nachdem der große Philologe 1763 Professor in Göttingen geworden war, erinnerte er sich in einem Brief an Winckelmann der »Bekanntschaft und Freundschaft, mit der Sie mich beehrten, als ich auf der Brühlischen Bibliothek war, wo Sie mich unter der Geisel der beyden Söhne der Ate sahen, Rostens und Müllers«.[366]

Die Bibliothek überstand das preußische Bombardement von 1760 mit einigen Verlusten und wurde 1765 sogar noch einmal zugänglich gemacht.[367] Wenig später kaufte sie der Dresdener Hof für 50 000 Taler, um sie ebenso wie die für 40 000 Taler erworbene Bünausche Bibliothek mit der Kurfürstlichen zu vereinen.[368]

Das Bibliotheksgebäude auf der Brühlschen Terrasse wurde später von der Kunstakademie genutzt. Auf seinem Grundriß errichtete Gustav Frölich 1897 den zierlichen Bau der Sekundogenitur.

* * *

DIE DRESDENER SAMMLUNGEN IM SIEBENJÄHRIGEN KRIEG. »Wie wird die Bevölkerung überall gequält, besonders das arme Sachsen. Von allen Seiten wird das Land ausgesaugt«.[369] So hat es der Verursacher dieser Leiden, König Friedrich II. von Preußen, in einem vertraulichen Gespräch selbst bekannt. Wenige Ereignisse haben die Geschichte Sachsens so nachhaltig bestimmt wie der Siebenjährige Krieg.[370] Er brachte nicht nur Zerstörung, Plünderung und Stagnation, sondern mit dem Ende der sächsisch-polnischen Union auch das Ende sächsischer Großmachtsträume. Fortan war der Kurstaat von seinen südlichen und nördlichen Nachbarn abhängig.

Diese Entwicklung hatte sich bereits abgezeichnet, als Sachsen 1740 die Eroberung Schlesiens durch Friedrich II. hinnehmen mußte. Im zweiten Schlesischen Krieg war das Land schon selbst Kriegsschauplatz und durfte 1745 im Frieden von Dresden dem wiederum siegreichen Preußenkönig den Besitz Schlesiens bestätigen. Nach der Schlacht bei Kesselsdorf hatte Friedrich II. zuvor noch die Meißner Porzellanmanufaktur ausgeraubt: In 52 Kisten ließ er Service, Aufsätze und Figuren im Wert von 43 679 Talern nach Berlin schaffen.[371] Dieser Diebstahl königlichen Besitzes kündigte an, was im Falle einer preußischen Besetzung zu erwarten war.

Am 29. August 1756 überschritt ein preußisches Invasionsheer die sächsische Grenze und rückte, ohne Widerstand zu finden, rasch gegen Dresden vor.[372] Die sächsische Armee, schlecht ausgerüstet und von dem Einfall überrascht, zog sich auf die Ebenheit am Lilienstein zurück und mußte nach wenigen Wochen kapitulieren. Der König und Brühl hatten auf dem Königstein Zuflucht gefunden; sie durften nach Warschau abziehen. In Dresden blieb die Königin Maria Josepha zurück. Friedrich besetzte Dresden am 9. September und nahm im Moszinska-Palais Quartier.

Die Bevölkerung hatte unter der Besetzung schwer zu leiden, aber auch die königliche Familie blieb nicht verschont. Über die Situation im Zwinger berichtet Gottfried Heinrich Duckewitz, Inspektor der Kunstkammer: »Den 17. Novbr. 1756 verlangte der König von Preußen durch den General

Willich die Kunst-Cammer zu sehen, um einen Exercier-Platz vor seine Leib-Guarde daraus zu machen, solches wendete ich dadurch ab, daß ich geschwinde einige große Steine des Fußbodens aufbrechen ließ – und da auch, von der Näße, Kalk von den Wänden herab gefallen war, solches dem General Willich zeigte und sagte, daß es hier alles baufällig wäre. Auf eben die Art wendete ich es auch vom Marmor-Salon ab, der über die Kunst-Cammer ist; daß auch benandter General sagte: ›Hier ist man ja seines Lebens nicht sicher!‹«.[373] Zum »Exercierplatz« bestimmte Friedrich darauf die Brühlsche Gemäldegalerie; die dort und im Brühlschen Palais, das als Lazarett benutzt wurde, aufbewahrten Gemälde kamen 1757 ins königliche Galeriegebäude.[374] Duckewitz fährt fort: »1757 und 1758 wurde das Stehlen und Rauben der Preußen, sonderlich bei der Leib-Guarde des Königs so arg, daß sie alles Bley von den Fenstern der Kunst-Cammer und alles Metall, Kupfer und Meßing, von den Fontainen im Zwinger raubten, die Bürger-Wache so im Zwinger gestellet war, das Gewehr wegrißen und wegprügelten, ob ich gleich von dem Gouverneur Graf Schmettauen ... das schwerste Verboth gegeben hatte. So oft ich bey den Commandirenden Officiers klagte über dergleichen Raubereyen so erhielte allemahl die Antwort: ich sollte den Thäter angeben. Dieses that ich auf folgende Arth: Ich ließ die Treppen und hölzernen Stacketen so zum Baade und Uhren-Gewölbe führten, worüber sie steigen musten, mit vielen Wagenschmir und Theer bestreichen und meldete solches den Commandirenden Officiers: Welche von ihren Leuten die Montur damit würden besudelt haben, solches wären die Raub-Vögel. Hierauf wurden sie bald entdecket und militärisch abgestraffet, da hörte das Stehlen ziemlich auf.«

Weit gefährlicher als diese Diebereien waren die Gelüste des Gouverneurs: »Da ich gleich anfangs dieses Krieges die besten Kunstsachen an Gold und Silber und anderen pretiosis verstecket hatte und die übrigen großen Kunst-Stücke nebst den alten Uhren stehen laßen, so fragte der Preußische Staatsminister von Borck sowohl als der General von Schmettau welche öfters die Kunst-Cammer besuchten und die Sachen genau betrachteten, ob denn dieses alles von Gold und Silber wäre ? welches ich ihnen aber negirte und zeigte, daß es nur Kupfer oder Messing und vergoldet sey, denn ich hatte es schon vernommen, daß sie große Lust hätten ein paar Fuder davon wegzuschaffen, welches aber dadurch abgewendet wurde«.

Die Königin Maria Josepha stellte sich preußischen Offizieren, die ihr die Schlüssel zum Geheimen Archiv abforderten, mutig in den Weg und mußte mit Gewalt abgedrängt werden. Sie verwahrte auch die Schlüssel zur Gemäldegalerie, die Friedrich II., allein und mit Gefolge, mehrfach besichtigte.[375] Geschwächt von Gram und Erregung starb sie im November 1757, als der Preußenkönig zur Feier seines Sieges bei Roßbach vor ihrem Fenster Kanonen abfeuern ließ.

Im März 1757 hatte der Oberhofmeister der Königin Freiherr von Wessenburg vergeblich um eine Audienz bei Friedrich II. ersucht.[376] In einem (französisch geschriebenen) Brief an den kommandierenden General von Wobersnow bat er um Schonung des Großen Gartens: »Es ist Ihnen nicht entgangen, mein Herr, daß man schon damit begonnen hat, die Mauer um den Großen Garten abzutragen. Dieser Lustort ist angefüllt mit antiken und modernen Statuen, bedeutenden Kunstwerken. Seiner Majestät, die Künste und Wissenschaften beschützt, sollte ihre Erhaltung am Herzen liegen. Einige sind bereits beschädigt, und es ist nötig, einen größeren Schaden zu verhüten. Es befinden sich dort Bauwerke, schätzbar durch ihre Architektur, nicht zu reden von der Schönheit der Alleen und anderer Zierden, die diesen königlichen Garten berühmt gemacht haben«. In seinem Antwortbrief betont Wobersnow zwar, der Königs wünsche nichts weniger als die Zerstörung des Großen Gartens und seines Schmucks, aber die »raisons du guerre« erforderten eben den Abriß der Parkmauer.

Im folgenden Jahr rückte der österreichische Generalfeldmarschall Graf Daun mit einer starken Armee auf Dresden vor. Nach einer fast einjährigen Belagerung kapitulierte Schmettau am 4. September 1759, nachdem er noch die Vorstädte in Asche gelegt hatte. Das Elend der Obdachlosen rührte sogar Daun zu Tränen. Aber noch waren die Schrecken des Krieges nicht vorüber. Die wertvollsten Gemälde wurden, zusammen mit sieben Kisten des Münzkabinetts, unverzüglich auf den Königstein gebracht.[377] Die Tagebuchnotizen des Inspektors Riedel sind zwar verloren, erhalten aber blieben seine Berichte an die Kurprinzessin Maria Antonia, die nach dem Tode der Königin die Verantwortung für die Sammlungen übernommen hatte, vom Juni und August 1760.[378] »Es sind zwar«, schreibt Riedel, »die königlichen besten Schildereyen, da sie auf der Vestung Königstein befindlich, vor Feuer und sonst gesichert, jedoch kann Ew. Königl. Hoheit meiner unterthänigsten Pflicht gemäß, unangezeiget nicht laßen, wie ich dabey wiederum einen anderweitigen Schaden besorge«. Die Kisten des ersten

Festung Königstein. Luftbild mit Bielatal
Nach dem Abzug der preußischen Besatzung aus Dresden im September 1759 wurden die wertvollsten Gemälde, zusammen mit sieben Münzkisten, auf die Festung Königstein gebracht. In den Gewölben der Festung waren die Bilder zwar sicher vor Beschuß und Feuer, aber Feuchtigkeit oder Sonneneinstrahlung ausgesetzt. Erst im Frühjahr 1763 konnten die Gemälde in das inzwischen instandgesetzte Galeriegebäude zurückkehren.

Transports standen unausgepackt im Johannis-Saal und waren der Sonneneinstrahlung ausgesetzt; einige Bilder warfen bereits Blasen. »In dem Pulver-Thurm hingegen, als in dem andern Behältniße, fangen verschiedene Stücke an moderigt zu werden«. Besonders gefährdet waren große Bilder, die man aus den Rahmen gelöst hatte und »auf Rollen« aufbewahrte.

Bereits im Juni 1760 befahl August III. durch Brühl den Rücktransport der Bilder. Da jedoch die preußische Belagerungsarmee bereits im Anmarsch war, blieben die Kisten zunächst auf dem Königstein, und der erste Transport vom September wurde im Oktober wieder zurückgebracht.[379]

Dresden wurde beschossen. Duckewitz berichtet: »Als aber 1760 medio Julij die Preußen Dresden unvermutet berenneten und beschoßen und den 19. und 20sten heftig bombardirten und halb verbrannten, so packte ich vorhero meine besten Sachen wieder ein und verwahrte solche bestmöglichst«.[380]

Am ärgsten traf es den Großen Garten: »Die steinern Statuen auf den Haupt-Alléen sind meistentheils ruinirt und ... umgeworfen worden«.[381] Die Pavillons und auch das Palais selbst wurden geplündert und demoliert. In ganz Europa sorgte man sich um die Antiken; es gingen Gerüchte, sie seien zerstört.[382] Doch im August 1760 konnte Heinecken nach Warschau berichten: »Es ist ein großes Glück, daß bei den Umständen, da es so bunt im Großen Garten zugegangen, dennoch die Antiquen conserviret worden und unbeschädiget geblieben; ein preußischer General hat noch so viel Liebe für die Künste gehabt, daß er eine Salve Garde auf inständigstes Ansuchen des Concierge vor das Haus gegeben«.[383]

Nach zwei Wochen mußte Friedrich die Belagerung abbrechen, weil Daun mit einem starken Heer der Besatzung zu Hilfe gekommen war. Da man in Dresden weitere preußische Angriffe befürchtete, wurden nunmehr die Antiken aus dem Großen Garten in die »Zeug-Kellereÿ«, also in die Kellergewölbe des Zeughauses gebracht.[384]

»In Dresden war ein unbeschreibliches Elend«[385]. Nicht weniger als 400 Wohnhäuser lagen in Trümmern, allein im Galeriegebäude beliefen sich die Schäden »an zerschoßenen Dächern, Mauerwerk, Fenstern, Dekken und dergl.« auf 4000 Taler.[386] Auch der Zwinger hatte gelitten; wie Duckewitz berichtet, waren »10 Kugeln ... in die Kunst-Cammer geschossen worden ..., welche ich noch alle zeigen kann«. »Da auch wehrender Belagerung das Stehlen und Rauben der Österreicher ärger als bey den Preußen überhand nahm und ich ... keine Bürgerwache mehr bekommen konnte, so habe ich so viel Mannschafft aufgetrieben als zur Beschützung des gantzen Zwingers nöthig waren (denn die andern Herren waren alle davon gezogen) und bezahlte solche vor mein Geld. Dadurch errettete alle die Gallerien im Zwinger vor Brand und Raub, wie ich denn in vier Tagen weder Tag noch Nacht vom Platz gekommen bin«.[387]

Als im Februar 1763 im Jagdschloß Hubertusburg, das Friedrich II. zuvor systematisch ausgeraubt hatte, endlich Frieden geschlossen wurde, war Sachsens Kraft für viele Jahre gebrochen. Das Land hatte zwei Drittel der preußischen Kriegskosten getragen, insgesamt 48 Millionen Taler verloren.[388] August III. und Brühl kehrten nach Dresden zurück, beide starben bereits im Oktober. Mit ihnen sank eine Epoche ins Grab.

DIE DRESDENER SAMMLUNGEN IM ZEITALTER DER AUFKLÄRUNG, DES KLASSIZISMUS UND DER ROMANTIK

1763–1794

DAS »RÉTABLISSEMENT« IN SACHSEN UND DER NEUAUFBAU DER DRESDENER SAMMLUNGEN. Verlauf und Ergebnis des Siebenjährigen Krieges erwiesen eine Reform des sächsischen Staates, seiner Wirtschaft und Verwaltung, seiner inneren und äußeren Politik als unausweichlich.[389] Verantwortungsbewußte Beamte und weitblikkende Staatsmänner hatten sie seit langem gefordert und bei dem Kurprinzen Friedrich Christian und seiner ebenso klugen wie musisch gebildeten Gemahlin Maria Amalia Gehör gefunden. Als nun das Kurprinzenpaar 1762 nach Dresden zurückkehrte und in Abwesenheit des Königs und Brühls eine Art Regentschaft übernahm, wurde zunächst eine »Restaurationskommission« eingesetzt, an deren Spitze Thomas Freiherr von Fritsch (1700–1775) stand.[390]

Der Sohn eines Leipziger Buchhändlers war nach juristischen Studien in den sächsischen Staatsdienst getreten. Als hervorragenden Kenner des Münzwesens hatte ihn August der Starke 1727 zum Inspektor der Münzkabinetts ernannt (s. oben S. 75), später war er in der Landesregierung und im Geheimen Consilium tätig, bis er 1741 auf Brühls Betreiben aus dem Staatsdienst ausschied. Mit dem Grafen Heinrich von Bünau, einem der gewichtigsten Kritiker des Brühlschen Regimes, war er eng verbunden; wie Bünau trat er 1742 als Reichshofrat in kaiserliche Dienste, und als Bünau 1751 sein Statthalteramt in Eisenach antrat, wurde Fritschs Sohn Jakob Friedrich, der spätere weimarische Minister, sein Sekretär.[391]

Als Friedrich Christian im Oktober 1763 die Regierung Sachsens übernahm, hatte die Restaurationskommission bereits Richtlinien für die Wiederherstellung, das »Rétablissement« des Staatswesens erarbeitet. Der Reformprozeß wurde sogleich eingeleitet und auch nach dem frühen Tode des Kurfürsten unter der Administration des Prinzen Xaver, nach 1768 dann unter dem jungen Kurfürsten Friedrich August III. kontinuierlich fortgesetzt.

Bei der Neuordnung der Verwaltung, des Militär- und Finanzwesens knüpfte Fritsch bewußt an die Zeit vor 1733 an – denn, so betonte er, »Sachsen war die letzten 10 Jahre der Regierung Augusti II. in dem besten Zustande, in welchem es jemahls gewesen, und dieses großes Königs ohnermüdete Arbeit ginge dahin, es noch immer weiter zu bringen«.[392] Nicht nur die Folgen des Krieges, sondern auch die der langen Mißwirtschaft Brühls mußten überwunden werden; so sah es der französische Staatssekretär Graf Choiseul, und ein Gesandter meinte damals, Brühl habe Sachsen nicht weniger geschadet als Friedrich II.

Im Mittelpunkt der Reform stand die Tilgung der Staatsschulden. Bereits 1756 waren sie so angewachsen, daß die Hälfte der jährlichen Steuereinnahmen zur Zinszahlung verwendet werden mußte. Zu diesen mehr als 40 Millionen alter Schulden war nun das Zehnfache an Kriegskosten gekommen. Um die dringendsten Zahlungen leisten zu können, wurden Juwelen des Grünen Gewölbes in Holland verpfändet (s. unten S. 141).

Mit dem Tode Augusts III. endete die sächsisch-polnische Union und damit das sächsische Großmachtstreben. Das bedingte eine neue Orientierung der Außenpolitik. Hatte Prinz Xaver zunächst noch eine Heeresreform eingeleitet, um Sachsen militärisch zu stärken, so setzte sich bald die

Erkenntnis durch, daß kostspielige Rüstungen und aufwendige Diplomatie sich überlebt hatten, daß es jetzt vielmehr um eine dauerhafte Verständigung mit Preußen und um die Stärkung der Wirtschaft gehen mußte.

Im Einklang mit den Tendenzen der Aufklärung wurden Arbeit und Leistung, Wissen und Vernunft als Werte betont. Damit setzten sich bürgerliche Interessen durch. Aus Handels- und Unternehmerkreisen kamen nun die geschulten Verwaltungsbeamten. Ebenso wie Brühl als Typus des gewissenlosen Fürstengünstlings wurde das Amt des Premierministers, wurden Ämterhäufung und Machtkumulation abgelehnt. Der Regent selbst war dem Staatswohl verpflichtet, die Regierungsgeschäfte führte ein Ministerkollegium. Ein neuer Begriff des Staates und des Staatsbürgers sollte das alte Verhältnis vom Landesherrn zum Untertanen überwinden.

Neue Behörden mußten geschaffen werden. Schon 1764 entstand die »Landesökonomie-, Manufaktur- und Kommerzien-Deputation« als beratendes, aber einflußreiches Gremium. Die Verwaltung der Staatsfinanzen wurde 1782 im Geheimen Finanzkollegium zusammengefaßt. Es versteht sich, daß sowohl das elementare als auch das höhere Schulwesen an Bedeutung gewann; die überlieferten Bildungseinrichtungen wurden ausgebaut, mit der Kunstakademie (1764) und der Freiberger Bergakademie (1765) entstanden neue, zukunftsträchtige Institute.

Obwohl aus einer konkreten historischen Situation erwachsen, blieben viele dieser Einrichtungen bis weit ins 19. Jahrhundert bestimmend und haben weit über die Grenzen Sachsens hinaus gewirkt. Nach einem Jahrzehnt konsequenter Sparpolitik wies der sächsische Staatshaushalt 1774 erstmals wieder einen Überschuß auf (380 000 Taler), der in den nächsten Jahren noch gesteigert wurde. Das sächsische Modell der Haushaltsanierung hatte sich so hervorragend bewährt, daß es 1786 von England übernommen wurde.

Die Dresdener Kunstsammlungen waren in den Umwandlungsprozeß einbezogen und gewannen eine neue Bedeutung. An kostspielige Erwerbungen war nicht mehr zu denken. Aber die augusteische Zeit hatte ein so reiches Erbe hinterlassen, daß man lange von ihm zehren konnte. Leider wurden 1765 und 1796 viele spätbarocke Gemälde verkauft, nachdem schon 1756 eine große Sammlung altdeutscher Malerei abgegeben worden war. Aus dem Nachlaß des Grafen Brühl wurden zwar nicht die Gemälde, Zeichnungen und Stiche erworben, wohl aber 1768, neben einigen Skulpturen und Instrumenten, die Bibliothek; zusammen mit der bereits 1765 gekauften Bibliothek des Grafen Bünau bedeuteten die 62 000 Bände (8000 waren im Krieg verloren gegangen) eine erhebliche Bereicherung. Johann Michael Francke, langjähriger Bibliothekar des Grafen Bünau, übernahm die gigantische Aufgabe, die Neuerwerbungen einzugliedern, Lücken zu füllen oder aus den drei Bibliotheken das beste Exemplar auszuwählen, die ausgeschiedenen Doubletten in einem Auktionskatalog zu verzeichnen.[393] Bis zuletzt hatte er sich für die Einheit und Selbständigkeit der Bünauschen Bibliothek eingesetzt. Der Gesamterlös der erst 1781 abgeschlossenen Auktionen betrug 29 347 Taler.[394]. Die Summe wurde teilweise zum Kauf neuer Bücher, überwiegend aber zum Ausbau des Japanischen Palais verwendet (s. unten S. 147).

Bereits vor dem Kauf der Bünauschen Bibliothek hatte Christian Friedrich Exner in Erwartung des Zuwachses im Oktober 1764 Pläne zum Umbau der Bibliothekspavillons geliefert.[395] Der Mittelpavillon wurde durch eine Galerie mit 12 Schränken erweitert, im unteren Raumabschnitt kamen 13 Schränke dazu. In den Seitenpavillons wurde auf Wunsch des Oberkammerherrn Graf Bose auf Galerien verzichtet, um die Deckenbilder nicht zu beeinträchtigen; man beschränkte sich auf eine Erweiterung der vorhandenen Schränke durch Untersätze. Die bescheidenen Maßnahmen konnten weder hinreichenden Platz schaffen noch den Verfall der Zwingerpavillons aufhalten. Schon 15 Jahre später waren sie so baufällig, daß ihre Räumung nicht mehr verzögert werden konnte.

Nach dem Tode Brühls wurde das Amt des Oberkammerherren wieder eingeführt; als erster übernahm es Friedrich Carl Graf von Bose.[396] Heinekken hatte sich zu eng mit Brühl verbunden, als daß er seine Ämter hätte behalten können. Zusammen mit den beiden anderen Privatsekretären des Premierministers wurde er gleich nach dessen Tod verhaftet.[397] Man warf ihnen vor, an den Finanzmanipulationen Brühls, vor allem an der Ausgabe

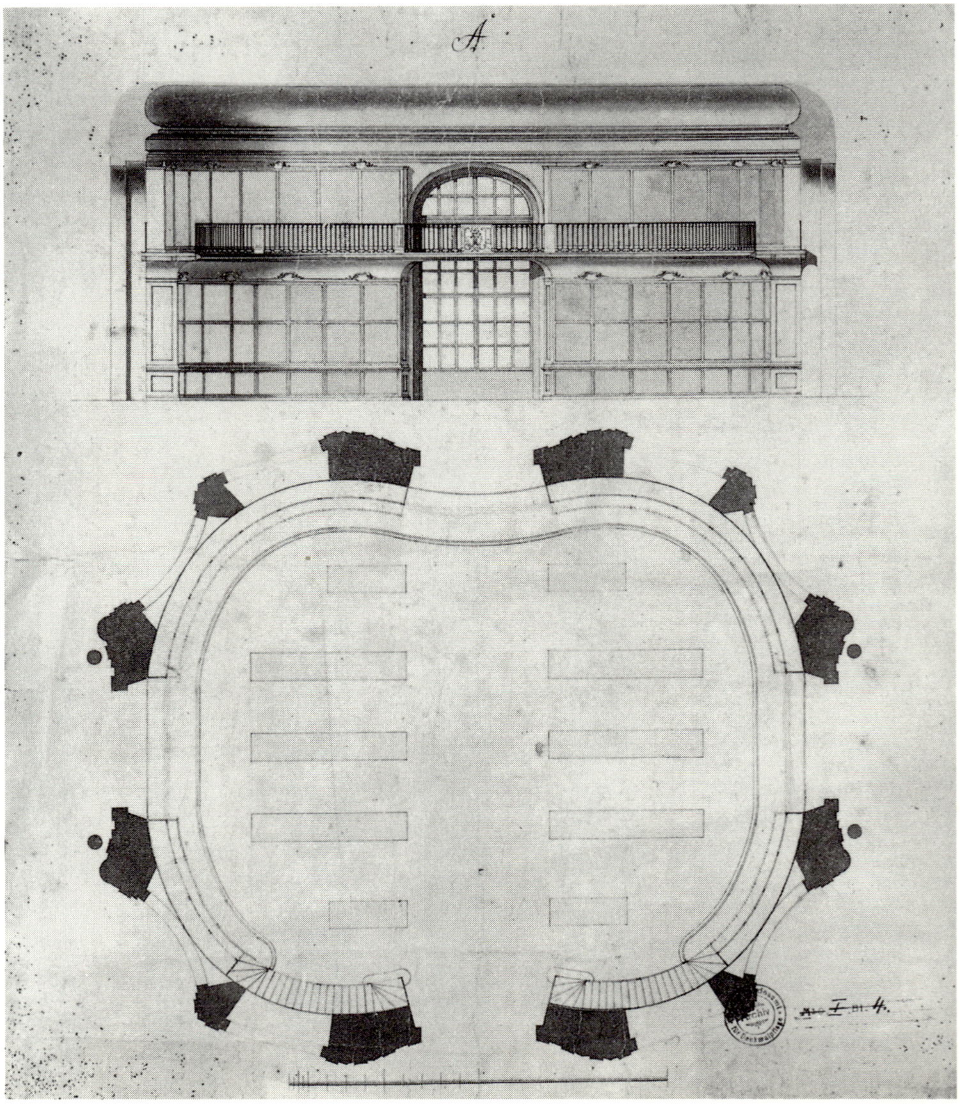

Christian Friedrich Exner: Grund- und Aufriß des heutigen Glockenspielpavillons, 1764. Institut für Denkmalpflege Dresden, Planarchiv
Der Pavillon über dem stadtseitigen Eingang zum Zwingerhof nahm 1728 die Sammlung der mathematischen und physikalischen Instrumente auf, erst nach deren Übersiedlung in den oberen Saal des Nordwestpavillons wurde er zur Bibliothek gezogen. Um Platz für die Erwerbungen aus den Bünauschen und Brühlschen Bibliotheken zu gewinnen, ließ Exner 1764 eine Galerie einziehen. Nach dem Umzug der Bibliothek in das Japanische Palais 1786 wurde der Pavillon zeitweillig als Magazin, später als Hörsaal genutzt.

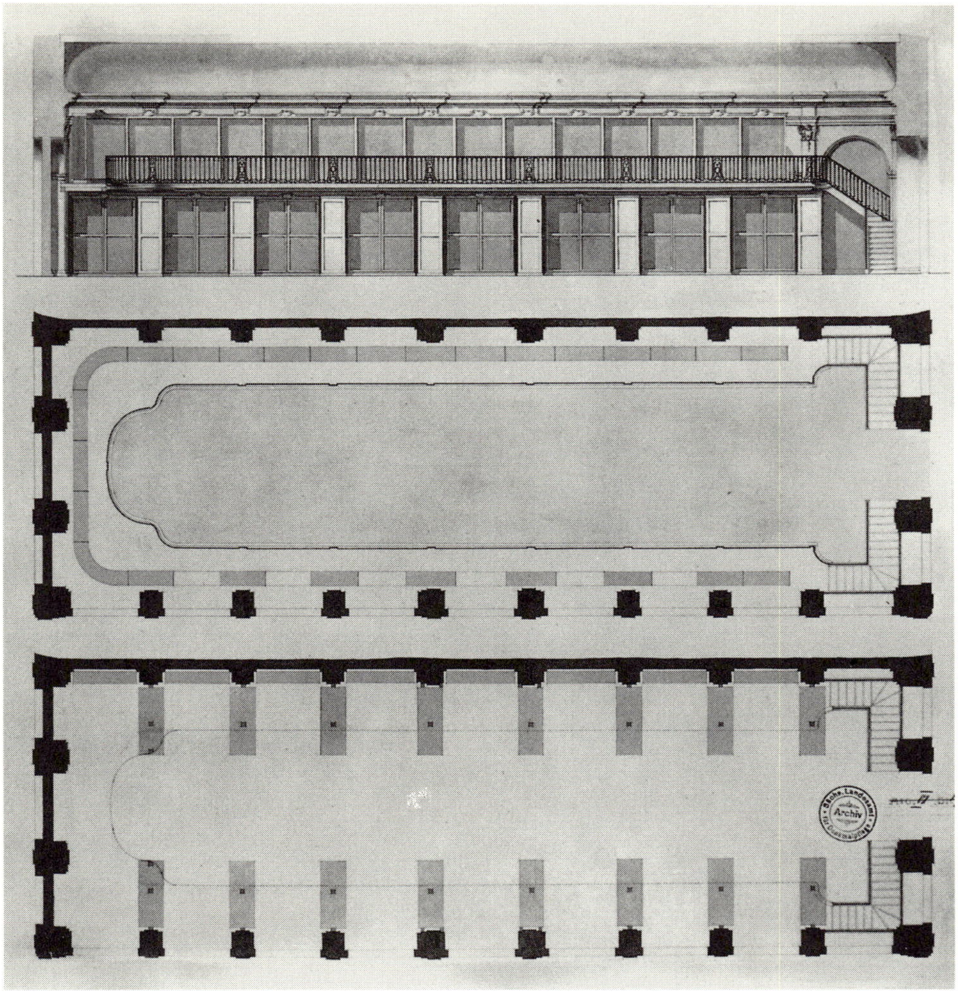

Entwurf zum Umbau des heutigen Deutschen Pavillons, 1764. Institut für Denkmalpflege, Planarchiv
Die Anlage umlaufender Galerien entsprechend dem Mittelpaviollon wurde auch für die großen Bibliothekssäle erwogen. Auf Wunsch des Oberkammerherrn Graf Bose verzichtete man jedoch darauf, einmal um Kosten zu sparen, zum andern aber auch, um die kostbare Dekoration nicht zu beeinträchtigen. Stattdessen wurden die vorhandenen Schränke vergrößert.

ungedeckter Steuerscheine beteiligt gewesen zu sein. Heinecken sollte überdies Gemälde aus Galeriebesitz mit persönlicher Gewinnspanne verkauft haben. In zahlreichen Verteidigungsschriften hat er alle Schuld bestritten. Er wurde zwar nicht verurteilt, aber auf Lebzeiten aus Dresden verbannt. Er lebte bis zu seinem Tode 1791 auf Schloß Altdöbern, arbeitete am Künstlerlexikon und anderen kunsthistorischen Schriften. Seine wissenschaftlichen Leistungen und seine Verdienste um die Dresdener Sammlungen wurden immer anerkannt. Seine rücksichtslose Geschäftstüchtigkeit und sein herrschsüchtiges Auftreten, seine literarischen Ausfälle gegen Winckelmann waren jedoch nicht dazu angetan, ihm Sympathien zu erwerben.

Bibliothek und Sammlungen blieben insgesamt dem Oberkammerherrn unterstellt. Um aber eine direkte Verbindung der eben gegründeten Kunstakademie mit den Kunstsammlungen zu sichern, wünschte man ihre gemeinsame Direktion einem Kunstkenner zu übertragen. Die Wahl fiel auf Christian Ludwig von Hagedorn (1712–1780).[398] Als junger Diplomat hatte Hagedorn 1740 den Grafen Bünau nach Mainz begleitet und später Missionen in Frankfurt und Breslau übernommen. Seit 1752 lebte er in Dresden und widmete sich ganz seinen Kunststudien. Gleichzeitig mit Winckelmanns ›Gedanken über die Nachahmung der griechischen Werke

Johann Friedrich Bause: Porträt Christian Ludwig von Hagedorn, 1774, nach einem Gemälde von Anton Graff, 1772. Staatliche Kunstsammlungen Dresden, Kupferstichkabinett

Christian Ludwig von Hagedorn (1712–1780), Diplomat, Kunstsammler und Kunstschriftsteller, hatte sich 1752 in Dresden niedergelassen. Er veröffentlichte 1762 die »Betrachtungen über die Malerei« und wurde 1763 zum Generaldirektor der neu gegründeten Kunstakademie berufen. Zugleich waren ihm die drei eigentlichen Kunstsammlungen (Gemäldegalerie, Kupferstichkabinett, Antikensammlung) zugeordnet, die aber nach wie vor dem Oberkammerherrn unterstanden. So blieb Hagedorns Wirksamkeit für die Museen begrenzt.

in der Malerei und Bildhauerkunst‹ erschien 1755 Hagedorns ›Lettre à un amateur de la peinture‹, 1762 folgten die ›Betrachtungen über die Mahlerey‹, der erste Versuch einer systematischen Kunsttheorie in deutscher Sprache. Während der preußischen Belagerung 1760 organisierte er Hilfsaktionen für Bedürftige.[399]

Schon Friedrich Christian hatte die Anstellung Hagedorns geplant. Nach dem Tode des Kurfürsten ernannte ihn Prinz Xaver im März 1764 zum »Directore derer Künste und Kunst-Academien, auch Ober-Aufseher derer dahin gehörigen Cabinets als der Bilder-Galerie, der Sammlung derer Antiquen Statuen und des Kupferstich-Cabinets, dergestalt ..., daß in denen eigentlich zur Beförderung der Künste, Academie und Zeichen-Schule, gehörigen Sachen, Ihro Königl. Hoheit Befehle er unmittelbar zu empfangen habe, dahingegen, so viel obbenannte Cabinets anbelangend, ihm solche durch den jedesmaligen Ober-Cammer-Herrn, unter welchem sämtliche Galerien der Wißenschaften und Künste stehen, ebenfalls zu kommen«.[400]

Hagedorn vertrat zwar klassizistische Tendenzen, lehnte aber die Forderung einer Nachahmung antiker Kunst ab: »Die Quellen des Schönen bleiben geschärften Sinnen allemal offen. Die alten Bildkünstler und Steinschneider haben daraus geschöpfet: aber wir sind durch die vollkommensten Vorbilder, die sie uns hinterlassen haben, niemals von diesen Quellen abberufen worden.«[401] Hagedorn schätzte auch die altdeutsche und niederländische Kunst. Sogleich nach seiner Berufung schlug er vor, Denkmäler alter deutscher Kultur zu sammeln und die Amtleute anzuweisen, diesbezügliche Funde an die Antikensammlung zu schicken.[402]

Im Hof- und Staatskalender von 1765, der ersten Ausgabe nach dem Krieg, ist die neue Rangordnung der Kunstsammlungen schon durch die Reihenfolge betont; er verzeichnet Hagedorn als »Ober-Director der drey Gallerien; 1. der antiquen und modernen Statuen, 2. der Kupferstiche und Hand-Zeichnungen, und 3. der Gemählde«. Als »Gallerien« sind die Kunstsammlungen nunmehr von den »Curiositäten-Cabinetern«, den naturkundlichen und historischen Sammlungskomplexen, deutlich abgesetzt.

Nach dem frühen Ausscheiden Johann Cronawetters, über dessen Person und Tätigkeit fast nichts bekannt ist, wurde 1763 der seit 1755 als »Expectant« genannte Johann Friedrich Wacker (1730–1795) zum Inspektor der Skulpturensammlung und des Münzkabinetts ernannt.[403] Der Gemäldegalerie stand seit 1755 Johann Anton Riedel (1732 bis 1815) vor (s. oben S. 122), dem Kupferstichkabinett Christoph Friedrich Wenzel.[404] Es scheint so, als hätte Hagedorn sich in die internen Belange der ihm unterstellten Sammlungen kaum eingemischt. Jedenfalls hat Graf Vitzthum von Eckstädt, Oberkammerherr seit 1768, alle Probleme der Renovierung und Aufstellung mit den Inspektoren direkt verhandelt, ohne Hagedorn auch nur zu erwähnen.

In der Gemäldegalerie war bereits 1761 mit der Reparatur von Fenstern und Fußböden begonnen worden; die in der Galerie verbliebenen Rahmen wurden 1762 restauriert.[405] Nach der Rückführung vom Königstein im Frühjahr 1763 waren die kostbarsten Gemälde gerahmt und gehängt worden, so daß die Galerie bereits 1763 wieder besichtigt werden konnte. Auch die Antiken waren schon 1763 wieder zugänglich; Wacker hatte sie in vier Pavillons des Großen Gartens aufstellen lassen.[406] Diese Aufstellung war ein Provisorium, und schon 1764 bat Wacker um Reperaturen, da nicht nur alle Dächer defekt, sondern auch die Fenster »in allen Pavillons zerbrochen seien.«[407]

Nachdem Prinz Xaver, verärgert über die Widerstände gegen seine Militärpolitik, die Regentschaft 1768 vorzeitig niedergelegt hatte, übernahm der achtzehnjährige Friedrich August III. die Regierung. Zum Oberkammerherrn wurde Ludwig Siegfried Graf Vitzthum von Eckstädt (1716–1777) berufen.[408] Vitzthum war ein Diplomat von hoher Bildung und großer Erfahrung; er hatte Sachsen als Gesandter in Paris (1755–57) und Wien (1765–68) vertreten. Am Neuaufbau der Dresdener Sammlungen nahm er regen persönlichen Anteil. Dabei erwies er sich als Vertreter aufklärerischen Denkens und klassizistischer Kunstauffassung. Er schätzte Gottlob August Hölzer, einen frühen Vertreter klassizistischer Baukunst in Dresden, der für ihn ein Palais einrichtete.

Anton Graff: Porträt Graf Vitzthum von Eckstädt. Nach: Rudolf Graf Vitzthum von Eckstädt, Beiträge zu einer Vitzthumschen Familiengeschichte (1935) Tafel 31.
Als Nachfolger des Grafen Bose 1768 zum Oberkammerherrn berufen, leitete Ludwig Siegfried Graf Vitzthum von Eckstädt (1716–1777) eine Reorganisation der Dresdener Museen ein, die erst unter Marcolini abgeschlossen werden konnte. In einem 1771 vorgetragenen Memorandum berichtete er dem Kurfürsten über Zustand und Geschichte der Sammlungen, zeigte Probleme und Lösungswege. Er vertrat Tendenzen des Klassizismus und förderte den Architekten Gottlob August Hölzer.

Im Mai 1771 berichtete Vitzthum dem Kurfürsten über die Situation der Dresdener Museen. Sein »Unterthänigster Vortrag. Auf was Art die sehr kostbaren, endes Unterschriebenem gnädigst anvertrauten Galerien in eine, jeder Sache gemäße Verzierung gebracht werden könnten« ist eine Quelle von besonderem Wert, weil Vitzthum den Kurfürsten nicht nur über die aktuelle Situation informiert, sondern auch auf die Geschichte der Sammlungen eingeht und Vorschläge zur Lösung der Probleme ausgiebig diskutiert.[409]

Der bauliche Zustand aller museal genutzten Räume hatte sich in den Kriegsjahren und danach dramatisch verschlechtert. Vitzthum beruft sich auf das Urteil der Besucher, die »von der gegründeten Furcht gerühret, den größten Theil dieser Kostbarkeiten, durch den übeln Zustand der an sich selbsten schönen Behältniße, in der Gefahr eines nahen Untergangs zu sehen, ihre Verwunderung und Bedauern bezeigen«. In dieser Situation, meint er, sollte man auf Erwerbungen gänzlich verzichten und die Mittel auf Instandsetzungsarbeiten konzentrieren.

Als erster Sammlungskomplex im Zwinger war das Kupferstichkabinett neu eingerichtet worden: Es »bleibet bey dieser Galerie, nachdem der Geheimde Cammerrath Heinecke die italienische Schule ganz, und die französische mehrenteils mit vieler Einsicht rangiret, nichts übrig, als die Formirung der niederländischen und teutschen Schule«. Die Raumdekoration wurde völlig verändert, die Wandgliederung mit »gemahlten Zierraten nach antiquen Geschmack ornirt«, in den Arcaden hingen Zeichnungen in braungoldenen Rahmen auf grünem Grund, und »in den Zwischen-Raum zweyer Bogen die Portraits derer vornehmsten Künstler, en Medaillons, mit Festons und Kränzen, nach dem antiquen Gusto, gezieret«. Die Decke des Saales hatte Vitzthum »mit einigen der Bildkunst convenablen Sujets en camaieux mahlen laßen«. Diese zwischen 1768 und 1771 geschaffene Dekoration zeigt eindeutig klassizistisches Gepräge. Als ihren Schöpfer nennt Hasche den »Hof- und Theatralmaler Müller«. Johann Benjamin Müller (1719–1785/89) war ein Schüler des Freskanten Grone und hatte sich auf Wand- und Deckenmalerei spezialisiert.[410]

In der anschließenden Mineraliengalerie war »die alte Einrichtung in Ansehung der Mineralien selbst ... gänzlich geblieben«, aber sowohl Eilenburgs Dekorationsprogramm wie die barocke Ausstattung wurden, nach kaum drei Jahrzehnten, beseitigt oder verändert. Bei der Neugestaltung fordert Vitzthum, daß »das Augenmerk auf die möglichste Oeconomie zu richten ist«. Das bedeutete einen Verzicht auf »Vergoldungen, Bronzen, Schränke von raren Hölzern und besonderen Formen«. Stattdessen dominierten nun die »Mahlereyen«. Vitzthum erläutert sein ikonographisches Programm: »Die Absicht hierbey ist hauptsächlich gewesen, bey der nöthigen Uebermahlung der unansehnlichen weißen Wände, und bey der Veränderung aller unförmlichen Schränke, Piramiden, Tische usw. eine Art von ordentlichen ausgehauenen und etwas verzierten, aber nicht tief gehenden Schachte oder Berg-Gange vorzustellen, bey welchem, um es nicht zu finster und einer Grotte ähnlich zu machen, in denen gewölbten Bögen Öffnungen gelassen worden, wo der Himmel zu sehen ist. Die Colonnen sind als mit Trofi ausgehauen, gemahlt, die Arcaden aber als durchbrochene Felsen, durch welche Perspectiven von Sächsischen Städten und Berg-Orten sich zeigen, angelegt, wobey aber darauf mit gesehen worden, daß über jedem in den Arcaden angebrachten Schranke, diejenige Stadt sich presentiret, wo am meisten dasjenige Mineralis, so in, oder auf gedachtem Schranke verwahret ist, gebrochen oder gefunden wird. Die Schränke selbst sind solcherartig, mit hervorstehenden Feldern von Trofi gemahlt, oberwärts aber werden von jedem Minerali Roccaillen mit Bögen, in welchen Stufen von Ganz- oder Halb-Erzten gelegt, aufgesetzt. Zum Couronnement dieser Roccaillen könnte ein von Holz ausgeschnitzter, und mit der Uniforme jeder Stadt gemahlter, auch das Signum des Metals haltender Bergmann dienen«. Über die geschnitzten Bergmänner soll jedoch der Kurfürst entscheiden.

Da Vitzthum betont, »in ohngefähr 14 Tagen wird die Arbeit vom Mahler und Tischler verhoffentlich geendiget seyn«, wurde die Neugestaltung offensichtlich vollendet. Der Plan, das gesamte Naturalienkabinett nach einem didaktisch-allegorischen Programm aufzustellen und auszumalen, konnte allenfalls teilweise verwirklicht werden. Für die Petrefaktengalerie schlug Vitzthum »Consolen, so auf einem hübschen Grund, und etwa mit allerhand den Petrifakten gemäßen, gemahlten umwunden incrustirten Blättern, Früchten und Ranken« vor, die »in artige Contours oder Cartouchen zu bringen seyn«. Entsprechend sollten »See-Aussichten mit Fischern, Häfen in der Entfernung« die »Fisch-Galerie« schmücken. Für den Vegetabiliensaal waren »allerhand exotische Bäume und Kräuter« vorgesehen, den »ausgestopften Vögeln« sollten »schöne Luft, in- und ausländische Bäume, durchbrochene Berceaux« (= Laubengänge) beigegeben werden. »Grottenartige Mahlereyen mit Echappéen (= Durchblicken) von See-Ansichten« waren für Muschel-, Korallen- und Bernsteinkabinett vorgesehen, »schöne Waldungen, Höhlen« für die Säugetiere, deren Konsolen »von allerhand Arten von Baum-Wurzeln, umgefallenen und anliegenden Bäumen« geformt werden sollten.

Die Kunstkammer hätte Vitzthum am liebsten aufgelöst, um mit ihren »guten Curiosa« Lücken im Grünen Gewölbe zu schließen und »die so schönen und mit vielem Geschmack und Reichthum verfertigten Artefacta nicht versteckt und unbekannt zu laßen«. Das »Silberwerck« hingegen sollte man besser einschmelzen, »da die Formen etwas altväterisch« seien.

Im Grünen Gewölbe waren durch die Verpfändung von Juwelen solche Lücken entstanden, daß »die noch zu frische Erinnerung der ausnehmenden Pracht ... verhinderte, die noch wirklich sehenswürdigen, auch schon wohl arrangirten Kostbarkeiten denen Fremden zeigen zu dürfen«.[411] Vitzthum betont, es »würde, wegen denen Verzierungen und dem gänzlichen Arrangement nichts zu wünschen übrig bleiben« – dies Bekenntnis des Klassizisten wiegt schwer.

Auch in der Gemäldegalerie sieht Vitzthum keine Veranlassung, »an dem gesamten generalen Arrangement der äußeren und inneren Galerie« etwas zu ändern. Nicht zufrieden ist er jedoch mit der dekorativen Hängung der Gemälde. Im Interesse des Unterrichts wünscht er sich eine historische Folge, »eine chronologische Historie der Mahlerey in Gemälden selbsten, nach denen Geburths-Jahren derer Hauptsächlichsten Mahler« aufgereiht.

Die Aufstellung der Antiken in vier getrennten Pavillons des Großen Gartens hatte sich sehr bald als ungenügend erwiesen: »In was vor üblen und bedauernswürdigen Umständen in Ansehung der Conservation, der äusserlichen Anständigkeit und des Zeigens vor die Künstler, die seltenen Alterthümer sich in denen engen und vertheilten Pavillons des großen Gartens befinden, bedarf wohl keiner weitläufigen Vorstellung«. Als schon früher erwogene Möglichkeiten einer würdigen Unterbringung der Antiken nennt Vitzthum die Neubauprojekte, eine Aufstellung im Japanischen Palais und eine Aufstellung im Erdgeschoß des Stallgebäudes. Diese letzte Lösung hatte der verstorbene König bevorzugt (s. oben S. 101); Vitzthum empfiehlt sie noch einmal als »eines der convenablesten Emplacements«, weil Gemälde und Skulpturen so in einem Hause verbunden wären. Die Kombination von Gemälden und Antiken hat das museale Denken noch lange bestimmt; sie findet sich in Schinkels Berliner Museum ebenso wie in Klenzes Leningrader Ermitage.

Als neue Variante schlägt Vitzthum eine Aufstellung in den Räumen der Kunstkammer vor, also im Erdgeschoß des nordöstlichen Pavillons und in der angrenzenden Bogengalerie. Der von Wacker erarbeitete Stellplan ist erhalten; er zeigt eine strenge, ja schematische Bindung der Skulpturen an die Architektur.[412] Insgesamt sollten 164 Skulpturen aufgestellt werden: in der Bogengalerie sieben größere freistehend in jeder zweiten Fensterachse, drei vor jedem Fensterpfeiler, mehrere in den Wandarkaden und vor den Säulen. Im Erdgeschoß des Pavillons (Alabasterzimmer, Uhrengewölbe, Bernsteinzimmer) war die Aufstellung etwas weiträumiger; hier sollten offenbar auch Münz- und Gemmenschränke Platz finden.

Aus zwei Gründen ließ sich dieser Plan nicht realisieren: Einmal setzte er die Evakuierung oder Auflösung der Kunstkammer voraus, sodann bot er keine großzügige, zukunftsweisende Lösung, sondern wieder nur ein Provisorium. Dies wird besonders deutlich, wenn man die Enge der Räume mit der Weite der Säle im Japanischen Palais vergleicht, in denen die Skulpturen dann später aufgestellt wurden.

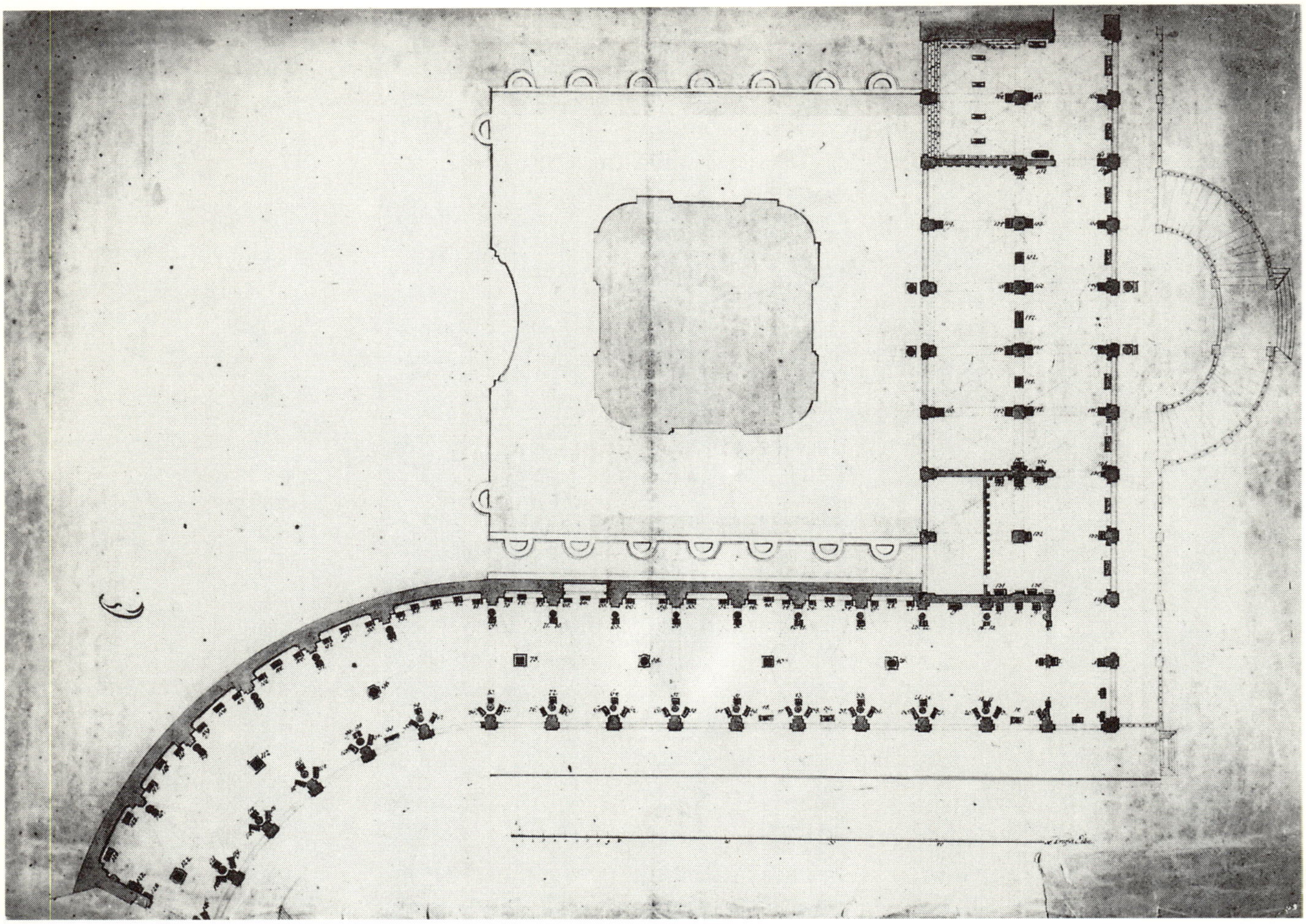

Entwurf zur Aufstellung der Antikensammlung in der nordöstlichen Bogengalerie des Zwingers und dem angrenzenden Pavillon am Nymphenbad, 1771. Staatsarchiv Dresden
Um die Antiken, die erst 1763 in vier Pavillons am Palais im Großen Garten untergebracht waren, endlich wirksam aufzustellen, erwog der Oberkammerherr Graf Vitzthum von Eckstädt unter anderen Varianten auch die Ausräumung der Kunstkammer. Inspektor Wacker zeichnete einen Stellplan, der jedoch nicht realisiert wurde. Die Antiken zogen 1786 ins Japanische Palais, und die Kunstkammer blieb noch bis 1832 in den 1733 zugewiesenen Räumen.

Ähnlich unerfreulich wie die Situation der Antikensammlung war die der Bibliothek. Die »Separation derer Säle« hatte schon immer Probleme gebracht, zumal die Außentreppen und »Balcons« im Winter fast ungangbar waren. Die Dächer waren bereits so undicht, daß das Wasser bei Regen auf die Bücher tropfte. Schließlich waren die Regale trotz der Erweiterung von 1764/65 so überfüllt, »daß alles doppelt und dreyfach hintereinander gesezet werden müßen«. Auch für die Unterbringung der Bibliothek erwägt Vitzthum mehrere Lösungen. Man könnte den Zwingerkomplex durch eine Bibliotheksgalerie an der Elbseite abschließen. Denkbar wäre auch die Verbindung der drei Pavillons durch Galerien. Ferner käme die Brühlsche Bildergalerie im Zusammenhang mit dem benachbarten Bibliotheksgebäude in Betracht, schließlich auch das Japanischen Palais. In diesem letzteren Fall wäre auch Platz für das Münzkabinett.

Die Bestände des Münzkabinetts, seit 1743 im Besitz des Kurprinzen und im Taschenbergpalais »eine Treppe hoch in die Eck-Zimmer nach der Reit-Bahne zu placiret«, waren 1756–57 samt der numismatischen Handbibliothek eingepackt und zusammen mit den Gemälden auf den Königstein gebracht worden. Seit 1764 standen die sieben Kisten ungeöffnet im Grünen Gewölbe. »Deren Eröfnung aber«, heißt es einem wohl von Wakker verfaßten Memorandum, »ist um so viel eher zu wünschen, da es möglich ist, daß die Bücher vermodern, die Stempel aber verrosten werden;

auch die Wiederherstellung dieses Cabinets, sobald nur der nöthige Platz dazu vorhanden seyn wird, um so viel leichter und ordentlicher zu vermuthen stehet, da noch verschiedene Personen leben, die damals mit bey dem Einpacken gewesen sind«.[413]

Der Kurfürst schlug in einem Reskript vom 5. Oktober 1771 vor, das Münzkabinett im Rüstkammergebäude aufzustellen.[414] Dagegen erhob Vitzthum mehrere Einwände: das Gebäude sei dunkel und schadhaft, wegen des hohen Holzanteils am Bau bestehe Feuergefahr, und endlich gäbe es für beide Geschosse nur einen einzigen Zugang. Stattdessen schlug er vor, die Münzen zusammen mit den Antiken im Brühlschen Galeriegebäude unterzubringen.[415]

Von allen Gebäuden, die man zur Aufstellung der Bibliothek, der Antikensammlung und des Münzkabinetts in Betracht gezogen hatte, wurde schließlich das Japanische Palais gewählt. Diese Lösung war die bestmögliche, weil das weiträumige Palais alle drei Sammlungen zugleich aufnehmen konnte und überdies noch Raumreserven bot.

* * *

DAS JAPANISCHE PALAIS ALS ›MUSEUM USUI PUBLICUM PATENS‹ In den Vorschlägen zur Neuordnung der Dresdener Sammlungen, die der Oberkammerherr Graf Vitzthum von Eckstädt 1771 unterbreitet hatte, war bereits eine museale Nutzung des Japanischen Palais erwogen worden. In einem Memorandum vom November 1774 schlug Vitzthum nunmehr vor, die Bibliothek und die Skulpturensammlung im Japanischen Palais unterzubringen. Die zum Umbau und zur Einrichtung benötigten Mittel ließen sich aus der Versteigerung der vielen durch den Ankauf der Bünauschen und Brühlschen Bibliotheken angefallenen Doubletten gewinnen. So »würden diese beyden Sammlungen, der Bücher und alter Statuen, auf diese Weise, ohne einige neue Kosten für die churfürstlichen Caßen, gut aufgestellt, und in ihr Licht gesezt«.[416]

Japanisches Palais: Fassade zum Palais-Platz. Foto 1929
Das Japanische Palais, seit 1728 unter Mitwirkung von Pöppelmann, Longuelune und Jean de Bodt anstelle des Holländischen Palais erbaut, sollte die Porzellansammlung Augusts des Starken aufnehmen. Die Fassaden des eleganten Vierflügelbaues waren 1733 vollendet, der Innenausbau wurde nicht abgeschlossen. Die Gliederung der stadtseitigen Fassade wird durch den plastisch hervortretenden Mittelrisaliten Jean de Bodts akzentuiert.

Das Japanische Palais mit den Festungswerken und dem Weißen Tor (1817 abgebrochen). Zeichnung um 1790
Obwohl der Innenausbau nicht abgeschlossen war, beherbergte das Japanische Palais die Porzellansammlung. Sie war dem Bettenmeister unterstellt und konnte besichtigt werden. Während des Siebenjährigen Krieges wurden die Bestände in das Souterrain gebracht und dort in Holzstellagen deponiert. Noch 1759 gelangten Möbel der alten Ausstattung ins Residenzschloß. Das Japanische Palais erlitt während des Siebenjährigen Krieges schwere Schäden, die zunächst nur notdürftig behoben wurden. Der Oberkammerherr Graf Vitzthum von Eckstädt schlug bereits 1771 vor, das Gebäude zur Unterbringung von Sammlungsbeständen zu nutzen, vor allem der Bilbiothek, auch der Antiken. Der Kurfürst entschied sich 1774 zum Ausbau als Museum, doch Schwierigkeiten der Finanzierung und der Tod Vitzthums verzögerten die Ausführung. Erst 1781 nahm Marcolini die Arbeiten wieder auf, 1786 waren Bibliothek, Antikensammlung und Münzkabinett in das »Museum usui publico patens« eingezogen.

Die von August dem Starken geplante Ausstattung des Japanischen Palais war zwar niemals vollendet worden, doch die einzigartige Porzellansammlung war bis zum Siebenjährigen Krieg in ihm aufgestellt (s. oben S. 88). Eine beträchtliche Menge von Schränken und Tischen, Gueridons und Konsolen wurde noch 1759 ins Residenzschloß geschafft.[417] Es liegt nahe, daß zu diesem Zeitpunkt auch die Deponierung der Porzellanbestände im Souterrain des Palais erfolgte. Sie war als Provisorium gedacht, und sollte das Palais nunmehr anderweitig genutzt werden, mußte man für die Porzellane ein neues Domizil finden. Vitzthum schlug im Dezember 1774 vor, die Sammlung in den nach dem Umzug der Bibliothek frei werdenden Zwingerpavillons aufzustellen.[418] Der Kurfürst akzeptierte diese Lösung in seinem Reskript vom 17. Dezember 1774: »Also gehet Unsere Intention hierunter dahin, daß die Porcelaine-Vorräthe zwar vor der Hand in den Souterrains, wo solche jetzt befindlich, verbleiben mögen, künftig aber in denjenigen Sälen des Zwinger-Gebäudes, worinnen dermahlen Unsere Bibliothec stehet, aufzustellen, und eben dahin auch dasjenige von den vorhandenen Mobilien, absonderlich denen zahlreichen Stücken vom alten Lack zu bringen, was nicht in unserem Residenz- oder andern Schlössern gebraucht werden kann«.[419] Besonders empfindliche Einzelstücke sollten im Schloß, »in einem deren hintersten Parade-Zimmer« oder im Marmorsaal des Zwingers untergebracht werden.[420]

Der Plan wurde nicht realisiert, später offenbar vergessen, gewiß begünstigt durch das geringe Interesse, das man damals dem Porzellan entgegenbrachte. Die Sammlung unterstand noch immer dem Bettenmeister des Japanischen Palais,wurde also nicht als museale Einrichtung gewertet, und Daßdorf würdigte sie in seiner Beschreibung von 1782 nicht einmal der Erwähnung. Der Hausmarschallamts-Sekretär Johann Georg Anger fertigte jedoch 1779 ein fünfbändiges Inventar an.[421] Noch 1786 beantragte Graf Marcolini, als Nachfolger Vitzthums, Geld »zu gänzlicher Reparatur des

Souterrains, und wenn die sehenswürdige historische Porzellaine-Sammlung daselbst ihren Ort behalten soll, zu Herstellung derer iezt, wegen Fäulnis so unsicheren Stellagen«, und im Jahr darauf fragt er nochmals an, was aus der Porzellansammlung werden soll.[422] Darauf beschloß der Kurfürst, die Sammlung nunmehr dem Oberkammerherrn zu unterstellen und ihr einen Aufseher zu bestimmen.[423] In dem unwürdigen Domizil aber blieb sie, bis zum Umzug ins Johanneum (1875), noch ein ganzes Jahrhundert.

Im Mai 1775 entwickelte Vitzthum seine Gedanken über die Einrichtung des Palais.[424] Es lag nahe, die Antiken im Parterre, die Bibliothek im Obergeschoß unterzubringen. Das zweite Obergeschoß konnte zur Aufnahme des »jährlichen Zuwachses« schrittweise ausgebaut werden.

Vitzthum schlug vor, die Bronzen aus dem Grünen Gewölbe mit der Sammlung moderner Bronzen zu vereinigen. Das ist bis heute nicht geschehen und dürfte, da es das Ensemble des Bronzenzimmers zerstören müßte, auch in der Zukunft nicht sinnvoll sein. Den entschiedenen Klassizisten störten die Chinesenhermen am Portal in der Großen Galerie (»Vestibule«). Er wollte sie durch Pilaster ersetzt sehen, Galerie und Treppe insgesamt aber »mit Pilastern, antiquen Füllungen und Festonen ... verzieren« lassen.[425] Ferner »trägt der Oberkammerherr an, daß weil die im großen Garten befindlichen Piedestaux aus Ermangelung der Statuen eher unanständig wären, als zur Zierde gereichten, selbige zur Ersparniß in die Gallerie mit verwendet werden dürften«.[426]

Der Kostenanschlag für den Umbau bestimmt 604.14 Taler für das »Vestibule«, die vorgelagerte Galerie, die moderne Skulpturen aufnehmen sollte, 2204.2 Taler für die Antikensäle, 14 518.2 Taler für die Bibliothek, 1000 Taler für das »Medaillen Cabinet«, insgesamt also 18 328.23 Taler. Durch den Verzicht auf Vergoldungen könnte man allerdings, meinte Vitzthum, in den Bibliotheksräumen 4000 Taler einsparen. Der Doublettenverkauf würde dann die Kosten eben decken.

Gottlob August Hölzer: Entwurf zur Umgestaltung der Eingangstreppe im Japanischen Palais, 1775. Institut für Denkmalpflege Dresden, Planarchiv
Mit der architektonischen Gestaltung der Innenräume hatte Vitzthum den Architekten Gottlob August Hölzer (1744–1814) beauftragt. Eine Serie von Entwürfen, die Vitzthum 1775 dem Kurfürsten mit Erläuterungen vorlegte, hat sich erhalten. Den Haupteingang zum Obergeschoß in der vorderen Eingangshalle wollte Hölzer klassizistisch umbilden und dafür die Chinesenhermen entfernen.

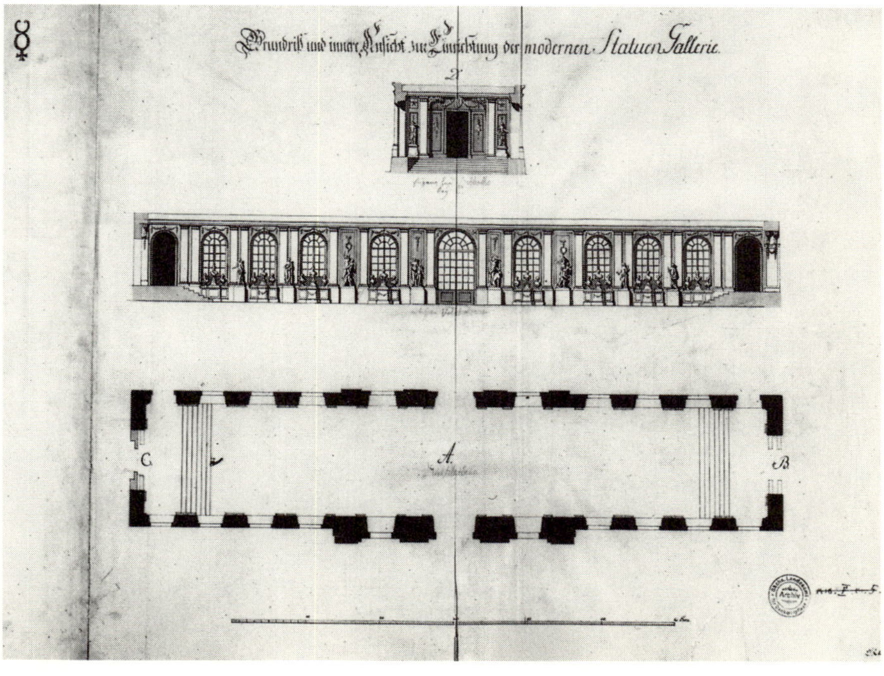

Gottlob August Hölzer: Entwurf zum Umbau der Eingangshalle, Grund- und Aufriß, 1775. Institut für Denkmalpflege Dresden, Planarchiv
In der Eingangshalle sollten neuere Skulpturen aufgestellt werden. Der Entwurf bietet eine Variante zur Umgestaltung des Bibliothekseingangs.

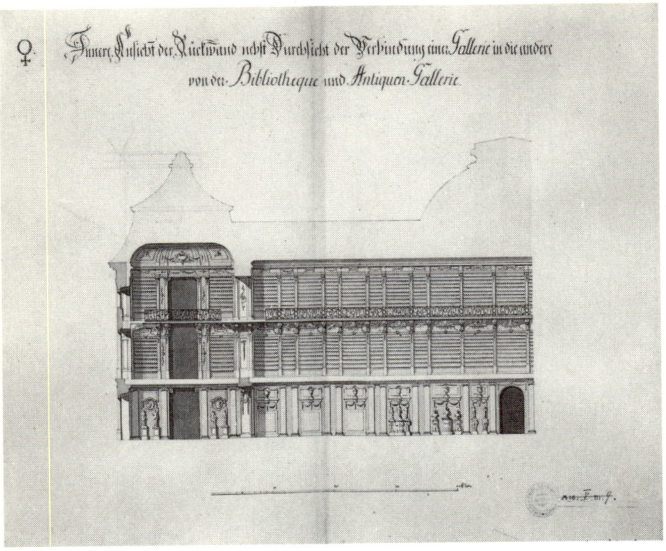

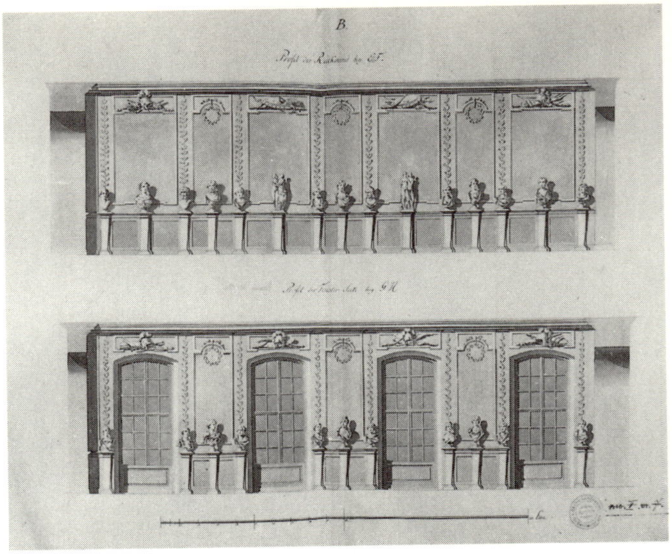

Gottlob August Hölzer: Entwurf zur Ausstattung der Antikensammlung und der Bibliothek im Japanischen Palais, 1775. Institut für Denkmalpflege Dresden, Planarchiv
Die Wandgliederung der Antikengalerie sieht Felder mit verzierten Sokkeln zwischen Pilastern vor. Die Bibliothek ist als Saal gedacht, der durch beide Obergeschosse geht, wobei das zweite Obergeschoß als umlaufende Galerie angelegt wird.

Gottlob August Hölzer: Entwurf zur Aufstellung antiker Skulpturen im Japanischen Palais, 1775. Institut für Denkmalpflege Dresden, Planarchiv
Der Entwurf zeigt Büsten und Statuetten auf konischen Sockeln vor fein ornamentierten Wandfeldern.

»Zur Ausführung der inneren Einrichtung« schlug Vitzthum »den geschickten Conducteur und Unterlehrer, auch Mitglied der Academie« Gottlob August Hölzer vor, »mit welchem er zu arbeiten gewohnt sey, und der im voraus die eingereichten Riße verfertiget habe«.[427]

Hölzers Entwürfe von 1775 haben sich, zum Teil signiert, manchmal in mehrfacher Ausfertigung erhalten.[428] Sie sind nicht identisch mit den bisher unter seinem Namen veröffentlichten, erst später entstandenen Blättern.[429] Im ganzen ist die frühe Entwurfsgruppe stärker der barocken Tradition verhaftet. Dies zeigt der Schnitt durch alle Geschosse ebenso wie die

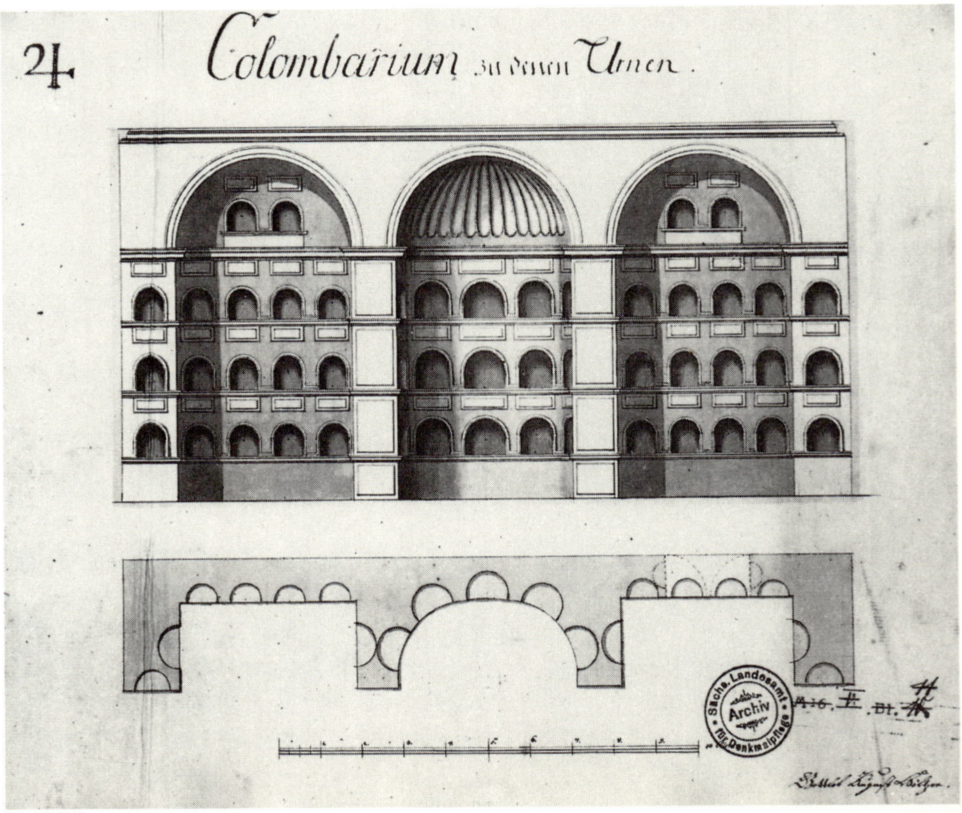

Gottlob August Hölzer: Entwurf zur Wandgestaltung des Mumiensaals (Saal 10) im Japanischen Palais, 1775. Institut für Denkmalpflege Dresden, Planarchiv
Die Nischenarchitektur der Stirnwand ahmt das sog. Columbarium der Livia in Rom nach. Als einziger Entwurf Hölzers wurde dieser ohne große Veränderungen ausgeführt; er blieb auch nach Sempers Umgestaltung der Antikensäle (1835) erhalten.

Antikensammlung im Japanischen Palais: Mumienzimmer (Saal 10) Aufnahme von Hermann Krone, 1888
Die Stirnwand mit ihren Columbariumsnischen wurde nach Hölzers Entwurf von 1775 ausgeführt. Die Aufnahme gehört zu einer Serie von Fotografien, die Hermann Krone 1888 vor dem Umzug der Antikensammlung ins Albertinum angefertigt hat.

Ansichten der Galerie. Lediglich das »Columbarium zu denen Urnen«, das auf eine Idee Wackers zurückgeht, ist nach dem frühen Entwurf eingerichtet worden.

Am 10. September 1775 teilte der Kurfürst dem Oberkammerherrn mit, daß er die Entscheidung über den Umbau des Japanischen Palais so lange aufschieben wolle, bis das Ergebnis der Bücherauktionen bekannt sei.[430] Die Aktivitäten ruhten darauf sechs Jahre. Doch vorbereitende Arbeiten müssen schon begonnen haben, denn Weinart vermerkt in seiner 1777 erschienenen ›Topographischen Geschichte der Stadt Dresden‹ über das Japanische Palais: »Gegenwärtig haben Ihro Churfürstl. Durchlauchten gnädigst angeordnet, die große Churfürstl. Bibliothek dahin bringen zu lassen, wozu auch schon die innere Einrichtung gemacht wird«.[431]

Als im Juli 1777 die ersten beiden Auktionen mit gutem Ergebnis abgeschlossen waren, ordnete der Kurfürst den Baubeginn im Frühjahr 1778 an.[432] Das ängstliche Zögern, der bürokratische Umstand sind bezeichnend für Person und Regierungsweise Friedrich Augusts III., der später »der Gerechte« genannt werden sollte.

Der Tod Vitzthums 1778 brachte eine neue Verzögerung. Sein Nachfolger wurde Camillo Graf Marcolini (1739–1814), der 1780 nach Hagedorns Tod auch dessen Funktion als Direktor der Kunstsammlungen übernahm. Die Meißner Porzellanmanufaktur leitete er schon seit 1774.[433] Als Silberpage des Kurprinzen Friedrich Christian war Marcolini 1752 nach Dresden gekommen. Mit Friedrich August war er seit dessen Jugend eng verbunden, er machte seinen Einfluß mit Geschick geltend. Marcolini drängte auf den endlichen Beginn der Bauarbeiten im Japanischen Palais und legte neue

Entwurf zur Gestaltung eines Bibliotheks-saales im Japanischen Palais, 1781. Institut für Denkmalpflege Dresden, Plan-archiv
Die Zeichnung weicht von den früheren Entwürfen Hölzers ganz erheblich ab. Sie gehört zu einer späteren, von Marcolini eingeleiteten Planungsphase von 1781, an der Christian Friedrich Exner maßgeblich beteiligt war.

Entwurf zur Aufstellung antiker Statuen im Japanischen Palais, 1781. Institut für Denkmalpflege Dresden, Planarchiv
Im Vergleich zu Hölzers früherem Entwurf sind die klassizistischen Tendenzen in Wandgliederung und Sokkelbildung stärker ausgeprägt.

Pläne sowie ein Modell Exners vor.[434] Angesichts dieser Entwicklung läßt sich vermuten, daß die spätere, bisher Hölzer zugeschriebene Entwurfsgruppe eher von Exner stammt, oder doch von diesem beeinflußt wurde, während Hölzers Autorschaft für die früheren, in Stil und Ausführung andersartigen Entwürfe von 1775 durch Signaturen belegt ist. Inwieweit die Entwürfe realisiert wurden, bleibt unbekannt, da Sempers Neugestaltung der Antikensäle (1835) von der alten Ausstattung nur das eindeutig auf Hölzers Entwurf von 1775 zurückgehende »Columbarium« übrig ließ.

Bauarbeiten und Einrichtung zogen sich noch einmal über vier Jahre. Der Umzug der Antiken aus dem Großen Garten in die neuen Säle dauerte vom 7. November 1785 bis zum 31. Januar 1786, und am 24. März 1786 konnte Marcolini dem Kurfürsten endlich mitteilen, »daß nicht nur die Sammlung der Antiquen und Anticaillen, auch Medaillen und Münzen bereits daselbst arrangiret sind, sondern man auch mit Transportirung und Aufsetzung der Bibliothec iezt beschäftiget«.[435]

Aus der großen Galerie gelangte man links in die zehn Antikensäle, deren Flucht mit der Imitation des römischen Columbariums endete.[436] Die Aufstellung der Skulpturen ist durch die 1798 erschienene Beschreibung von Johann Gottfried Lipsius (1754 bis 1820) in allen Details dokumentiert.[437] Insgesamt waren fast 400 Skulpturen aus Bronze und Stein ausgestellt. Dies entsprach dem Prinzip, nicht nur eine enge Auswahl von Meisterwerken zugänglich zu machen und die Menge im Depot verschwinden zu lassen, sondern alles Vorhandene auch zu zeigen. Abgesehen von wenigen in den sechziger Jahren dazu gekommenen Stücken handelte es sich durchweg um alten Besitz, um Skulpturen aus der Kunstkammer und aus den Erwerbungen Augusts des Starken. Die Aufstellung war auf die Archi-

Japanisches Palais: Grundriß der Antikensammlung im Erdgeschoß, um 1786. Institut für Denkmalpflege Dresden, Planarchiv
Der Rundgang begann in der Eingangshalle links und umfaßte bis zum Mumiensaal zehn Räume. In den Grundriß ist das Aufstellungsschema der Skulpturen eingetragen.

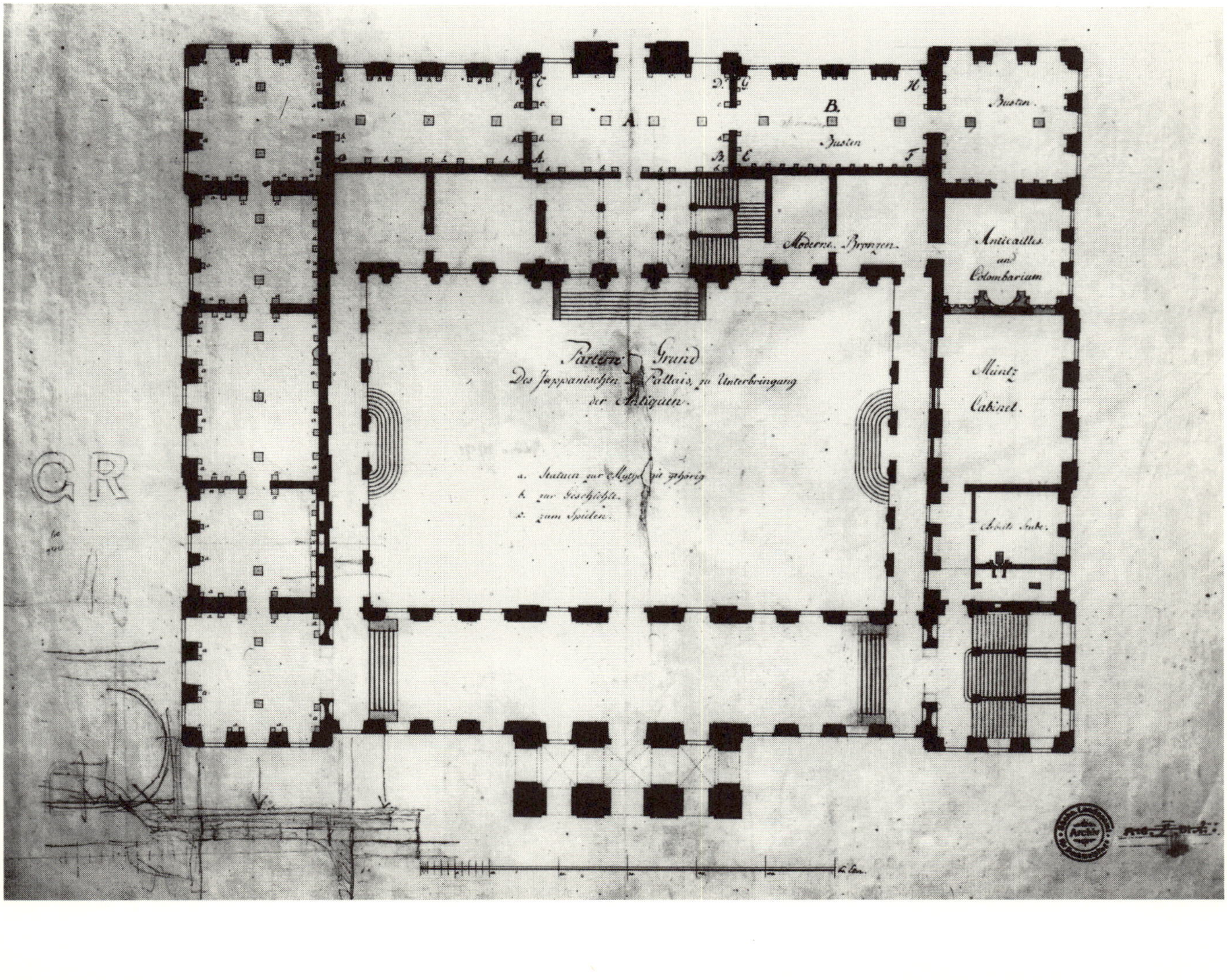

Antikensammlung im Japanischen Palais: Saal der Herculanerinnen (Saal 6). Foto von Hermann Krone, 1888. Staatliche Kunstsammlungen Dresden, Skulpturensammlung
Blick durch die Säle des Elbflügels.

Antikensammlung im Japanischen Palais: Saal der Sphäristen (Saal 8). Foto von Hermann Krone, 1888. Staatliche Kunstsammlungen Dresden, Skulpturensammlung
Die Antikensäle wurden 1835–36 nach Entwürfen Gottfried Sempers ausgemalt. Die vier mächtigen Kämpfergestalten bewahrten ihren Standort.

tektur bezogen. In der Mitte aller Säle waren vier oder sechs Statuen frei aufgestellt, dreißig bis vierzig Statuen und Büsten standen vor den Wänden, auch zwischen den Fenstern. Eine Systematik ist nicht zu erkennen; Kaiserporträts und Götterbilder finden sich in allen Sälen, die jeweils nach einem hervorragenden Werk oder einer Gruppe benannt waren.

Den Eingang flankierten ägyptische Granitlöwen. Der erste Saal knüpfte mit seinen Porträts sächsischer Fürsten an den dynastischen Introitus der alten Kunstkammer an. Neben einzelnen antiken Marmorwerken standen hier und im zweiten Saal hauptsächlich moderne Bronzen und Antikenkopien. Die folgenden sieben Säle enthielten ausschließlich Marmorskulpturen. Hier sah man alle die berühmten, in Leplats Stichen abgebildeten Statuen mit ihren zum Teil schauerlichen Ergänzungen. Dem »Saal der Pallas Parthenos« gab die später als Athena Lemnia erkannte »fast kolossalische Statue der ernsthaften Minerva« den Namen, dem »Saal der Herculanerinnen« die drei Mädchenstatuen aus der Vesuvstadt.

Das »Columbarium« enthielt neben den Urnen aus einheimischen Grabfunden, ägyptischen Mumien und römischen Sarkophagen auch unteritalische Vasen, Mosaiken sowie in zwei Schränken Anticaglien, »auch verschiedene moderne Piecen«. In zwei zum Hof gelegenen Zimmern (11 und 12) waren moderne Skulpturen aufgestellt.

Hermann Krones berühmte Aufnahmen von 1888, kurz vor dem Umzug der Sammlung ins Albertinum entstanden, geben zwar den Zustand nach Sempers Neugestaltung von 1835 wieder, vermitteln aber doch einen guten Gesamteindruck von den Räumen und ihren Dimensionen, auch von ihrem Inhalt, der sich allerdings geringfügig verändert hat.[441]

Antikensammlung im Japanischen Palais: Saal 8, Grundriß. Stich in: J. G. Lipsius, Beschreibung der Chf. Antiken-Gallerie (1798)

Antikensammlung im Japanischen Palais: Mumiensaal (Raum 10), Grundriß. Stich in: J. G. Lipsius, Beschreibung der Chf. Antiken-Gallerie (1798)
Die Beschreibung von Lipsius dokumentiert mit ihren Raumplänen die Aufstellung von 1786. Der Vergleich mit Krones Aufnahme zeigt die erheblichen Veränderungen eines Jahrhunderts.

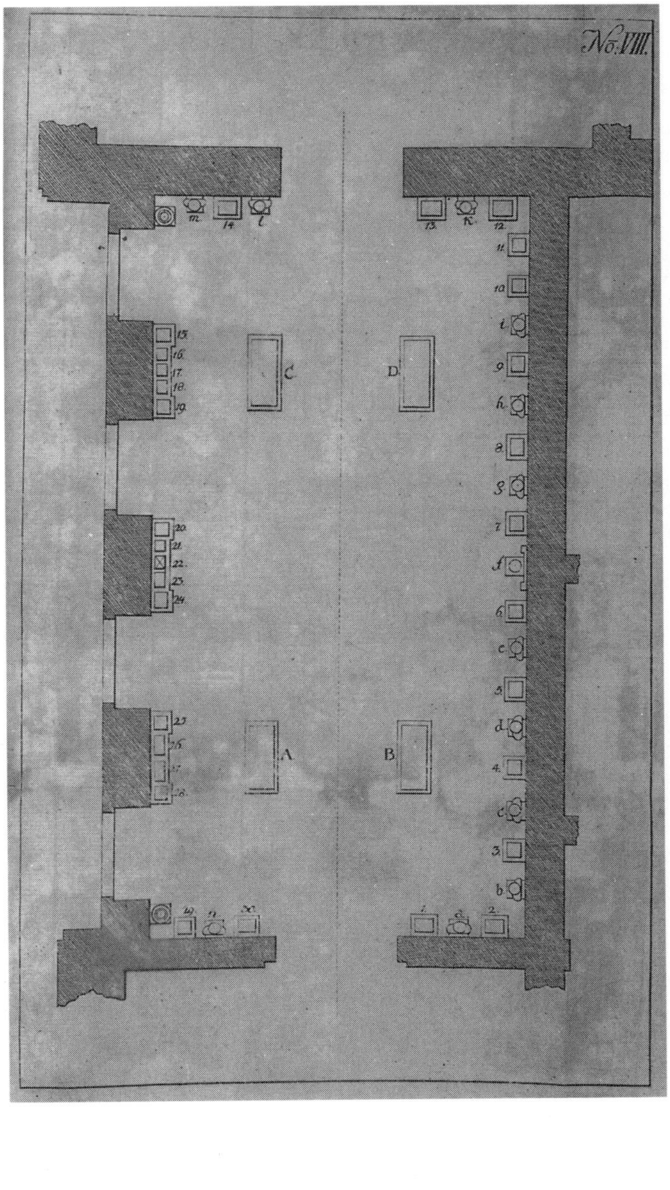

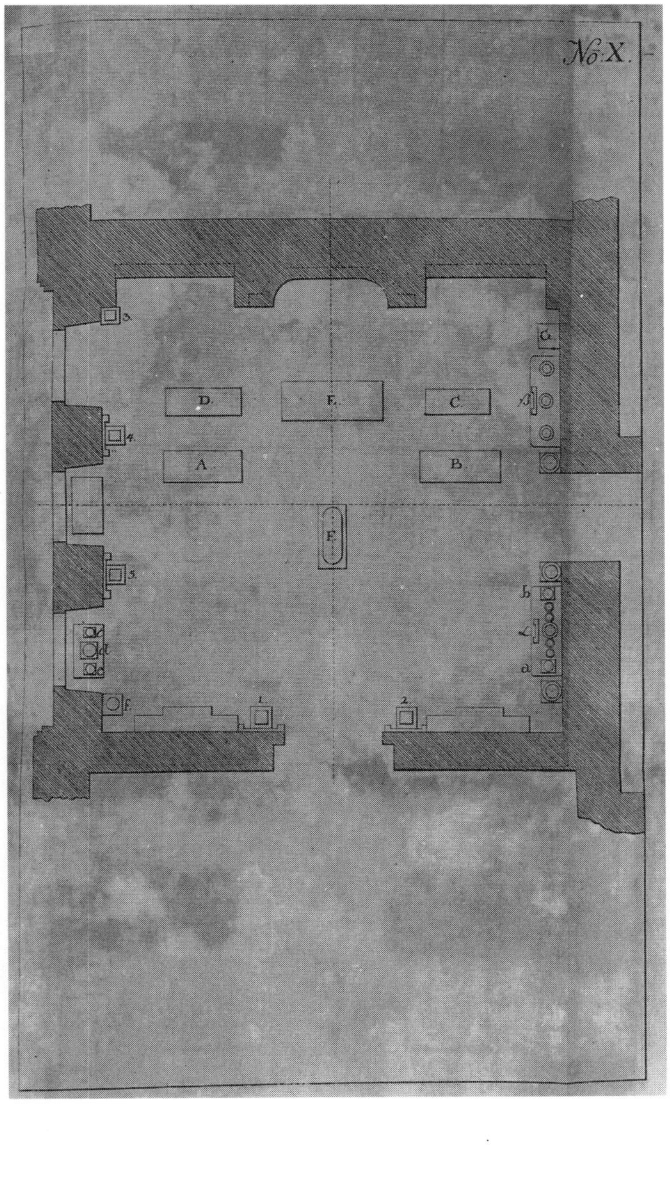

Als die altberühmten Dresdener Antiken die weiten Säle des Japanischen Palais bezogen, waren mehrere europäische Antikenmuseen im Entstehen begriffen oder eben fertiggestellt. Kardinal Alessandro Albani, aus dessen Besitz einige der Dresdener Antiken stammen, hatte mit der Villa Albani (1755–1762) zwar keine ausschließlich museale Einrichtung, aber einen würdigen architektonischen Rahmen für seine bedeutende Sammlung geschaffen.[438] Zur angemessenen Aufstellung der vatikanischen Antiken, die seit dem 16. Jahrhundert das Bild antiker Kunst entscheidend beeinflußt hatten, entstand seit 1769 das großartige klassizistische Raumensemble des Museo Pio-Clementino.[439] In Kassel wurde mit dem Museum Fridericianum (1769–1779) der erste autonome Museumsbau auf deutschem Boden errichtet; antiker Skulptur war ein großer Säulensaal im Erdgeschoß reserviert.[440]

Alle diese Aktivitäten blieben in Dresden nicht unbekannt, sie bedeuteten eine Herausforderung, der wohl letztlich die Wahl eines der schönsten Schloßgebäude zur Präsentation antiker Kunst verdankt wird.

Das Münzkabinett erreichte man von der Galerie über die rechte Treppe mit den Chinesenhermen, zu deren Erhaltung man sich doch entschlossen hatte, und einen Korridor, an dem die »Arbeits Stube« des Inspektors lag. Die räumliche Trennung von den Antikensälen betonte die Selbständigkeit der Sammlung. Ein Stich zeigt die Einrichtung des Saals mit den Münzschränken und den mit Grotesken bemalten Wandfeldern.[442] Auf den Schränken standen Gefäße, Statuetten und andere Kleinkunstwerke, »Anticaglien«, wie sie in beträchtlicher Menge seit längerer Zeit beim Münzkabinett aufbewahrt wurden. Eine Liste Wackers von 1765 nennt 14 Marmorwerke (Statuetten, Köpfe, Aschenkisten, Inschriften), 39 Bronzen (Statuetten und Geräte), 31 Terrakotten (Gefäße, Lampen, Köpfe), 12 Gläser und »5. kleine Stückgens« römischer Mosaiken.[443] Bereits 1787 fertigte Wacker ein Inventar der Goldmünzen an, dem Lipsius später weitere Verzeichnisse folgen ließ.[444]

Münzkabinett im Japanischen Palais. Stich von J. G. Seiffert nach J. B. Theil. Sächsische Landesbibliothek Dresden, Kartenabteilung

Das Münzkabinett, eine der ältesten kurfürstlichen Sammlungen, war durch August den Starken zwar gefördert, aber nicht museal aufgestellt worden. Auch später blieb es der Öffentlichkeit verborgen. Erst durch die Aufstellung im Japanischen Palais 1786 wurde die Sammlung der Forschung erschlossen. Das Münzkabinett unterstand Johann Friedrich Wacker, dem Inspektor der Antikensammlung, war aber von dieser getrennt aufgestellt.

Die kurfürstliche Bibliothek im Obergeschoß war über zwei Treppenhäuser zugänglich. Erstmals konnten die Bücher weiträumig und systematisch aufgestellt werden, und für die Eingliederung von Neuzugängen war durch die Raumreserven im zweiten Obergeschoß gesorgt. Nach dem Auszug der Porzellansammlung (1875) und der Antiken (1890) kamen noch Erdgeschoß und Souterrain hinzu.

Auf dem Architrav der Vorhalle wurde die neue Bestimmung des Palais durch eine monumentale Inschrift bezeichnet: MVSEVM VSVI PVBLICVM PATENS, Museum zu öffentlichem Nutzen. Zwischen den oberen Säulenstellungen flankieren zwei weitere Inschriftblöcke das sächsische Kurwappen: CONDIDERVNT AVGVSTI PRIMI TRES. FRID. AVGVST. EL. INSTAVRAVIT AVXIT ORNAVIT, Die ersten drei Auguste (nämlich Kurfürst August und die beiden Könige von Polen) haben es gegründet, Kurfürst Friedrich August hat es erneuert, vergrößert, verschönert.

Die Dedikationsinschrift bezieht sich wohl weniger auf die Antikensammlung als auf die Bibliothek, die in der Tat öffentlich zugänglich war. Mit Johann Christoph Adelung (1732–1806) stand seit 1787 ein Gelehrter von europäischem Ruf an ihrer Spitze.[445]

Die Einrichtung des Japanischen Palais war eine umso beachtlichere Leistung, als seit 1782 auf Marcolinis Drängen auch der gesamte Zwinger mit großem Aufwand restauriert wurde.[446] Damit waren in Dresden zwei Museumskomplexe für die nächsten Jahrzehnte fixiert, neben denen als dritter des Galeriegebäude stand.

* * *

ERWERBUNG UND AUFSTELLUNG DER MENGSSCHEN ABGUSSAMMLUNG. Als der Maler Anton Raphael Mengs 1779 in Rom starb, hinterließ er eine umfangreiche Sammlung von Gipsabgüssen antiker Skulpturen.[447] Bereits 1753 hatte er damit begonnen, einzelne Abgüsse und Formen anzuschaffen und einen Gipssaal für seine Schüler einzurichten. Der Freund Winckelmanns und Wegbereiter des Klassizismus, selbst kunsttheoretisch und kunsthistorisch interessiert, sah in der zeichnerischen Aneignung antiker Formensprache ein unabdingbares Mittel künstlerischen Unterrichts und künstlerischer Geschmacksbildung.[448] Damit setzte er eine alte akademische Tradition fort. Aber er begnügte sich nicht mit wenigen Musterstücken und Teilabgüssen, sondern baute seine Sammlung systematisch aus.

Die Herstellung von Gipsformen war aufwendig und kostspielig. Als spanischer Hofmaler gewann Mengs Zutritt zu vielen Sammlungen, die anderen verschlossen blieben, und wurde bei den Abformungsarbeiten bereitwillig unterstützt. Er sandte seinerseits Abgüsse nach Madrid und an verschiedene Kunstakademien.

Die Mengssche Abgußsammlung war in Rom bekannt. Ein sächsischer Stipendiat wies die Dresdener Akademie darauf hin, daß sie verkauft werden sollte, und sandte eine erste Liste nach Dresden. Im Auftrag der Akademie verhandelte der Bildhauer Alexander Trippel mit dem Former Vincenzo Barzotti, der die Abgüsse und Formen damals verwahrte.[449] Im

November 1782 schrieb Trippel an den Akademieprofessor Theil, daß der Vormund der Mengsschen Kinder für die ganze Sammlung 2100 Scudi fordere, er aber zunächst nur 1000 geboten habe; er hoffe, bei 1500 Scudi werde man sich einigen.[450] Noch im selben Monat wurde die General-Haupt-Kasse angewiesen, 1400 Scudi Romani auszuzahlen.[451] Die 833 Statuen und Büsten, Reliefs und Architekturteile wurden unter Trippels Aufsicht verpackt und kamen im Frühjahr 1784 in 96 Kisten in Dresden an.

Die Erwerbung einer so großen Zahl qualitätvoller Gipsabgüsse war eine seltene Gelegenheit. Kaiser Joseph II. zeigte sich ungehalten, daß die Mengssche Sammlung nicht für Wien erworben werden konnte.[452] Kleinere Gipssammlungen gab es an mehreren Orten, etwa schon 1696 in Berlin.[453] Berühmt wurde der Gipssaal der Mannheimer Akademie, unter dessen Abgüssen Goethe 1769 entscheidende Eindrücke von antiker Kunst empfing.[454] An der Göttinger Universität begann Christian Gottlob Heyne 1767 mit dem Aufbau einer Abgußsammlung zu Lehrzwecken, die nach drei Jahrzehnten wenig über 60 Stücke enthielt.[455]

Auch Mengs hatte seine Sammlung mit praktisch-künstlerischen Gesichtspunkten begonnen, und in Dresden war sie zunächst eine Institution der Akademie, zum Unterricht der Kunstschüler bestimmt. Doch im Laufe weniger Jahre gewann sie musealen Rang und wurde folgerichtig den Kunstsammlungen angegliedert, ihnen gleichgestellt, ja in mancher Hinsicht vorgezogen. Nicht mehr Kostbarkeit und Faszination des Materials waren nun entscheidend, sondern Klarheit und Reinheit der Form, Bewegung und Ausdruck des Körpers, Werte, die durch mechanische Vervielfältigung auch dem wertlosen Gips mitgeteilt werden konnten.[456] Hinzu kam die Möglichkeit, mit Abgüssen den Bestand der überlieferten Antiken umfassend dokumentieren zu können, während die Erwerbung originaler Skulpturen sich auf rare Einzelstücke konzentrieren mußte. So wurden die Abgüsse nicht nur in Dresden, sondern z.B. auch in Berlin bis gegen Ende des 19. Jahrhunderts in den Antikensammlungen den Originalwerken fast gleichgestellt und ihre Komplettierung mit großem Aufwand betrieben.

Es war schwierig, einen geeigneten Raum zur Aufstellung der Mengsschen Abgüsse zu finden. Zunächst wurden sie in der Brühlschen Gemäldegalerie, die damals »Doublettensaal« genannt wurde und Gemälde neuerer

Mengssche Abgußsammlung im Stallgebäude, Grundriß. Aquarell von Johann Gottlob Matthäi, 1794. In: Catalogue des jets de stuc ... Staatliche Kunstsammlungen Dresden, Skulpturensammlung
Mit der Aufstellung der mehr als 800 Gipsabgüsse in der Osthalle des Stallgebäudes hatte Dresden eine neue Kunstsammlung gewonnen. Ein alter Plan, Gemälde und Antiken in einem Gebäude zu vereinigen war, wenn auch modifiziert, Wirklichkeit geworden. Zum neuen Inspektor wurde Johann Gottlob Matthäi ernannt, der die 1794 abgeschlossene Aufstellung mit einem Bildinventar krönte. Der Grundriß zeigt die Verteilung der Abgüsse in der etwa 55 m langen und 15 m breiten Halle, die durch zwei Säulenreihen in drei Schiffe geteilt war.

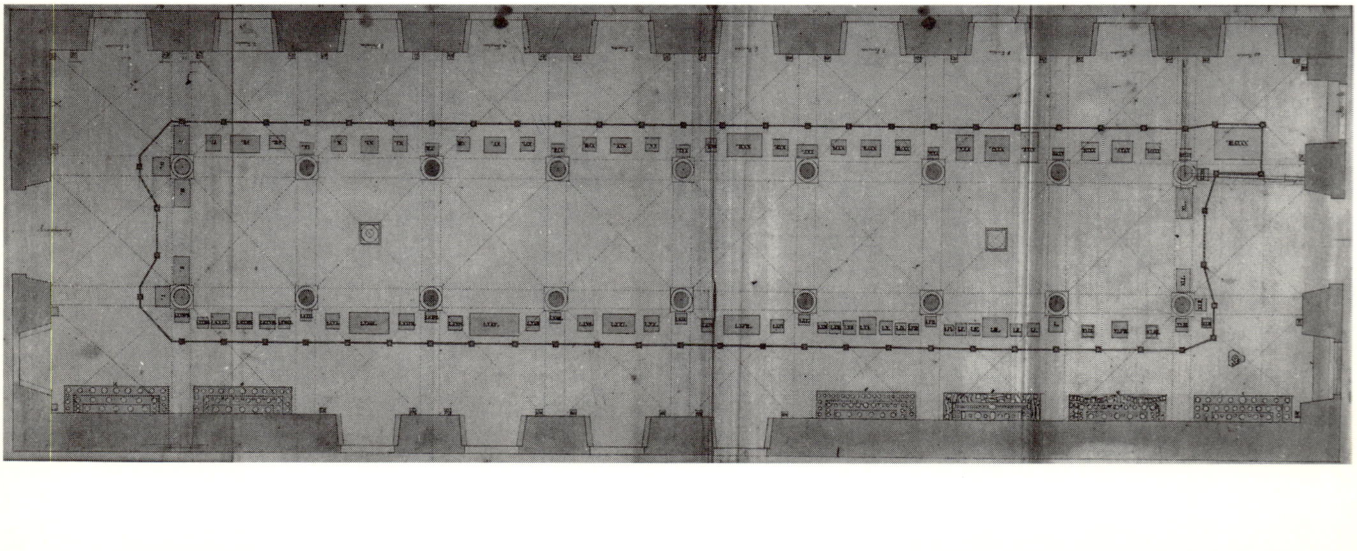

Abgußsammlung im Stallgebäude: Entwurf zur Dekoration des Deckengewölbes, um 1790. Institut für Denkmalpflege Dresden, Planarchiv

Künstler wie Silvestre und Bellotto enthielt, provisorisch untergebracht.[457] Am 19. April 1786 wurde diese Ausstellung eröffnet, und der junge Johann Conrad Gessner schrieb seinem Vater: »Vor zwey Tagen wurden endlich die Anticken eröffnet. Ich flog als einer der ersten hin«. Friedrich Schlegel berichtet von seinem Aufenthalt in Dresden: »Im Jahre 1789 gelangte ich freien Mutes zum erstenmale zur Anschauung in jener kunstgebildeten Hauptstadt, und war ebenso glücklich als erstaunt, die lang ersehnten antiken Göttergebilde nun wirklich vor mir zu sehen, unter denen ich oft stundenlang verweilte und umherwandelte, besonders auch in der unvergleichlichen Sammlung der Mengsischen Abgüsse, welche damals im Brühlschen Garten, noch wenig geordnet, befindlich war, und wo ich mich oft einschließen ließ, um desto ungestörter zu bleiben«. Im gleichen Jahr besichtigte auch Daniel Chodowiecki die Sammlung, meinte aber, es seien »schlechte abgüße und oft schlecht zusammengesetzt«.[458]

Im Mai 1792 beauftragte Marcolini den Bildhauer Johann Gottlob Matthäi (1753–1832) mit der musealen Aufstellung der Abgüsse im Erdgeschoß des Galeriegebäudes. Damit nahm er den alten Plan auf, Gemälde und Antiken in einem Gebäude zu vereinigen (s. oben S. 100). Die Osthalle wurde geräumt und renoviert, die Gurtbögen der Gewölbe wurde dekorativ bemalt. Reste dieser Ausstattung haben sich nach dem Umbau des Gebäudes (1872–76) erhalten, sind aber heute verloren.

Neun Säulenpaare teilten den etwa 55 m langen und 15 m breiten Raum gleichsam in drei Schiffe. Die rechte Seite wurde von zehn, die linke nur von vier Fenstern erhellt. Eine niedrige Barriere zog sich um die Säulenstellungen und schuf so einen Rundgang. Vor und zwischen den Säulen standen die etwa 80 Statuen, an den Wänden Statuetten, Büsten und Fragmente auf langen dreistufigen Regalen, in den Fensternischen Reliefs.

Abgußsammlung im Stallgebäude: Raumansicht mit klassizistischer Deckenmalerei. Foto um 1930
Nach dem Umzug der Abgußsammlung in Sempers neues Museum (1857) wurde die Halle im Stallgebäude vom Hof genutzt. Während die Rüstkammer nach dem Umbau des Stallgebäudes 1876 das Hauptgeschoß bezog, wurden die Erdgeschoßhallen erst zu Beginn unseres Jahrhundert wieder museal genutzt. In der »Marstallhalle« waren die Deckenmalereien teilweise erhalten.

Am 24. August 1794 wurde die Sammlung eröffnet und fand sofort reges Interesse. Zuvor hatte Matthäi sowohl ein Verzeichnis als auch ein Bildinventar angelegt, das die Aufstellung bis ins Detail dokumentiert.[459] Die häufig abgebildete Gesamtansicht, die den Saal übrigens nicht vom Eingang, sondern von der Rückwand her gesehen zeigt, diente ursprünglich als Titelbild dieses reizvollen Bandes. Matthäi wurde 1795 zum Inspektor des »Churfürstlich Mengsischen Museums der Gypsabgüsse« ernannt, und er konnte später, kurz vor seinem Tode, noch ein gedrucktes Verzeichnis der Sammlung vorlegen.[460]

* * *

DIE BESUCHER DER DRESDENER SAMMLUNGEN. Mit dem Aufbau der Abgußsammlung war die Umbildung der Dresdener Kunstsammlungen im wesentlichen abgeschlossen. In den folgenden drei Jahrzehnten gab es wohl partielle Erweiterungen, Verbesserungen und, vor allem in den Wirren der napoleonischen Kriege, auch Beeinträchtigungen, aber bis zu der 1830 von Lindenau eingeleiteten Reform keine Umwälzungen. Gemäldegalerie, Antikensammlung und Abgußsammlung gewannen das größte Publikumsinteresse.[461] Dies galt nicht nur den Kunstwerken, sondern auch der Art ihrer Präsentation. In den weiten, lichten Sälen und Galerien konnte man zeichnen und kopieren, herumgehen und nachdenken; sie waren nicht nur Mittelpunkt künstlerischen Lebens, sondern auch beliebte gesellschaftliche Treffpunkte. Das Kupferstichkabinett dagegen wurde vorwiegend von Spezialisten und Kennern besucht, in anderen Sammlungen, auch im Grünen Gewölbe, war der Besuch an Führungen gebunden. Die naturkundlichen Sammlungen wurden immer konsequenter zu Forschungszentren ausgebaut.

Im Gegensatz zu anderen fürstlichen Sammlern hatten die sächsischen Kurfürsten den Zutritt zu ihren Sammlungen, vor allem zur Kunstkammer, schon im 17. Jahrhundert bemerkenswert großzügig geregelt, und mit Einrichtung des Zwingers als »Palais des sciences«, dessen Sammlungen August der Starke ausdrücklich »dem publico zum besten« bestimmte, war ebenso wie mit der Fertigstellung des Grünen Gewölbes eine Regelung des Besucherverkehrs verbunden. Das von den Aufwärtern und Inspektoren geforderte »Tranckgeld« war freilich so hoch, daß die Zahl der offiziellen Besucher sich von selbst beschränkte.

Drei fragmentarisch und zerstreut überlieferte Besucherlisten, die bislang noch nicht ausgewertet wurden, geben Einblicke. Im Oktober und November 1733, kurz nach dem Umzug der Sammlung (s. oben S. 98), wurden insgesamt 20 Personen in neun Gruppen durch die Kunstkammer geführt.[462] Es waren dies:

den 5. Octobr. 1733
Hr: Graf Funcker nebenst deßen Hofemeister u. Bed(ienten)
Isaac Henekele, Pass: aus London
den 22. Octobr.
Johann George Schwartz, Kauffmann aus Rüga,
Mag. Francke Prediger in Bißa, Beltzl. Ambts.
Schwager und deßen Fr(au) allhier
den 31. Octobr.
Johann Böttger Kaufmann, deßen Sohn und Tochter,
2 J(ung)f(e)r(n) Naumannin, allerseits aus Zittau.
den 4. Nov:
Hr. Baron Andrizki, Kayserl. Appellations-Rath in Prag,
nebenst Diener.
den 10. Nov:
Herr Cammer Herr Pirch, bey S:r Königl. Majt. nebst ein. Pohln.
Secretatio und Bedienten.
den 13. Nov:
Ferdinand Christian Stieff Stud:Jur. von Breßlau
Christian Schröter, Stud: Med: } von Hamburg
Josua Seetropp Kaufmann }

Ähnlich präsentiert sich die Liste des Grünen Gewölbes vom Dezember 1755 bis Februar 1756, die mindestens 24 Besucher in 8 Gruppen verzeichnet.[463]

den 4. Xbris 1755.
Herr Croon Referendari Czalinski
Canonicus Rzebulski
Schimanofski
Erosnarski
den 5. dito.

Herr Fürst von Jablonofski nebst seiner Fr(au) Gemahlin
Frau Kammerherrin Gorofska
Freyl(ein) Gorowska
Graf von Ofersdorff nebst jungen Graffen auß Praag
den 28 Xris Hr. Croon Instigator Krajefski
nebst seinen guten freinden.
den 2 Jenner 1756.
Herr v. Barthold auß Schweeden
den 8. Jenner
Herr v. Donker auß Hollandt
v. Eberstein in holländ. Kriegs Diensten
den 17 Jenner
Hr. Cammer Junker v. Sekendorff
Baron Przihoffski auß Praag
Hr. Klotz Kaufmann auß Ruslandt
den 23 Feb: Hr. Schuls Kauffmann auß Malaga nebst seiner Gemahlin
Doctor Sartorius.
Themiani Von hier

Franz Buress

Die Listen der Gemäldegalerie weisen für den Zeitraum von Oktober 1754 bis Januar 1755 und Oktober bis Dezember 1755 weit höhere Besucherzahlen auf, nämlich fast 30 im Monat. Der Proportion wegen seien hier die letzten beiden Monate, November und Dezember 1755 aufgeführt.[464]

im Monath Novembre 1755.

den 3. Nov. Vorm: H. Fischer } aus Leipzig
H. Zimmermann } aus Leipzig
den 5. dito Vorm: Sgr Giuseppe Tomasi di Cortona in Toscana
den 8. dito Vorm: H. Zumbrück nebst Fr. Liebste, Kaufmann aus Leipzig
den 13. dito Vorm: H. Bielefeld, Kaufmann aus Posen
Mr de Tottleben, Obrister in Holländ. Diensten, nebst Frau Gemahlin.
H. Cammer-Juncker v. Lüttichau, in Braunschw. Wolffenbüttl. Diensten.
den 15. dito Vorm: Mr Müller, aus Liefland } Studiosi
Mr Wabst, aus Leipzig
Mr Siefert aus Hirschberg
Mr Stiller aus Schlesien
eod. die H. Prof. Plattner, aus Leipzig
H. Graf von Ostermann aus Rußland
den 17. dito Vorm: H. v. Nettelhorst, aus Curland.
den 19. dito Vorm: H. Baron de Brittwitz aus Schlesien
den 21. dito Nachm. H. v. Procopp, Kayserl. Königl. Rath von Brün aus Mähren
den 22. dito Nachm: H. Rittmeister v. Kleist, in Preuß. Diensten
Il Can^{co} Tomasi di Toscana.
Il S^{gr} due fratelli Coletti, Venetiani.

Il S^gr Capitano Guarini, Napolitano.
Il S^gr Giuseppe Belli di Toscana.
den 25. dito Vorm: Mr Becht Etudient aus Heilbronn.
den 26. dito Vorm: Mr de Nielepiec, Fähndrich v. der Armée.
eod. die Mr le Comte de Masini, aus Turin.
den 27. dito Vorm: Mr le Comte Patellani, de Milano.
den 29. dito Vorm: H. RegierungsRath Bastineller nebst H. Bruder in Königl. Preuß. Diensten
eod. die H. Baron Schütz von Holtzhausen, Domherr zu Speyer.

Decembre 1755.

den 2. Xbr: Vorm: Mr Rouhier, Medecin du Prince Jablonowsky.
den 4. dito Vorm: L' abbé Cte Rzewuski.
H. Cammer-Juncker Krasinski.
H. Hauptmann Klucsewski.
H. Lieutn: Szymanowski.
den 9. dito Vorm: Mr Zemisch, Stud. Theol. aus Leipzig.
den 13. dito Vorm: Zwey H. Gebrüder Richter, Kaufleute aus Leipzig.
den 19. dito Vorm: Mr Donker, d'Hollande.
H. P. Constantius Kaltzer, } Franciscaner
H. P. Colomannus Stegmann } von Wien
H. Carolus Riedel, Studiosus.
den 22. dito Nachm.: H. Kertzendorff, Kaufmann aus Hamburg.
den 23. dito Vorm: Mr Arigoni, Chevalier de l'ordre militaire Royale de St. Louis.
den 31. dito Nachm: Mr Kraiewski, Instigator Regni.

Die drei Listen können natürlich nur ein lückenhaftes Bild vermitteln. Sie spiegeln überdies den unterschiedlichen Bildungsgrad ihrer Verfasser. Deutlich wird der soziale Rang der Besucher: Neben Adligen und Geistlichen finden sich Gelehrte und Studenten, Kaufleute und Beamte. Viele brachten Familienangehörige oder Bediente mit. Einige der Herren haben sowohl das Grüne Gewölbe als auch die Gemäldegalerie besichtigt. Aber es wird klar, daß die letztere Sammlung eindeutig den Vorrang genoß.

Johann Joachim Winckelmann, der gerade in jenen Monaten die Gemäldegalerie oft besucht hat, wird nicht erwähnt. Als Freund des Inspektors Riedel gehörte er offensichtlich zu den nichtoffiziellen Besuchern, deren Zahl gewiß groß war.

Die Bibliothek begann 1753 mit der Führung eines Gästebuches, das nach Ausweis des Titels nur »illustre« Namen verzeichnet: als einen der ersten den Maler Bellotto, später mehrfach Freunde Winckelmanns, so den Bildhauer Cavaceppi (1768), den Maler Oeser (damals Direktor der Leipziger Kunstakademie, 1778) und den Baron Muzell-Stosch (1779); Winckelmann selbst, obwohl nachweislich häufiger Benutzer der Bibliothek, ist wiederum nicht verzeichnet.[465] Nach dem Siebenjährigen Krieg wurde ein Gästebuch der Antikensammlung angelegt. Die Porzellansammlung folgte erst 1800; Friedrich Reichel hat die Eintragungen jüngst ausgewertet.[466]

Die meisten Besucher blieben auf Informationen durch die Inspektoren

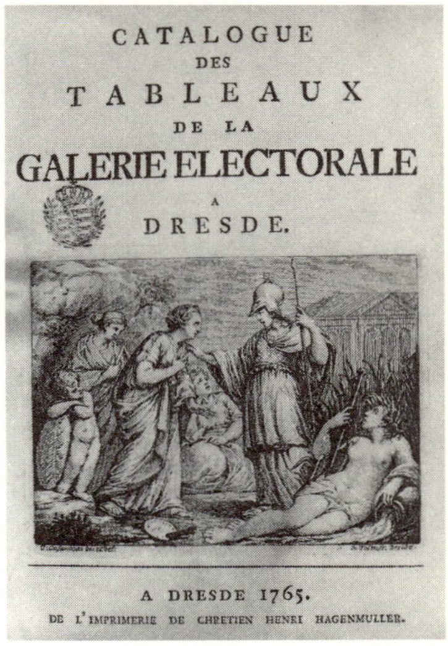

Johann Anton Riedel und Christian Friedrich Wenzel: Catalogue des tableaux de la Galerie Electorale à Dresde, 1765. Titelblatt mit einem Stich von Tolin nach Giovanni Casanova. Sächsische Landesbibliothek Dresden

Entsprechend den neuen Anforderungen, die bürgerliches Bildungsstreben an die Gemäldegalerien stellten, erschienen in der zweiten Hälfte des 18. Jahrhunderts gedruckte Kataloge. Im Gegensatz zu den repräsentativen Galeriewerken waren sie handlich und boten knappe Informationen zum gesamten ausgestellten Bestand. Der erste Dresdener Galeriekatalog erschien 1765 in französischer Sprache; eine deutsche Ausgabe folgte 1771. Der Titelstich feiert die Rückkehr der Gemälde vom Königstein in einer Allegorie: Minerva empfängt die aus der rauhen Gebirgswelt hervortretenden Künste an der Elbe, deren Nymphe entzückt aufblickt, während ein Putto mit kursächsischem Wappen eher gelassen zuschaut. Über dem Schiff erscheint die Fassade der Gemäldegalerie.

und Aufwärter angewiesen, die auch für den Schutz der Kunstwerke verantwortlich waren. Nicht immer konnten sie die Besucher zufriedenstellen. So klagt Christian Kosegarten 1801: »Die Führer sind hier dermaßen in Eile, daß es so gut ist, als sähe man nichts«.[467]

Seit der Mitte des 18. Jahrhunderts war allerorts das Bedürfnis nach handlichen Verzeichnissen zum Nachschlagen im Museum wach geworden.[468] Die meist weder authentischen noch informativen alten Beschreibungen der Reiseliteratur, wie sie in Dresden etwa ICCander, die ›Dreßdnische Adresse‹ und die 1737 zuerst gedruckte Beschreibung des Grünen Gewölbes vertraten, genügten diesem Anspruch ebenso wenig wie die repräsentativen Tafelwerke.

Johann Anton Riedel und Christian Friedrich Wenzel, Inspektoren der Gemäldegalerie und des Kupferstichkabinetts, veröffentlichten 1765 den ersten Katalog der Dresdener Gemälde, zunächst in französischer Fassung, der 1771 eine deutsche Ausgabe folgte.[469] Das ›Verzeichniß‹ beschreibt die Bilder der äußeren und der inneren Galerie in getrennter Nummernfolge und hält sich im allgemeinen an die räumliche Gliederung. Zum Auffinden eines im Katalog beschriebenen Bildes war es erforderlich, die Katalognummer auf dem Rahmen zu verzeichnen. Dies war der erste Schritt zur Beschriftung der Kunstwerke, wie sie heute selbstverständlich ist. Zuerst wurde sie 1793 im Pariser »Musée Français« konsequent durchgeführt.[470] Man darf nicht vergessen, daß in den alten Museumsensembles die Werke ungeschützt und auch unbeschriftet aufgestellt waren.

Einen breiten Raum nahmen die Sammlungen in den Stadtführern von Hasche (1782–83) und Daßdorf (1782) ein. Beide Autoren waren im allgemeinen gut unterrichtet; Daßdorf, der sich auf Lessing und Hagedorn beruft, vertritt die Position der Aufklärung, während Hasche stärker der barocken Tradition verhaftet ist und auch die damals als altmodisch empfundenen Sammlungen, wie Rüstkammer, Porzellansammlung und Grünes Gewölbe, mit Hingabe beschreibt.

Erst 1798 erschien eine separate ›Beschreibung der Churfürstlichen Antiken-Galerie in Dresden‹ von Johann Gottfried Lipsius.[471] Gedruckte Kataloge der übrigen Sammlungen wurden später, meist erst nach 1830 herausgegeben. Erst zu dieser Zeit wurde auch der (allerdings zeitlich und zahlenmäßig stark begrenzte) freie Eintritt und damit die Öffnung der Museen durchgesetzt.

Ihre größte Wirkung im geistigen Leben entfalteten die Dresdener Kunstsammlungen in den Jahrzehnten um 1800. Kaum ein namhafter Künstler und Gelehrter versäumte es, wenigstens auf der Durchreise einige Tage den Sammlungen zu widmen. Die schöne Lage der Stadt im Elbtal und die anmutige Kulturlandschaft um Dresden bewogen manchen, sich für längere oder kürzere Zeit in der Stadt niederzulassen. Wollte man die Eindrücke und Anregungen schildern, die von den Museumsbesuchen ausgingen, bedürfte es eines eigenen Buches.

vorhergehende Seite
Silberzimmer im Grünen Gewölbe: Rekonstruktion einer Schauwand. Staatliche Kunstsammlungen Dresden, Albertinum, 1974

Elfenbeinzimmer im Grünen Gewölbe: Rekonstruktion eines Wandfeldes. Staatliche Kunstsammlungen Dresden, Albertinum, 1974

gegenüberliegende Seite
Christus und Magdalena (»Noli me tangere«), Schmuckaltar von Georg Christoph Dinglinger, vor 1722.
Silber (teilweise vergoldet), Spiegelglas, Edelsteine, Korallenschnitzerei (Sizilien, um 1700). H. 19,7 cm.
Grünes Gewölbe, Inv. Nr. VI 55

SPQR

Drachenschale mit Medea, Kabinettstück von Johann Melchior Dinglinger, vor 1709. Sardonyx, Gold, Email, Diamanten. H. 30 cm.
Grünes Gewölbe, Inv. Nr. VI 93

vorhergehende Seite
Schale mit polnischem Pferd, Kabinettstück von Johann Melchior Dinglinger, vor 1722
Silber vergoldet, Chalcedon, Edelsteine, Email. H. 29 cm. Grünes Gewölbe, Inv. Nr. VI 109

Des Lebens höchste Freuden, Kabinettstück von Johann Melchior Dinglinger
unter Mitarbeit von Christoph Hübner und Gottlieb Kirchner, 1728.
Gold, Silber, Kelheimer Stein, Perlen, Email. H. 139 cm. Grünes Gewölbe, Inv. Nr. VIII 379

gegenüberliegende Seite
Reliefspiegel von Dirich Utermarke, Lüneburg 1592.
Silber (überwiegend vergoldet), Spiegelglas, Hinterglasmalerei, Amethyst, Bergkristall. H. 115 cm.
Der Spiegel gelangte erst 1832 aus der Kunstkammer in das Grüne Gewölbe. Grünes Gewölbe, Inv. Nr. IV 110

vorhergehende Seite
Der Hofstaat des Großmoguls,
Kabinettstück von Johann Melchior, Georg Christoph und Georg Friedrich Dinglinger, 1701–1708.
Gold, Silber, Email, Edelsteine, Perlen. B. 142 cm, T. 114 cm, H. 58 cm.
Grünes Gewölbe, Inv. Nr. VIII 204

Tasche aus der Bergmannsgarnitur des Kurfürsten Johann Georg II. von Samuel Klemm, Freiberg 1677.
Leder, Silber (z. T. vergoldet), Edel- und Schmucksteine, Email.
Die Garnitur wurde 1678 vom Kurfürsten beim Bergmannsfest, noch einmal 1719 vom Oberbergwerksdirektor bei der Bergparade zum Saturnfest getragen. Bereits 1733 gehörte sie zum Bestand des Juwelenzimmers.
Grünes Gewölbe, Inv. Nr. VIII 317–324

gegenüberliegende Seite
Flasche mit eingeschnittenen Szenen aus der Geschichte Noahs, Werkstatt der Brüder Sarachi, Mailand um 1580
Bergkristall, Gold, Smaragde. H. 31, 5 cm.
Grünes Gewölbe, Inv. Nr. V 186

Faun und Nymphe, Giovanni da Bologna, Florenz vor 1585. Bronze auf Ebenholzsockel. H. 20,8 cm.
Die Gruppe gelangte 1585 als Geschenk des Großherzogs von Toscana nach Dresden. Grünes Gewölbe, Inv. Nr. IX 34

Diana auf einem Kentauren reitend, Automat, Augsburg um 1600. Silber (teilweise vergoldet), Email, Edelsteine. H. 47 cm. 1610 von Kurfürst Christian II. in Prag erworben. Grünes Gewölbe, Inv. Nr. IV 150

Georg Petel: Porträtbüste des Königs Gustav II. Adolf von Schweden, Augsburg 1632. Bronze. H. 67,8 cm. Nach Keyßlers Zeugnis 1730 in der Gemäldegalerie aufgestellt. Skulpturensammlung, Inv. Nr. H 154/22

Adriaen de Vries: Porträtbüste des Kurfürsten Christian II., Prag 1603. Bronze. H. 95,6 cm.
Geschenk Kaiser Rudolfs II. an Christian II. anläßlich ihrer Begegnung in Prag 1607.
Skulpturensammlung, Inv. Nr. H 1/4

Antonio di Pietro Averlino (Filarete): Marc Aurel zu Pferde, reduzierte Kopie des Reiterstandbildes vom Kapitol, um 1440. Bronze. H. 37,1 cm. Als Geschenk des Herzogs von Mantua 1585 nach Dresden gelangt. Skulpturensammlung, Inv. Nr. H 155/37

gegenüberliegende Seite
Giovanni da Bologna: Nessus und Dejanira, um 1580. Bronze. H. 42,2 cm. Als Geschenk des Großherzogs von Toscana 1585 nach Dresden gelangt. Skulpturensammlung, Inv. Nr. H 23/95

Flötenvase mit blauem Fond und Chinoiserie in Schmelzfarbenmalerei, signiert von Johann Gregorius Höroldt, Meißen 1726. Porzellan. H. 39,5 cm. Porzellansammlung, Inv. Nr. P. E. 666

Blumenstrauß, Vincennes (Sèvres) 1749. Frittenporzellan. H. 115 cm.
Geschenk der Dauphine Maria Josepha an ihren Vater August III.
Porzellansammlung, Inv. Nr. P.E. 707

Zwei Flaschenvasen, Japan, 1715–1730. Porzellan. H. 25,1 und 24,6 cm.
Porzellansammlung, Inv. Nr. P. O. 4795 und 4796

gegenüberliegende Seite
Deckelvase mit Bemalung im Imari-Stil, Japan um 1700. Porzellan. H. 63 cm.
Porzellansammlung, Inv. Nr. P. O. 5200

Musizierendes Paar auf dem Sofa, Gruppe von Johann Joachim, Kändler, Meißen 1737. Porzellan. H. 18 cm. Porzellansammlung, Inv. Nr. P. E. 532. Erst 1926 erworben.

gegenüberliegende Seite
Deckelgriff einer Terrine vom Schwanenservice, Johann Joachim Kändler, Meißen 1738. Porzellan. (gesamt) 53,5 cm. Porzellansammlung, Inv. Nr. P. E. 1450

Automatenuhr, Paulus Schuster, Nürnberg 1587. Messing vergoldet, Silber, Ebenholz. H. 80 cm.
Mathematisch-Physikalischer Salon, Inv. Nr. D V 8

gegenüberliegende Seite
Geographisch-astronomische Kunstuhr, Johannes Klein, Prag 1738. Geschnitztes Gehäuse. H. 86 cm. Gefertigt für August III.
Mathematisch-Physikalischer Salon, Inv. Nr. D IV d 3

AVGVSTVS DEI GRATIA

gegenüberliegende Seite
Planetenlaufuhr, Eberhard Baldewein und Hans Bucher, Kassel 1563–1567. Gehäuse mit Gold, Silber und Email. H. 120 cm. Gefertigt für den Kurfürsten August von Sachsen. Mathematisch-Physikalischer Salon, Inv. Nr. D IV d 4

Äquatorial-Tischsonnenuhr, I. G. Zimmer, Reinharz 1760. Messing vergoldet. H. 22,5 cm. Mathematisch-Physikalischer Salon, Inv. Nr. D I 9. Vermutlich 1777 erworben.

Arabischer Himmelsglobus, Mohammed ben Muyid el Ordhi, Meragha 1279. Bronze. D. 14,5 cm.
Erworben 1562 durch Kurfürst August von dem Coburger Mathematiker Nicolaus Valerius.
Mathematisch-Physikalischer Salon, Inv. Nr. E II 1

gegenüberliegende Seite
Globusuhr, Georg Roll und Johannes Reinhold, Augsburg 1586. Messing, vergoldet, Holzsockel. H. 58 cm.
Mathematisch-Physikalischer Salon, Inv. Nr. E II 2

Luftpumpe, Jacob Leupold, Leipzig um 1709. Messing, Nußbaumholz. L. (Zylinder) 75 cm.
Erworben 1709 auf der Leipziger Messe. Mathematisch-Physikalischer Salon, Inv. Nr. B II c 1

gegenüberliegende Seite
Doppelbrennlinsen-Apparat, Ehrenfried Walther von Tschirnhaus, Kieslingswalde 1685. Holz, Glas. H. 250 cm.
Mathematisch-Physikalischer Salon, Inv. Nr. B V 6

folgende Seiten
Halbharnisch, Dresden 1591. Silber. Historisches Museum, Inv. Nr. M 63

Prunkharnisch für Mann und Roß, für König Erik XIV. von Schweden 1562–1564 gefertigt.
Plattnerarbeit schwedisch, Treibarbeit von Eliseus Libaerts, Antwerpen.
Historisches Museum, Inv. Nr. M 100

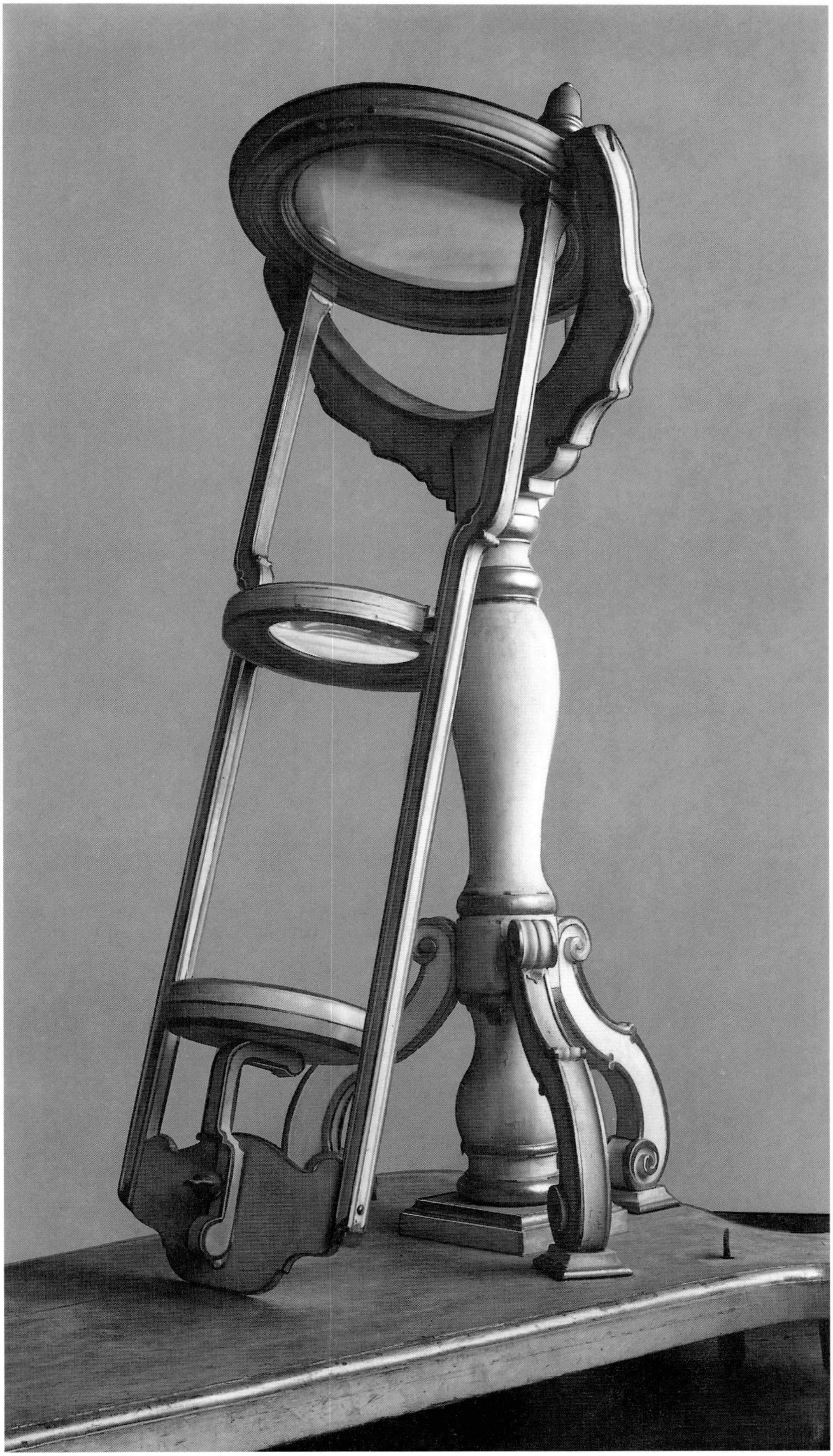

Griff eines Schwertes, besetzt mit Diamanten und farbig unterlegtem Bergkristall, deutsch, Anfang 18. Jh. L. (gesamt) 93,5 cm. Laut Inventarvermerk hat August der Starke mit diesem Schwert 1722 seinen Sohn zum Ritter des Goldenen Vließes geschlagen. Es wurde lange im Grünen Gewölbe aufbewahrt. Historisches Museum, Inv. Nr. VI 456

Verzierter Kolben eines Gewehres, Johann Christoph Stockmar, Suhl, 1748. L. (gesamt) 136,5 cm.
Historisches Museum, Inv. Nr. G 863

Rundschild mit getriebenem Relief, Lucio Piccinino, Mailand vor 1567. Eisen gebläut und goldtauschiert. D. 60 cm. Das Relief (»Die Gerechtigkeit des Scipio«) ist nach einem Kupferstich von Antonio Salamanca (1542) gestaltet. Historisches Museum, Inv. Nr. N 148

vorhergehende Seite
Griff eines Säbels, deutsch, Ende 17. Jh. Silber vergoldet mit Schmucksteinen. L. (gesamt) 88 cm.
Historisches Museum, Inv. Nr. VI 448

Andrea Mantegna: Maria mit dem Kind, 1485–1490. Kupferstich, 25,4 × 22,8 cm. Kupferstichkabinett, Inv. Nr. 87 042

gegenüberliegende Seite
Albrecht Dürer: Kurfürst Friedrich III. von Sachsen, 1524. Kupferstich, 19,3 × 12,2 cm.
Kupferstichkabinett, Inv. Nr. A 845

·CHRISTO · SACRVM·
·ILLE·DEI VERBO·MAGNA PIETATE·FAVEBAT·
·PERPETVA·DIGNVS·POSTERITATE·COLI·
·D·FRIDR·DVCI·SAXON·S·R·IMP·
·ARCHIM·ELECTORI·
·ALBERTVS·DVRER·NVR·FACIEBAT·
·B·M·F·V·V·
·M·D·XXIIII·

Paolo Veronese: Die Hochzeit zu Kana, nach 1571. Leinwand, 207 × 457 cm. 1746 aus der herzoglichen Galerie zu Modena.
Gemäldegalerie Alte Meister, Nr. 226

Giorgione: Schlummernde Venus, um 1508–1510. Leinwand, 108,5 × 175 cm. 1699 durch Le Roy erworben.
Gemäldegalerie Alte Meister, Nr. 185

gegenüberliegende Seite
Tizian: Der Zinsgroschen, um 1516. Pappelholz, 75 × 56 cm. 1746 aus der herzoglichen Galerie zu Modena.
Gemäldegalerie Alte Meister, Nr. 169

Hans Holbein der Jüngere: Bildnis des Charles de Solier, Sieur de Morette, 1534/35. Eichenholz, 92,5 × 75,5 cm.
1746 als Werk des Leonardo da Vinci aus der herzoglichen Galerie zu Modena. Gemäldegalerie Alte Meister, Nr. 1890.

Palma Vecchio: Die drei Schwestern. Pappelholz, 88 × 123 cm. 1743 durch Algarotti in Venedig erworben.
Gemäldegalerie Alte Meister, Nr. 189

Peter Paul Rubens: Dianas Heimkehr von der Jagd, um 1610. Leinwand, 136 × 184 cm. 1709 in Antwerpen erworben. Gemäldegalerie Alte Meister, Nr. 962 A

gegenüberliegende Seite
Rembrandt: Ganymed in den Fängen des Adlers, 1635. Leinwand, 171 × 130 cm. 1751 durch Heinecken aus Hamburg erworben, vgl. S. 115 Gemäldegalerie Alte Meister, Nr. 1558

Nicolas Poussin: Das Reich der Flora, 1630/31. Leinwand, 131 × 181 cm.
Erstmals in dem 1722 begonnenen Inventar verzeichnet. Gemäldegalerie Alte Meister, Nr. 719

ANMERKUNGEN

1 Zur Biographie Augusts des Starken und zur Geschichte seiner Regierung stehen umfassende Untersuchungen noch aus. Vgl. jetzt vor allem K. Czok, August der Starke und Kursachsen, Leipzig 1987. – Ders., Zur absolutistischen Politik Augusts des Starken in Sachsen, in: Sächsische Heimatblätter 29, 1983, S. 145 ff. – J. Staszewski, Die sächsisch-polnische Union und die Umwandlungsprozesse in beiden Ländern, a. O. S. 154 ff. – R. Groß, Außen- und innenpolitische Verhältnisse Kursachsens an der Wende vom 17. zum 18. Jahrhundert, a. O. S. 218 ff. – Von der älteren Literatur wurden vorwiegend herangezogen: C. Gurlitt, August der Starke, 2 Bde, Dresden 1924. – P. Haake, August der Starke, Berlin/Leipzig 1927.

2 Vgl. Czok, Zur absolutistischen Politik (wie Anm. 1) S. 146. – Groß (wie Anm. 1) S. 128. – R. Forberger, Die Manufaktur in Sachsen, Berlin 1958. – Ders., Zu einigen ökonomischen Schwerpunkten und Problemen Kursachsens an der Wende vom 17. zum 18. Jahrhundert, in: Sächsische Heimatblätter 29, 1983, S. 161 ff.

3 Vgl. Czok, Zur absolutistischen Politik (wie Anm. 1). – Staszewski (wie Anm. 1). – C. Gurlitt, Warschauer Bauten aus der Zeit der sächsischen Könige, Berlin 1917, S. 7 ff. – Um die polnische Krone. Sachsen und Polen während des Nordischen Krieges 1700–1721. Bearb. v. J. Kalisch u. J. Gierowski, Berlin 1962.

4 Gurlitt (wie Anm. 1) S. 110. – J. Ziechmann, Sachsen, in: Panorama der friderizianischen Zeit, Bremen 1985, S. 756.

5 Vgl. Staszewski (wie Anm. 1).

6 Zum Nordischen Krieg vgl. Czok, Zur absolutistischen Politik (wie Anm. 1) S. 147.

7 Vgl. F. Löffler, Das alte Dresden, 6. Aufl., Leipzig 1982, S. 75 ff.

8 Vgl. Löffler (wie Anm. 7) S. 118 ff.

9 Vgl. S. Asche, Balthasar Permoser, Berlin (West) 1978. – H. Marx, Barocke Malerei in Dresden, in: Kunst der Bachzeit, Leipzig 1985, S. 24 f. – Staatliche Kunstsammlungen Dresden: Matthäus Daniel Pöppelmann 1662–1736. Ein Architekt in Dresden, Dresden 1987.

10 E. v. Watzdorf, Johann Melchior Dinglinger. Der Goldschmied des deutschen Barock, 2 Bde, Berlin (West) 1962. – J. Menzhausen, Johann Melchior Dinglinger und der Dresdener Barock, in: Dresdener Kunstblätter 25, 1981, S. 3 ff.

11 Vgl. die Schilderungen bei E. Hempel, Der Dresdner Zwinger, Leipzig 1964, S. 66 ff.

12 Gurlitt (wie Anm. 3) S. 56 ff. – W. Hentschel, Die sächsische Baukunst des 18. Jahrhunderts in Polen, Berlin 1967, S. 91 ff.

13 a. O. S. 140.

14 Grundlegend: H. Rößler, in: Neue Deutsche Biographie 1, 1953, S. 448 ff. (mit älterer Lit.). – Vgl. die Beiträge zum 400. Todesjahr des Kurfürsten August: Dresdner Hefte 4, 1986, Heft 4 (Beiträge zur Kulturgeschichte 9), und Sächsische Heimatblätter 33, 1987, Heft 1.

15 Vgl. K. Assmann, Die Anfänge der Sächsischen Landesbibliothek, in: Sächsische Landesbibliothek Dresden 1556–1956, Festschrift zum 400jährigen Bestehen, Leipzig 1956, S. 15 ff.

16 Vgl. C. B. Stark, Systematik und Geschichte der Archäologie der Kunst, Leipzig 1880 (Reprint München 1969), S. 80 ff. – R. v. Busch, Studien zu deutschen Antikensammlungen des 16. Jahrhunderts, phil. Diss. Tübingen 1973. – W. Liebenwein, Die Villa Albani und die Geschichte der Kunstsammlungen, in: Forschungen zur Villa Albani (Frankfurter Forschungen zur Kunst 10), Berlin (West) 1982, S. 461 ff.

17 Vgl. Stark (wie Anm. 16) S. 92. – H. Bredekamp, Antikensehnsucht und Maschinenglauben, in: Forschungen zur Villa Albani (wie Anm. 16) S. 515. – B. J. Balsiger, The Kunst- und Wunderkammern, Phil. Diss. Pittsburgh 1970, S. 541 ff.

18 Balsiger (wie Anm. 17) S. 62 ff. – Bredekamp (wie Anm. 17) S. 515.

19 Vgl. R. Berliner, Zur älteren Geschichte der allgemeinen Museumslehre in Deutschland, in: Münchner Jahrbuch der bildenden Kunst N. F. 5, 1928, S. 328 ff. – Balsiger (wie Anm. 17) S. 363 ff. – E. Scheicher, Die Kunst- und Wunderkammern der Habsburger, Wien 1979, S. 68.

20 Vgl. das Glossarium bei Balsiger (wie Anm. 17) S. 740 ff.

21 Vgl. Berliner (wie Anm. 19) S. 330 f.

22 Münchener Kunstkammer: V. Scherer, Deutsche Museen, Jena 1913, S. 17 ff. – Balsiger (wie Anm. 17) S. 59 f. – H. Brunner, Die Kunstschätze der Münchener Residenz, München 1977, S. 18 f. – Scheicher (wie Anm. 19) S. 191 ff.

23 Die Jahreszahl nennt Tobias Beutel, Chur-Fürstlicher Sächsischer stets grünender hoher Cedern-Wald ..., Dresden 1671, S. E 2. Sie wurde allgemein akzeptiert: V. Hantzsch, Beiträge zur älteren Geschichte der kurfürstlichen Kunstkammer in Dresden, in: Neues Archiv für sächsische Geschichte 23, 1902, S. 220. – W. Fischer, Mineralogie in Sachsen, Dresden 1939, S. 29. – J. Menzhausen, Dresdener Kunstkammer und Grünes Gewölbe, Leipzig 1977, S. 12. – Ders. (wie Anm. 14) S. 27. – Scheicher (wie Anm. 19) S. 194 ff.

24 Staatsarchiv Dresden Loc. 8694: Index numismatum ..., fol. 1.
25 Fischer (wie Anm. 23) S. 34. – Menzhausen (wie Anm. 23) S. 188 f.
26 Menzhausen (wie Anm. 23) S. 13 f.
27 Zur Lage vgl. vor allem Fischer (wie Anm. 23) S. 199 Anm. 105 mit Grundriß. Die Lage war vielleicht bedingt durch die Nähe zu den kurfürstlichen Wohnräumen. Die Bezeichnung »unterm Schloßdach« (Menzhausen, wie Anm. 23, S. 28) ist etwas irreführend.
28 Inventarium über des Kurfürsten zu Sachsen ... Kunstkammer in ... Schloß und Festung zu Dresden ... Inventiert und aufgerichtet anno 1587 (als Leihgabe des Staatsarchivs Dresden im Archiv der Staatlichen Kunstsammlungen Dresden).
29 Dazu ausführlich Fischer (wie Anm. 23) S. 31 ff.
30 Des Geöffneten Ritter-Platzes Dritter Theil ..., Hamburg 1723, S. 139.
31 v. Busch (wie Anm. 16) S. 210.
32 Vgl. G. Heres, Kaiserserien in den Kunstkammern des Barock, in: Römische Porträts. Wiss. Zeitschrift der Humboldt-Universität zu Berlin, ges.- und sprachwiss. Reihe 1982, 2/3, S. 209 f.
33 Staatsarchiv Dresden Loc. 9835. – Vgl. Stark (wie Anm. 16) S. 159. – C. Justi, Winckelmann, 3. Aufl., Bd. 1, Leipzig 1923, S. 270. – Menzhausen (wie Anm. 23) S. 16 ff.
34 E. Lieber, Verzeichnis der Inventare des Staatlichen Kunstsammlungen Dresden 1568 –1945, Dresden 1979, S. 13 f.
35 Hantzsch (wie Anm. 23) S. 249. 36 a. O. S. 259 ff.
37 wie Anm. 23; erschien zuletzt in dritter Auflage noch 1703.
38 A. Weck, Der Chur-Fürstlichen Sächsischen weitberuffenen Residentz- und Haupt-Vestung Dresden Beschreib- und Vorstellung, Nürnbcrg 1679, S. 34.
39 Weck a. O. – Dort S. 25 ff. und bei Beutel (wie Anm. 23) die folgenden Zitate.
40 Vgl. Hantzsch (wie Anm. 23) passim. – H. Menz, Kunstkammer und Gemäldegalerie in Dresden, in: Dresdener Kunstblätter 29, 1985, S. 162 ff.
41 Weck (wie Anm. 39) S. 37; von Beutel nicht hervorgehoben.
42 K. Heyn, Aus den Fremdenbüchern der Dresdner Kunstkammer, in: Mitteilungen aus den Sächsischen Kunstsammlungen 6, 1915, S. 72. – Zum folgenden: a. O. S. 76 ff.
43 Beutel (wie Anm. 23) S. Q 1 ff. – Weck (wie Anm. 39) S. 40 f. – Vgl. W. Schäfer, Kurfürstliche Anatomie-Kammer in Dresden, in: Sachsen-Chronik 1, 1854, S. 123 ff.
44 Weck (wie Anm. 39) S. 40.
45 Beutel (wie Anm. 23) S. Q 2. – Das »grün angestrichene von kupffernen Blech verfertigte Laubwerck« erwähnt noch ICCander (J. Ch. Crell), Das Auf dem höchsten Gipfel ... prangende ... Dresden, 2. Aufl., Dresden 1723, S. 33.
46 Zum Stallgebäude vgl. Löffler (wie Anm. 7) S. 42 ff. – Zur Geschichte der Rüstkammer vgl. die besonders gründliche Darstellung von A. Erbstein, Beschreibung des K. Historischen Museums und der K. Gewehrgalerie, Dresden 1889, S. 3 ff.
47 G. Heres, Die Dresdener Sammlungen in Keyßlers »Neuesten Reisen«, in: Jahrbuch der Staatlichen Kunstsammlungen Dresden 11, 1982 (1978–79), S. 110 f.
48 P. Arnold, Das Münzkabinett Dresden, in: Commission Internationale de Numismatique, Compte rendu 30, 1983, S. 34.
49 Vgl. ICCander (wie Anm. 45), 1. Aufl., Dresden 1719, S. 10. – C. Gurlitt, Die Kunstdenkmäler Dresdens (Beschreibende Darstellung der älteren Bau- und Kunstdenkmäler des Königreichs Sachsen 21–23), Dresden 1903, S. 384. – N. Oelsner/H. Prinz, Zur politisch-kulturellen Funktion des Dresdner Residenzschlosses, in: Sächsische Heimatblätter 31, 1985, S. 245.
50 Vgl. Hantzsch (wie Anm. 23) S. 285. – Heyn (wie Anm. 42) S. 82.
51 v. Watzdorf (wie Anm. 10) S. 98.
52 Hantzsch (wie Anm. 23) Anm. 294.
53 v. Watzdorf (wie Anm. 10) S. 368 Anm. 153. S. 132 und 368 Anm. 202.
54 Fischer (wie Anm. 23) S. 48. – In einem Bericht an den Grafen Friesen vom 12. 1. 1730 (Staatsarchiv Dresden, Loc. 895: Die Kunst-Cammer ... betr. ao. 1718–1762 sq., fol. 76 ff.) nennt Tobias Beutel d. J. das Obergeschoß des Klepperstalls als ersten Verlagerungsort, allerdings ohne Datum.
55 Als spätere Verlagerungsorte werden von Beutel a. O. das »Japan. Palais« und das »Kgl. Palais auf der Pirnischen Gaße« bezeichnet.
56 Die Geöffnete Raritaeten- und Naturalien-Kammer ..., Hamburg 1707, in: Des Geöffneten Ritter-Platzes Dritter Teil ..., Hamburg 1723.
57 Staatsarchiv Dresden, Loc. 516: Anzeigen über die auf den Kgl. Schlössern befindlichen Bilder und Pretiosen 1704.
58 Staatsarchiv Dresden, Loc. 895: Das Müntz-Cabinet und die dazu bestellte Persohnen betr. ao. 1713–1771, fol. 7.
59 a. O. fol. 13 f. – Loc. 895: Die von dem Cammerherrn von Birckholtz erhandelte Medaillen betr. ao. 1714.

60 Staatsarchiv Dresden, Loc. 2097 Nr.33 Blatt 28. – Vgl. G. Glaser, Das Grüne Gewölbe im Dresdener Schloß als Weiterentwicklung der barocken Architekturidee des Spiegelkabinetts, als Spezialmuseum und als Ausgangspunkt gegenwärtiger Museumsgestaltung, in: Jahrbuch der Staatlichen Kunstsammlungen Dresden 12, 1983 (1980), S. 21 ff. – G. Heres, August der Starke und die Reorganisation der Dresdener Sammlungen, in: Dresdner Hefte 3, 1984, S. 49 ff.
61 Vgl. Berliner (wie Anm. 19) S. 337.
62 Vgl. Gurlitt (wie Anm. 49) S. 593 f. – Löffler (wie Anm. 7) S. 142 f.
63 Staatsarchiv Dresden, OHMA Pläne Cap. II Nr. 3 g. – Den Hinweis auf dieses unpublizierte Blatt verdanke ich W. May (Dresden).
64 Vgl. H. G. Ermisch, Der Dresdner Zwinger, Dresden 1953, S. 23 ff. – F. Löffler, Der Zwinger in Dresden, 2. Aufl., Leipzig 1985, S. 34 ff.
65 Glaser (wie Anm. 60) S. 23 f.
66 Staatsarchiv Dresden, OHMA Pläne Cap. I A Nr. 7 b und 12 a.
67 Staatsarchiv Dresden, OHMA Pläne Cap. I A Nr. 11. – Glaser (wie Anm. 60) S. 24 Abb. 19.
68 Staatsarchiv Dresden, OHMA Pläne Cap. I B Nr. 10.
69 Vgl. G. Heres, Der erste Umbau des Dresdener Stallgebäudes im Lichte der Engelbrechtschen Architekturstiche, in: Jahrbuch der Staatlichen Kunstsammlungen Dresden 13, 1984 (1981), S. 101 ff.
70 Fischer (wie Anm. 23) S. 47.
71 a. O. S. 48.
72 a. O. S. 48.
73 Vgl. vor allem Fischer (wie Anm. 23) S. 51 ff.
74 Heucher schrieb 1735, der König habe ihn vor etwa zwanzig Jahren mit dieser Aufgabe betraut; Fischer (wie Anm. 23) S. 53.
75 Staatsarchiv Dresden, OHMA Pläne Cap. I B Nr. 60 a–f (b. Erstes Obergeschoß, c. Zweites Obergeschoß).
76 Gurlitt (wie Anm. 49) S. 538 ff. – Löffler (wie Anm. 7) S. 276 ff.
77 Fischer (wie Anm. 23) S. 54. – Die Tongefäße sind zum Teil schon in Leplats ›Recueil‹ abgebildet, worauf Fischer Anm. 189 hinweist.
78 Staatsarchiv Dresden, Loc. 895: Das Müntz-Cabinet und die dazu bestellte Persohnen betr. ao. 1713–1721, fol. 9 ff. – Vgl. P. und H. Zazoff, Gemmensammler und Gemmenforscher, München 1983, S. 6 f.
79 Staatsarchiv Dresden a. O.: Der König teilt dem Kammerkollegium am 17.5.1721 mit, daß Stosch sein Gehalt von 600 Thlr noch bis Juni 1727 beziehen soll und daß es danach an Heucher gehen soll »wegen seiner bey Unserer Naturalien- Estampes- und anderer Curiositaeten Cabinets habenden Mühwaltung«.
80 Fischer (wie Anm. 23) S. 212.
81 Fischer (wie Anm. 23) S. 213.
82 Vgl. Thea v. Seydewitz, Ernst Christoph Graf Manteuffel, Kabinettsminister Augusts des Starken (Aus Sachsens Vergangenheit 5), Dresden 1926. – Fischer (wie Anm. 23) S. 213 f. Anm. 187.
83 v. Seydewitz (wie Anm. 82) S. 111 ff. und 143 ff.
84 Fischer (wie Anm. 23) S. 215 Anm. 198.
85 Fischer (wie Anm. 23) S. 212 Anm. 186.
86 ICCander (wie Anm. 46) S. 47.
87 Das fröhliche Dresden, Dresden 1728, S. 7.
88 Staatsarchiv Dresden, Loc. 8693: Acta Commissionis et Denunciationis. Die allergnädigst anbefohlene Untersuchung eines auff dem Königl. Regiments Hauße alhier ... ausgeübten Diebstahls betr. 1722.
89 G. Dutschmann, Ein Tagebuch aus der Kurfürstlichen Hofgärtnerei zu Dresden, in: Sitzungsberichte Flora Dresden N. F. 34/35, 1929/1930, S. 57. – Vgl. Fischer (wie Anm. 23) S. 47 mit Anm. 147.
90 Gurlitt (wie Anm. 49) S. 365. – G. Glaser, Das Grüne Gewölbe im Dresdener Schloß, Diss. TU Dresden 1974, S. 26. B. Gonschor, Gewölbestukkaturen des 16. Jahrhunderts im Dresdner Schloß, in: Sächsische Heimatblätter 22, 1976, S. 15 ff.
91 Staatsarchiv Dresden, Loc. 896: Sachen das Grüne Gewölbe ... betr. ao. 1704 sq., fol. 1 b–2. – Vgl. Glaser (wie Anm. 90) S. 26.
92 v. Watzdorf (wie Anm. 10) S. 218.
93 v. Watzdorf (wie Anm. 10) S. 47 f.
94 Glaser (wie Anm. 60) S. 34 ff.
95 Glaser (wie Anm. 60) S. 12 ff.
96 Sturm (wie Anm. 30) S. 61.
97 Sturm (wie Anm. 30) S. 38 f.

98 Glaser (wie Anm. 60) S. 42 mit Abb. 57.
99 Glaser (wie Anm. 90) S. 71.
100 Glaser (wie Anm. 90) S. 70. – J. Menzhausen, Das Grüne Gewölbe, 3. Aufl., Leipzig 1974, Abb. 3.
101 Glaser (wie Anm. 60). – Vgl. auch Menzhausen (wie Anm. 100).
102 Glaser (wie Anm. 60) S. 44.
103 a. O. S. 43.
104 a. O. S. 45 ff.
105 Eine Serie (ohne Bronzen- und Elfenbeinzimmer) befindet sich im Archiv der Staatlichen Kunstsammlungen, eine zweite (ohne Elfenbeinzimmer) im Staatsarchiv Dresden, Loc. 2928: Sieben Inventarien des Grünen Gewölbes.
106 Beschreibung des Grünen Gewölbes in Dreßden, Frankfurt/Leipzig 1737. – Die Auflagen von 1749 und 1752 sind zuverlässiger.
107 Zitiert nach Glaser (wie Anm. 60) S. 31.
108 K. Pohlnischer und Churfürstlich Sächsischer Hoff- und Staatskalender 1746, S. 14.
109 Erstmals so genannt 1746 (wie Anm. 108).
110 Beschreibung (wie Anm. 106) 1749, S. 3.
111 a. O.
112 Der folgende Überblick orientiert sich an Glasers Analyse der einzelnen Räume und ihrer Dekoration: Glaser (wie Anm. 90) S. 85 ff. Vgl. Das Dresdener Schloß. Monument sächsische Geschichte und Kultur, Dresden 1989, S. 83 ff.
113 Vgl. Inventarium über das Bronzezimmer in der geheimen Verwahrung des grünen Gewölbes zu Dreßden 1733 (wie Anm. 105).
114 Inventarium (wie Anm. 113) S. 59.
115 Vgl. Heres, Keyßler (wie Anm. 47) S. 103.
116 Glaser (wie Anm. 90) Anhang 1.
117 Inventarium über das Elfenbeinzimmer in der Geheimen Verwahrung des Grünen Gewölbes zu Dresden, 1819.
118 Vgl. Menzhausen (wie Anm. 23) S. 101 ff. – Beschreibung (wie Anm. 106) 1749, S. 5.
119 Beschreibung (wie Anm. 106) 1749, S. 6.
120 Glaser (wie Anm. 90) S. 134.
121 Vgl. G. Heres, Das Grüne Gewölbe im Urteil der Goethezeit, in: Dresdener Kunstblätter 23, 1979, S. 87 ff.
122 Vgl. vor allem H. Seling, Die Entstehung des Kunstmuseums als Aufgabe der Architektur, phil. Diss. Freiburg/Br. 1952, S. 27 ff. – Scherer (wie Anm. 22) S. 43 ff.
123 Zum Einfluß der holländischen Tradition auf die fürstlichen Gemäldegalerien vgl. Seling (wie Anm. 122) S. 18 ff.
124 K. Woermann, Katalog der Königlichen Gemäldegalerie zu Dresden, 5. Aufl., Dresden 1902, S. 4.
125 Seling (wie Anm. 122) S. 55 f.
126 Seling (wie Anm. 122) S. 12.
127 Staatsarchiv Dresden, Loc. 9835: Die Churfürstliche Kunst-Cammer belangend 1593–1694, fol. 262.
128 Hantzsch (wie Anm. 25) S. 265. – Heyn (wie Anm. 42) S. 75.
129 Vgl. Hantzsch (wie Anm. 25) S. 285 ff. mit Anm. 294. – Heres, Keyßler (wie Anm. 47) S. 105; dort die von A. Walther (Der Zeitpunkt der Entstehung der Dresdener Gemäldegalerie im Stallhof, in: Dresdener Kunstblätter 23, 1979, S. 115) und A. Mayer-Meintschel (Gemäldegalerie Alte Meister: Katalog der ausgestellten Werke, Dresden 1979, S. 14) mitgeteilte, wohl irrtümliche Zahl von 535 Gemälden.
130 Meine früher geäußerte Zuweisung (Heres, Keyßler, wie Anm. 47, S. 105) läßt sich nach den neuen Aktenfunden nicht aufrecht erhalten, vgl. Oelsner/Prinz (wie Anm. 49) S. 247.
131 So Oelsner/Prinz (wie Anm. 49) S. 247. – Über das gegen 1690 von Johann Georg Starcke errichtete, gegen 1710 schon wieder abgebrochene Redoutenhaus ist wenig bekannt. Gurlitts Inventar verzeichnet es nicht. Nach Löffler (wie Anm. 7) S. 87 zu Abb. 105 lag es nördlich, nach Oelsner/Prinz (wie Anm. 49) a. O. »westlich« vom Schloß. Der Plan von 1694 (Gurlitt, wie Anm. 49, Tafel 14) verzeichnet den Bau nicht.
132 Vgl. Heres, Keyßler (wie Anm. 47) S. 105 mit Anm. 39.
133 Seling (wie Anm. 122) S. 44. – B. v. Götz-Mohr, Karl Eusebius von Liechtenstein, in: Die Bronzen der Fürstlichen Sammlung Liechtenstein, Frankfurt/M. 1986, S. 67 ff.
134 J. Hübner, Verzeichniß der K. Gemälde-Gallerie zu Dresden, Dresden 1856, S. 1 und 5. – Woermann (wie Anm. 124) S. 5. – Gurlitt (wie Anm. 49) S. 414. – Walther (wie Anm. 129).
135 H. Marx, Vom Residenzschloß ins Stallgebäude am Neumarkt, in: Dresdener Kunstblätter 23, 1979, S. 44 ff. – Heres, Keyßler (wie Anm. 47) S. 101 ff. – Heres, Umbau (wie Anm. 69). – Oelsner/Prinz (wie Anm. 49).

136 E. Haenel, Der alte Stallhof in Dresden, Dresden 1937. – Heres, Umbau (wie Anm. 69).
137 Staatsarchiv Dresden, Loc. 773: Die Reparirung des Schloßes zu Dreßden ... betr. ao. 1717. 1718, fol. 84 f. – Vgl. Oelsner/Prinz (wie Anm. 49) S. 247 und 252.
138 a. O. fol. 262 f. 264 f.
139 Zuerst ausgewertet von F. Reichel, in: Dresdener Kunstblätter 16, 1972, S. 144 f. – Vgl. Oelsner/Prinz (wie Anm. 49) S. 247.
140 ICCander (wie Anm. 45) S. 25.
141 Staatsarchiv Dresden, Loc. 773: Schloß- und andere K. Gebäude betr. ao. 1719–1726, fol. 167. – Vgl. Oelsner/Prinz (wie Anm. 49) S. 247.
142 Vgl. die Darstellungen von 1719, Oelsner/Prinz (wie Anm. 49) Abb. 10 f.
143 A. Fink, Geschichte des Herzog-Anton-Ulrich-Museums in Braunschweig 1967, S. 34.
144 Heres, Keyßler (wie Anm. 47) S. 105.
145 Hof- und Staatskalender 1732 (Landtagseröffnung). – Curiosa Saxonica 1732, S. 91 f.
146 Lieber (wie Anm. 34) Nr. 492.
147 Vgl. auch das 1742 revidierte Inventar von 1728, Lieber (wie Anm. 34) Nr. 493.
148 Lieber (wie Anm. 34) Nr. 356 f.
149 Prinz Eugen und das barocke Österreich, Wien 1986, S. 103 f. 169 f.
150 Staatsarchiv Dresden Loc. 379: Die dem Cabinet-Ministre Grafen von Manteuffel aufgetragene Direction ..., fol. 10 f.
151 a. O. fol. 13 f.
152 a. O. fol. 42 ff. – Vgl. Fischer (wie Anm. 23) S. 214.
153 Vgl. Fischer (wie Anm. 23) S. 214.
154 wie Anm. 150, fol. 52 ff. – Vgl. Fischer (wie Anm. 23) S. 56.
155 zitiert nach Hempel (wie Anm. 11) S. 126.
156 Vgl. vor allem Ermisch (wie Anm. 64).
157 Vgl. Hempel (wie Anm. 11) S. 66 ff.
158 Fischer (wie Anm. 23) S. 56.
159 Sächsisches Kern-Chronicon Nr. 145, 1728, 104. Couvert, S. 396.
160 Gurlitt (wie Anm. 49) S. 539.
161 Staatsarchiv Dresden, OHMA Pläne Cap. I A Nr. 60 b, Blatt 33. – Vgl. G. Heres, Longuelunes Museumsprojekt und die Mineraliengalerie im Zwinger, in: Dresdener Kunstblätter 26, 1982, S. 145 ff. – G. Heres, Der Zwinger als Museum: Aufstellung und Ausstattung der Sammlungen im 18. Jahrhundert, in: Jahrbuch der Staatlichen Kunstsammlungen Dresden 12, 1983 (1980), S. 127 Abb. 4.
162 Heres, Zwinger (wie Anm. 161) S. 125.
163 Staatsarchiv Dresden, Loc. 895: Die K. Anatomie-Cammer ... betr. ao. 1723–1743, fol. 72.
164 Heres, Keyßler (wie Anm. 47).
165 J. G. Keyßler, Neueste Reisen durch Teutschland ..., Hannover 1741, S. 1043.
166 Consignation en detail de tous les Tomes d'Estampes qui se trouvent dans les Bureaux du Salon d'Estampes de Sa Maj. le Roi de Pol: Elect: de Saxe 1738 (Staatliche Kunstsammlungen Dresden, Kupferstichkabinett). – Lieber (wie Anm. 34) Nr. 370.
167 Vgl. Ch. Dittrich, in: Die Albertina und das Dresdener Kupferstichkabinett, Dresden 1978, S. 20.
168 Consignation (wie Anm. 166) S. 110 ff.
169 a. O. S. 163.
170 Keyßler (wie Anm. 165) S. 1064. – Heres, Keyßler (wie Anm. 47) S. 108.
171 Staatsarchiv Dresden, Loc. 895: Die Kunst-Cammer, Curiositäten und Antiquitäten Cabinete ... betr. ao. 1718–1762 sq., fol. 75 a, b.
172 Keyßler (wie Anm. 165) S. 1067.
173 a. O. S. 1069.
174 a. O. S. 1072.
175 Staatsarchiv Dresden, Loc. 8693: Nachricht von der K. und Chf. Anatomie Cammer de anno 1727.
176 wie Anm. 163, fol. 68.
177 Die Bestände wurden zum größten Teil an die Universität Wittenberg abgegeben, vgl. Fischer (wie Anm. 23), S. 105 mit Anm. 405.
178 Fischer (wie Anm. 23) S. 47 und 53.
179 Wie Anm. 171, fol. 39: Beutel bittet Friesen am 11. 8. 1728 um Bereitstellung von Transportmitteln. – Vgl. Heres, Keyßler (wie Anm. 47) S. 104 f.
180 Wie Anm. 171, fol. 86 ff. 92 ff.
181 Kern Dreßdnischer Merckwürdigkeiten 1733, S. 5. – Vgl. Heres, Zwinger (wie Anm. 161) S. 129 f.
182 Wie Anm. 171, fol. 1 (Reskript an den Geheimen Cämmerier Starcke, 16. 9. 1732). – Staatsarchiv Dresden, Loc. 380: Sachen die Kunstakademien, Kunstwerke, Mahlerei und Bildergallerie betr. 1699 sqq., fol. 38 (Vollmacht für Jonas Meyer über 6000 Taler, 11. 3. 1729).

183 Vgl. G. Jaacks, Abbild und Symbol. Das Hamburger Modell des Salomonischen Tempels (Hamburg-Porträt 17), Hamburg 1982.
184 Vgl. Staszewski (wie Anm. 1) S. 157.
185 Vgl. den im Dresdener Münzkabinett aufbewahrten Aktenfaszikel: Churprinzl. Müntz-Cabinet 1744–1756, fol. 10 – P. Arnold, in: Commission Internationale de Numismatique, Compte rendu 30, 1983, S. 35.
186 Im folgenden ist der Jahrgang 1729 zugrunde gelegt.
187 Vgl. Fischer (wie Anm. 23) S. 75 und 226.
188 Abgedruckt bei Fischer (wie Anm. 23) S. 59.
189 Keyßler (wie Anm. 165) S. 1064.
190 Fischer (wie Anm. 23) S. 59.
191 M. D. Pöppelmann, Vorstellung und Beschreibung des ... sogenannten Zwingergartens ..., Dresden 1729.
192 Vgl. Wackers Liste von 1764 (Staatsarchiv Dresden, Loc. 951: Acta Die Sequestration des Brühlschen Nachlasses betr., vol. 1, 1765, fol. 2), die etwa 100 Stücke von Marmor, Bronze, Ton und Glas aufzählt, sowie seinen Bericht von 1767 (Staatsarchiv Dresden, Loc. 895: Das Müntz-Cabinet und die darzu bestellte Persohnen betr. ao. 1713–1771, fol 53 ff.).
193 Vgl. M. Raumschlüssel, Die Antikensammlung Augusts des Starken, in: Antikensammlungen im 18. Jahrhundert (Frankfurter Forschungen zur Kunst 9), Berlin (West) 1981, S. 169 ff.
194 Zur Geschichte der Antikenaufstellung vgl. vor allem A. D. Potts, in: Glyptothek München 1830–1980, München 1980, S. 258 ff.
195 Vgl. H. Frosien-Leinz, a. O. S. 310 ff.
196 A.-M. Logan, The ›Cabinet‹ of the brothers Gerard and Jan van Reynst, Amsterdam 1979.
197 Vgl. G. Heres, Der Neuaufbau des Berliner Antikenkabinetts im Jahre 1703, in: Antikensammlungen (wie Anm. 193) S. 187 ff. – Ders., Johann Carl Schotts Beschreibung des Berliner Antikenkabinetts, in: Forschungen und Berichte 26, 1987, S. 6 ff.
198 G. Heres, Die Anfänge der Berliner Antikensammlung, in: Forschungen und Berichte 18, 1977, S. 93 ff.
199 Heres a. O. S. 106. – Raumschlüssel (wie Anm. 193) S. 169 f.
200 Staatsarchiv Dresden, Loc. 658: Briefe des Geh. Cämmeriers Alphonso an P. Salerno de ao. 1711, 1713–1715, fol. 33 ff.
201 Staatsarchiv Dresden, Loc. 895: Das Müntz-Cabinet ... (wie Anm. 192) fol. 9. – Vgl. P. Zazoff (wie Anm. 78) S. 6 f.
202 Stoschs Bezüge wurden 1727 auf Heucher übertragen, Staatsarchiv Dresden, Loc. 895: Das Müntz-Cabinet ... (wie Anm. 192) fol. 17.
203 Staatsarchiv Dresden, Loc. 3422: Correspondance du C. de Wackerbarth avec Mrs. Thioly à Rome sur l'achat de statues, 1721.
204 Gurlitt (wie Anm. 49) Beilage 25. – Löffler (wie Anm. 7) Abb. 130. – G. Heres, Herakles mit dem Telephosknaben; eine von August dem Starken erworbene Antikenkopie, in: Dresdener Kunstblätter 30, 1986, S. 130 ff.
205 Raumschlüssel (wie Anm. 193) S. 170.
206 Paris 1715, Italien 1723; vgl. W. Holzhausen, Die Bronzen Augusts des Starken in Dresden, in: Jahrbuch der Preußischen Kunstsammlungen 60, 1939, S. 157 ff.
207 Raumschlüssel (wie Anm. 193) S. 172.
208 Vgl. K. Zimmermann, Vorgeschichte und Anfänge der Dresdener Antikensammlung, in: Die Dresdener Antiken und Winckelmann (Schriften der Winckelmann-Gesellschaft 4), Berlin 1977, S. 10 f. – Vermutlich hat sich der König schon länger für die Chigi-Skulpturen interessiert. Unter Porzellanlisten von 1716–1718 findet sich ein »Indice corrispondente alla pianta di tutte le statue ed altri marmi, che sono nelle stanze terrene del Palazzo ... Chigi in Roma (Staatsarchiv Dresden, Loc. 380: Papiers concernant les emplettes des porcellaines ... 1716–1718, fol. 358 ff.).
209 Raumschlüssel (wie Anm. 193) S. 171. – Zimmermann (wie Anm. 208).
210 Vgl. die Notiz im Kern Dreßdnischer Merckwürdigkeiten 1730, Januar S. 3. und Februar S. 7.
211 Staatsarchiv Dresden, OHMA Pläne Cap. I A Nr. 6b Blatt 27 ff. – Vgl. H. G. Franz, Zacharias Longuelune und die Baukunst des 18. Jahrhunderts in Dresden, Berlin 1953, S. 20. – Heres, Longuelunes Museumsprojekt (wie Anm. 161) Abb. 4 f.
212 Zu Johann Justin Preißler (1698–1771) und seiner Familie vgl. Josten, in: Thieme-Becker 27, 1933, S. 373 f. – Zazoff (wie Anm. 78) S. 56 f. – Marcus Tuscher (1705–1751): Zazoff a. O. S. 57.
213 Vgl. Zazoff (wie Anm. 78) S. 56 f.
214 Anna Maria Werner (1688–1753), Tochter des Danziger Goldschmieds Andreas Haid; vgl. Thieme-Becker 35, 1942, S. 402.
215 Georg Martin Preißler (1700–1754). Seit 1737 war Preißler als Direktor der Nürnberger Zeichenschule tätig.

216 Johann Balthasar Probst (1673–1750), Reproduktionsstecher, spezialisiert auf Porträt und Ornament; Thieme-Becker 27, 1933, S. 411. Hat 17 Tafeln signiert.
217 Johann Jakob Steltzer (1706–1780); Thieme-Becker 31, 1737, S. 585. Hat 11 Tafeln signiert.
218 Johann Gottfried Thelot (um 1711–1775); N. Lieb, in: Thieme-Becker 32, 1738, S. 593. Hat 11 Tafeln signiert.
219 Johann Daniel Her(t)z (1693–1754); hat eine Tafel signiert.
220 Jacob Andreas Fri(e)drich (1684–1751); Thieme-Becker 12, 1916, S. 470 f. Hat zwei Tafeln signiert.
221 Hieronymus Sperling (1695–1777). Hat zwei Tafeln signiert.
222 Christoph Raimund Thoman(n) von Hagelstein (1696–1778), kam 1730 nach Dresden, wo er an Schramms Brückenwerk mitarbeitete. Hat eine Tafel signiert.
223 Christian Philipp Lindemann (1700–1754); E. Sigismund, in: Thieme-Becker 23, 1929, S. 239. Hat 22 Tafeln signiert, nach Sigismund a. O. aber insgesamt »etwa 50 Stiche« geliefert.
224 Lorenzo Zucchi (1704–1779), 1738 Hofkupferstecher, Hat 50 Tafeln signiert.
225 Martin Bernigeroth (1670–1733), seit 1685 in Leipzig, arbeitete oft mit seinem Sohn Johann Martin (1713–1767) zusammen, der 1733 die Werkstatt übernahm; W. v. Seidlitz, in: Thieme-Bekker 3, 1909, S. 459 f. Hat 22 Tafeln signiert.
226 Christian Friedrich Boëtius (1706–1782); vgl. A. Kurzwelly, in: Thieme-Becker 4, 1910, S. 209.
227 Staatsarchiv Dresden, Loc. 379: Die dem Cabinet-Ministre Grafen von Manteuffel aufgetragene Direction ... 1720–1746, fol. 106 ff. – Vgl. G. Heres, Zur Entstehungsgeschichte von Leplats Tafelwerk ›Recueil des marbres antiques‹, in: Dresdener Kunstblätter 27, 1983, S. 39 ff.
228 Staatsarchiv Dresden a. O. fol. 136 ff.
229 Reliefs: Tafel 146 f., 178. – Cinerarien: Tafel 177. – Tonlampen: Tafel 194.
230 Fresken: Tafel 144 f. – Vasen: Tafel 179 ff.
231 Bronzen: Tafel 183 ff.
232 Vgl. die Beispiele bei Zimmermann (wie Anm. 208) Taf. 1 ff.
233 Raumschlüssel (wie Anm. 193) S. 172 f.
234 Königlich Pohlnischer und Churfürstlich Sächsischer Hof- und Staatskalender 1744, unter der Rubrik »Ober-Cämmerey«.
235 Seit 1745 wird Johann Cronawetter als Vice-Inspector geführt.
236 Vgl. Gurlitt (wie Anm. 1), Bd. 2, S. 286 ff. – J. L. Sponsel, Kabinettstücke der Meißner Porzellan-Manufaktur, Leipzig 1900, S. 10.
237 Vgl. A. Krause, Das Chinesische Teehaus im Park von Sanssouci, Potsdam 1963, S. 7 f. – Glaser (wie Anm. 60) S. 12 f. Abb. 3 f.
238 Fink (wie Anm. 143) S. 38.
239 Vgl. F. Löffler, Der Zwinger in Dresden, 2. Aufl., Leipzig 1985, S. 32 f.
240 Sturm (wie Anm. 30) S. 38 f.
241 Sturm (wie Anm. 30) S. 61.
242 F. Fichtner, Von der kurfürstlichen Kunstkammer zur Porzellangalerie im Zwinger (Sonderdruck aus: Berichte der Deutschen Keramischen Gesellschaft 20–22, 1939–41), Berlin 1941, S. 5 ff.
243 Staatsarchiv Dresden, Loc. 380: Papiers concernant les emplettes des porcellaines en Hollande ... 1716–1718, fol. 113 f.
244 a. O. fol. 199. 364 f. – Vgl. F. Reichel, Die Chinoiserie in Sachsen, phil. Diss. Halle/S. 1972, S. 53 Anm. 315.
245 Staatsarchiv Dresden, Loc. 2969: Correspondenz mit dem Preuß. Geh. Rath von Marschall ... 1717, fol. 5.
246 a. O. fol. 9 und 11. – Vgl. Reichel (wie Anm. 244) S. 57 ff.
247 Wie Anm. 245, fol. 1. – J. G. Th. Graesse, Beschreibender Catalog der K. Porzellan- und Gefäss-Sammlung zu Dresden, Dresden 1873, S. 21 f.
248 Gurlitt (wie Anm. 49) S. 593 f. – Löffler (wie Anm. 7) S. 144 ff.
249 ICCander (wie Anm. 45) 2. Aufl. 1723, S. 15.
250 a. O. S. 13 f.
251 Lieber (wie Anm. 34) S. 78 Nr. 324.
252 Staatsarchiv Dresden, Loc. 3422: Correspondence du C. de Wackerbarth avec Msr. Thiloy à Rome ... 1721, fol. 19 und 25.
253 Zum Turmbüffet: Fichtner (wie Anm. 242) S. 10 ff. – Glaser (wie Anm. 60) S. 15 f.
254 Gurlitt (wie Anm. 49) S. 494 ff. – Löffler (wie Anm. 7) S. 143 f
255 Sponsel (wie Anm. 236) S. 28.
256 Staatsarchiv Dresden, OHMA Pläne Cap. II Nr. 3 und Nr. 15; die unfoliierte ›Specificatio‹ liegt beim Konvolut Nr. 15.
257 Specificatio a. O.
258 Staatsarchiv Dresden, Loc. 895: Acta Chinesische und japanische Porcellaine, auch andere im japa-

nischen Palais aufbewahrte Kunstsachen betr. ao. 1737–1814, fol. 5 ff. – B. G. Weinart, Topographische Geschichte der Stadt Dresden, Dresden 1777, S. 343.

259 Staatsarchiv Dresden, OHMA Pläne Cap. II Nr. 22a, b. – Löffler (wie Anm. 7) Abb. 227. – Glaser (wie Anm. 60) S. 33 Abb. 24.

260 Staatsarchiv Dresden, OHMA Cap. II Nr. 15. – Glaser (wie Anm. 60) S. 33 Abb. 25.

261 Grundriß: a. O. Nr. 3a.

262 Vgl. Sponsel (wie Anm. 236) S. 37 ff. – Fichtner (wie Anm. 242) S. 32 ff. – O. Walcha, Meißner Porzellan, Dresden 1973, S. 76 f.

263 August der Starke an Wackerbarth, 22. 2. 1718. Staatsarchiv Dresden, Loc. 773: Die Reparirung des Schlosses zu Dresden ... betr. ao. 1717/18. Zitiert nach Glaser (wie Anm. 90) Anm. 33.

264 Vgl. E. Haenel, Der alte Stallhof in Dresden, Dresden 1937, S. 29. – Heres, Umbau (wie Anm. 69) S. 101.

265 Heres a. O. S. 101 ff.

266 Staatsarchiv Dresden, Loc. 911: Acta Ausräumung der Rüst- und anderer Cammern auf dem großen Reißigen Stalle, ingl. Verlegung des Ober-Stall-Meisters von Thielau Wohnung betr. ao. 1722 ff.

267 a. O. fol. 24.

268 a. O. fol. 1. – Vgl. zum folgenden G. Heres, Zur Aufstellung der Dresdener Rüstkammer im 18. Jahrhundert, in: Jahrbuch der Staatlichen Kunstsammlungen Dresden 16, 1987 (1984), S. 71 ff.

269 Wie Anm. 266, fol. 48.

270 a. O. fol. 73 ff.

271 a. O. fol. 16 ff.

272 Gurlitt (wie Anm. 49) S. 671 f. – F. Löffler, in: Schicksale deutscher Baudenkmale im zweiten Weltkrieg, Bd. 2, Berlin 1978, S. 422 (mit Abbildung des Portals). – Vgl. die Grundrisse: Heres (wie Anm. 268) Abb. 1 und 2.

273 J. Ch. Hasche, Umständliche Beschreibung Dresdens, Bd. 2, Leipzig 1783, S. 94.

274 Staatsarchiv Dresden, Loc. 35823: Cammer-Acta Die auf den K. Stall-Gebäuden zur Placirung des Bilder-Vorraths neu angelegte Gallerie betr. ao. 1745 sq., fol. 22 f.

275 Keyßler (wie Anm. 165) S. 1315 f. – Vgl. Heres, Keyßler (wie Anm. 47) S. 101 f.

276 Heres (wie Anm. 268) S. 72 mit Anm. 13.

277 Vgl. Gurlitt (wie Anm. 49) S. 409 ff. – F. Nollain, Die K. Gewehr-Gallerie in Dresden, Dresden 1835, S. 12 ff. – C. Claus, Die K. Gewehr-Gallerie zu Dresden, Dresden 1873, S. 24 ff. – M. v. Ehrenthal, Führer durch die K. Gewehr-Galerie zu Dresden, Dresden 1900, S. 1. ff.

278 Inventarium über das königl. Gewehr. Lieber (wie Anm. 34) Nr. 178.

279 Vgl. zum folgenden: G. Heres, Die Museumsprojekte Augusts des Starken, in: Jahrbuch für Regionalgeschichte 16, 1989, S. 96 ff.

280 G. Heres, Eine Denkschrift über die Dresdener Kunstkammer von 1730, in: Jahrbuch der Staatlichen Kunstsammlungen Dresden 17, 1988 (1985), S. 31 ff. – G. Heres, Bernhard August von Lindenau und die Reform der Dresdener Museen, in: Dresdner Hefte, 5, 1987/5 (Beiträge zur Kulturgeschichte 13) S. 43 ff.

281 Vgl. die Beiträge des Kolloquiums »Zur Kunstentwicklung in Dresden im zweiten Drittel des 18. Jahrhunderts«, das im November 1986 in Dresden veranstaltet wurde (Dresdner Hefte 6, 1988/6 und 7).

282 Vgl. C. Gretschel/F. Bülau, Geschichte des sächsischen Volkes und Staates, Bd. 3, Leipzig 1853, S. 2 ff. – K. W. Böttiger/Th. Flathe, Geschichte des Kurstaates und Königreiches Sachsen, Bd. 2, Gotha 1870, S. 414 ff. – K. Sturmhoefel, Illustrierte Geschichte des Albertinischen Sachsen, Bd. 2/1, Leipzig 1908, S. 449 ff. – A. Philipp, Sulkowski und Brühl (Aus Sachsens Vergangenheit 4), Dresden 1920. – O. E. Schmidt, Minister Graf Brühl und Karl Heinrich von Heinecken (Schriften der Sächsischen Kommission für Geschichte 25), Leipzig 1921. – R. Kötzschke/H. Kretzschmar, Sächsische Geschichte, Bd. 2, Dresden 1935, S. 88 ff.

283 K. Heyn, Graf Francesco Algarotti und seine Beziehungen zur Dresdner Gemäldegalerie, in: Neues Archiv für sächsische Geschichte 34, 1913, S. 272 ff. – H. Posse, Die Briefe des Grafen Francesco Algarotti an den sächsischen Hof, in: Jahrbuch der Preußischen Kunstsammlungen 52, 1931, Beiheft S. 1 ff.

284 Seling (wie Anm. 122) S. 97 ff. – W. Liebenwein, Die Villa Albani und die Geschichte der Kunstsammlungen, in: Forschungen zur Villa Albani (Frankfurter Forschungen zur Kunst 10), Berlin (West) 1982, S. 504 f.

285 Vgl. G. Eckardt, Die Bildergalerie in Sanssouci, phil. Diss. Halle 1974.

286 Zitiert nach Seling (wie Anm. 122) S. 98 f.

287 Heyn (wie Anm. 283).

288 Vgl. G. Heres, Friedrich II. als Antikensammler, in: Friedrich II. und die Kunst, Potsdam 1986, S. 67.

289 Staatsarchiv Dresden, Loc. 895: Acta die Oberaufsicht über die K. Sammlungen ... betr. 1771–1815, fol. 1 v. – Im Jahre 1747 heiratete der Kurprinz Friedrich Christian die bayerische Prinzessin Maria Antonia, die Prinzessin Maria Anna den Kurfürsten Max Joseph von Bayern.

290 Vgl. den Aktenband: Churprinzl. Müntz-Cabinet 1744–1756 im Münzkabinett der Staatlichen Kunstsammlungen Dresden. – P. Arnold, Das Münzkabinett Dresden, in: Commission internationale de numismatique, Compte rendu 30, 1983, S. 35.

291 Zitiert nach Fischer (wie Anm. 23) S. 73.

292 Fischer (wie Anm. 23) S. 72.

293 Vgl. G. Heres, »Zur ewigen Schande der Preußischen Unmenschlichkeit«. Schicksale der Dresdener Kunstkammer im Siebenjährigen Krieg, in: Dresdener Kunstblätter 25, 1981, S. 101 ff.

294 Schmidt (wie Anm. 282) S. 239 ff. – Ch. Dittrich, in: Neue Deutsche Biographie 8, 1969, S. 297 ff.

295 Schmidt (wie Anm. 282) S. 249 f.

296 Der folgende Abschnitt folgt im wesentlichen Eilenburgs Text. Die Quellennachweise finden sich bei Heres, Zwinger (wie Anm. 161)

297 Zum Bergwerksfest im Plauenschen Grund vgl. Hempel (wie Anm. 11) S. 74 f.

298 Vgl. Ch. G. Pötsch, Kurze Beschreibung des Naturalienkabinetts in Dresden, Dresden 1805, S. 19.

299 Zitiert nach Fischer (wie Anm. 23) S. 134.

300 Heres (wie Anm. 293).

301 Vgl. R. Berge, Das Schicksal der Dresdner Kunstkammer, in: Dresdner Anzeiger, Wissenschaftliche Beilage 10, 1933, Nr. 1, S. 1 ff.

302 H. J. Clodius, Kurtzgefaßte Historische Nachricht von der ehemaligen und gegenwärtigen Einrichtung der Königl. und Churfürstl. Sächß. Bibliothec zu Dreßden, Dresden/Warschau 1763, S. 41.

303 Zum folgenden: Clodius a. O. S. 50 ff.

304 Ch. H. Eilenburg, Kurzer Entwurf der Kgl. Naturalienkammer zu Dresden, Dresden/Leipzig 1755, S. 4 f.

305 Ch. Dittrich, Heinecken und Mariette, in: Jahrbuch der Staatlichen Kunstsammlungen Dresden 13, 1984 (1981), S. 43 ff. – Vgl. auch H. Marx, Pierre Jean Mariette und Dresden, in: Dresdener Kunstblätter 23, 1979, S. 77 ff.

306 Zu den Bilderkäufen Augusts III. vgl. vor allem K. Woermann, Katalog der K. Gemäldegalerie zu Dresden, 5. Aufl., Dresden 1902, S. 7 ff. – H. Posse, Die Staatliche Gemäldegalerie zu Dresden. Vollständiges beschreibendes Verzeichnis der älteren Gemälde, 1. Abt.: Die romanischen Länder, Dresden/Leipzig 1929, S. XI ff. – Ders., Die Gemäldegalerie zu Dresden, Dresden 1937, S. 18 ff.

307 Schmidt (wie Anm. 282) S. 229. – Vgl. Hof- und Staatskalender 1739.

308 Zu Heinecken vgl. vor allem Schmidt (wie Anm. 282) S. 239 ff. – Dittrich (wie Anm. 305).

309 Staatsarchiv Dresden, Loc. 379: Des Gr: Algarotti Correspondenz aus Italien betr: de anno 1743 ..., fol. 5 f.

310 Staatsarchiv Dresden, Loc. 380: Acta Correspondenz des Premierministers Grafen von Brühl mit dem Kanonikus Crespi zu Bologna, den Einkauf von Gemählden ... betr. 1749–1752; vor allem fol. 69 f.

311 Vgl. M. Stübel, Raffaels Sixtinische Madonna, Dresden 1926, S. 28 ff. – A. Walther, Die Sixtinische Madonna, in: Raffael zu Ehren, Dresden 1983, S. 7 ff. 68 ff.

312 J. J. Winckelmann, Kleine Schriften, hrsg. W. Rehm, Berlin (West) 1968, S. 46 f. – Vgl. G. Heres, Winckelmann in Sachsen, phil. Diss. (B) TU Dresden 1986, S. 109 f.

313 Walther (wie Anm. 311) S. 68 Nr. 81.

314 Vgl. G. und H. Heres, Achill unter den Töchtern des Lykomedes. Zur Geschichte einer Statuengruppe, in: Staatliche Museen zu Berlin, Forschungen und Berichte 20/21, 1980, S. 105 ff.

315 Staatsarchiv Dresden, Loc. 575: Correspondenz des Grafen von Brühl mit dem Sekretär Talon in Madrid, die Erkaufung von Gemälden in Spanien betr. 1744. – Vgl. auch Talons Korrespondenz mit Heinecken, Schmidt (wie Anm. 282) S. 332 ff.

316 C. Ch. Schramm, Neues Europäisches Historisches Reise-Lexicon, Leipzig 1744, S. 380.

317 Heres, Umbau (wie Anm. 69).

318 Extrakt aus den Inventariis über die königl. Schildereien, Lieber (wie Anm. 34) Nr. 356.

319 Staatsarchiv Dresden, Loc. 35 823, Nr. 46: Cammer-Acta Die auf den K. Stall-Gebäuden zu Placirung des Bilder-Vorraths neuangelegte Gallerie betr. ao. 1745 sq., fol. 1 f.

320 a. O. fol. 10 f.

321 a. O. fol. 24–26.

322 Kern Dreßdnischer Merckwürdigkeiten 1746, S. 80.

323 Hasche (wie Anm. 273) S. 77.

324 Staatsarchiv Dresden, Loc. 618: An den Conferenz Minister Grafen von Hennicke in Cammer Sachen eingereichte Schreiben 1746 sq., fol. 20.

325 J. W. v. Goethe, Aus meinem Leben. Dichtung und Wahrheit, in: Sämtliche Werke (Reclam-Ausgabe), Bd. 23, Leipzig o. J., S. 75 f.

326 Winckelmann (wie Anm. 312) S. 3 Zeile 25 und 37.
327 J. A. Riedel/Ch. F. Wenzel, Verzeichniß der Gemälde in der Churfürstl. Gallerie in Dresden, Leipzig 1771, zu Nr. 292 –357.
328 Heres (wie Anm. 312) S. 81. – Riedels Italienreise: Staatsarchiv Dresden, Loc. 379: Diverse Verzeichnisse ..., fol. 167 ff.
329 Justi (wie Anm. 33) S. 318.
330 Schmidt (wie Anm. 282) S. 74 f. 338.
331 Inventarium von der Königlichen Bildergalerie zu Dresden. Gefertigt mense Julio et Augusto 1754. – Lieber (wie Anm. 34) Nr. 359.
332 Vgl. H. Marx, in: Neue Deutsche Biographie 10, 1974, S. 95 f.
333 Internari ging 1756 mit dem Hof nach Warschau, wo er 1761 starb.
334 Bacciarelli (1731–1818) war vor allem als Freskant und Porträtmaler geschätzt, ging 1761 nach Wien, 1765 nach Warschau, wo er 1768 Bau-Direktor und Verwalter der Schlösser wurde.
335 Gandini (1723–1778) ging 1759 mit Torelli nach Petersburg.
336 Torelli (1712–1784) malte u. a. das Deckenfresko im Brühlschen Belvedere sowie Fresken in der Sakramentskapelle der Hofkirche.
337 Vgl. die Verzeichnisse im Hof- und Staatskalender seit 1765.
338 H. Marx, Pierre Jean Mariette und Dresden, in: Dresdener Kunstblätter 23, 1979, S. 77 ff.
339 Vgl. H. A. Stoll, Winckelmann. Seine Verleger und Drucker, Berlin 1960, S. 14 ff.
340 Woermann (wie Anm. 306) S. 881 ff.
341 Vgl. Heres (wie Anm. 312) S. 70 ff. (dort die Nachweise zu den folgenden Zitaten). – Ders., Winckelmanns Beschreibung der Dresdener Gemäldegalerie, in: Dresdener Kunstblätter 32, 1988, S. 66 ff.
342 wie Anm. 312.
343 M. Stübel, Dresdner Sammler des 18. Jahrhunderts, in: Das Sammler-Cabinet 3, 1924/25 (10), S. 1 ff.
344 Vgl. W. Schultze, Die Bibliothek des Grafen Heinrich von Bünau, in: Zentralblatt für Bibliothekswesen 52, 1935, S. 337 ff. – Heres, Winckelmann in Sachsen (wie Anm. 312) S. 33 f.
345 Staatsarchiv Dresden, Loc. 380: Klagsache des Hofmalers Bellotto.
346 Gurlitt (wie Anm. 49) S. 511 ff. – Schmidt (wie Anm. 282) S. 286 ff. – W. Hentschel/W. May, Johann Christoph Knöffel. Der Architekt des sächsischen Rokokos (Abh. SAW Leipzig, phil.-hist. Klasse 64/1), Berlin 1973, S. 19 ff.
347 Hentschel/May a. O. S.146.
348 Gurlitt (wie Anm. 49) S. 524. – Schmidt (wie Anm. 282) S. 288.
349 Schmidt (wie Anm. 282) S. 290.
350 a. O. S. 25 (Brief Brühls vom 28. 10. 1743).
351 Staatsarchiv Dresden, Loc. 951: Acta Die Sequestration des Gräflich Brühlschen Nachlasses betr., vol. 1, 1765, fol. 3 f.
352 Staatsarchiv Dresden, Loc. 30 488: Brühlsches Nachlaßverzeichnis, vol. 2, fol. 747 ff.
353 M. Варшавская, Картины Рубенса в Эрмитаже, Leningrad 1975, Nr. 1, 22, 29, 30, 34.
354 Schmidt (wie Anm. 282) S. 86.
355 Recueil d'estampes gravées d'aprez les tableaux de la galerie et du cabinet de S.E. Mr. le Comte de Bruhl premier ministre de S. M. le roi de Pologne elect. de Saxe. I. Partie contenant cinquante pieces. A Dresde chez George Conrad Walther MDCCLIV. – Staatliche Kunstsammlungen Dresden, Kupferstichkabinett Inv. B 9.
356 J. J. Winckelmann, Briefe, hrsg. W. Rehm, Bd. 1, Berlin (West) 1952, S. 91 f.
357 Neu revidirte und accurate Dreßdnische Addresse, Dresden 1756, S. 13.
358 W. v. Seidlitz, Die Schicksale der Dresdner Gemäldegalerie während des siebenjährigen Krieges, in: Dresdner Geschichtsblätter 4, 1895/2, S. 184 ff.
359 wie Anm. 352, fol. 831 ff.
360 Vgl. J. Kusnezow, Die Zeichnungen-Sammlung des Grafen Brühl, in: Zeichnungen alter Meister aus der Ermitage zu Leningrad: Die Sammlung Brühl, Dresden 1972, S. 8 f.
361 Recueil de quelques desseins de plusieuers habiles maîtres tirès du Cabinet de S. E. Msgr le Prem. Ministre Comte de Brühl, gravés par Matthieu Oesterreich, à Dresde, chez George Conrad Walther, Libraire du Roi, 1752. – Staatliche Kunstsammlungen Dresden, Kupferstichkabinett Inv. B 10.
362 Vgl. den Anm. 360 zitierten Katalog.
363 Briefe (wie Anm. 356) S. 87.
364 J. J. Winckelmann, Briefe, Bd. 2, Berlin (West) 1954, S. 342 (10. 9. 1763 an Walther).
365 G. Wahl, Johann Christoph Rost 1717–1765, Leipzig 1902. – Schmidt (wie Anm. 282) S. 252. – Zu Müller vgl. Schmidt (wie Anm. 282) S. 75 Anm. 20.
366 Briefe, Bd. 4, Berlin (West) 1957, S. 95 (Heyne an Winckelmann, 25. 7. 1763).

367 Staatsarchiv Dresden, Loc. 950: Acta Die nach Ableben des Cabinets-Ministri Grafens von Brühl, beschehene Obsignation und Taxation deßen Nachlaßes ... betr., vol. 2, 1765, fol. 105: Der Bibliothekar Carl Christian Canzler teilt mit, daß er die Bibliothek wiedereröffnet hat und bittet um ein Monatsgehalt von 20.20 Talern.

368 Vgl. F. A. Ebert, Geschichte und Beschreibung der kgl. öffentlichen Bibliothek zu Dresden, Leipzig 1822, S. 80 ff.

369 Friedrich II., Gespräche mit Henri de Catt, hrsg. W. Schüssler, Leipzig 1940, S. 296.

370 Eine neue Darstellung des Siebenjährigen Krieges unter dem Aspekt der sächsischen Territorialgeschichte fehlt. Vgl. u. a. K. W. Böttiger/Th. Flathe, Geschichte des Kurstaates und Königreiches Sachsen, Bd. 2, Gotha 1870, S. 463 ff. – A. Brabant, Das Heilige Römische Reich teutscher Nation im Kampfe mit Friedrich dem Großen, 3 Bde, Berlin 1904, 1911, 1931.

371 J. Nicht, Friedrich II. und die Meißner Porzellanmanufaktur, in: Friedrich II. und die Kunst. Ausstellung zum 200. Todestag, Potsdam 1986, S. 100. – Vgl. E. v. Werlhof, Friedrich der Große und Sachsen, in: Neues Archiv für sächsische Geschichte 34, 1913, S. 142 ff.

372 Vgl. G. Klemm, Chronik der K. S. Residenzstadt Dresden, Bd. 2, Dresden 1837, S. 419 ff. – A. Heinze, Dresden im Siebenjährigen Krieg, Dresden 1885.

373 G. Heres (wie Anm. 293) S. 103.

374 W. v. Seidlitz, Die Schicksale der Dresdner Gemäldegalerie während des siebenjährigen Krieges, in: Dresdner Geschichtsblätter 4, 1895/2, S. 185.

375 a. O. S. 184.

376 Staatsarchiv Dresden, Loc. 726: Correspondence intéressante du Roi de Prusse avec le Roi Auguste III ... 1756–58, fol. 18 ff.

377 v. Seidlitz (wie Anm. 374) S. 184 ff. – Münzkisten: Staatsarchiv Dresden, Loc. 895: Das Müntz-Cabinet und die dazu bestellte Persohnen betr. ao. 1713–1771, fol. 56 f.

378 Staatsarchiv Dresden, Loc. 579: Drei Scheiben, den Transport der Bildergalerie nach und von Königstein betr. 1760.

379 v. Seidlitz (wie Anm. 374) S. 185 f.

380 Heres (wie Anm. 373) S. 105.

381 Staatsarchiv Dresden, OHMA R I, III H Nr. 1: Nachrichten von denen in hiesigen Landen vorgewesenen Preußischen Krieges Troublen ... (nicht foliiert).

382 Winckelmann klagt noch im Januar 1761, »daß der König in Preußen, als ein Herostratus unserer Zeit, durch Vernichtung der Schätze der Alterthümer in Dresden sich merckwürdig bey der Nachwelt machen wollen«; Zimmermann (wie Anm. 208) S. 69.

383 Zimmermann (wie Anm. 208) S. 55.

384 Staatsarchiv Dresden, Loc. 895: Acta die Oberaufsicht über die K. Sammlungen ... betr. 1771–1815, fol. 1 v. Damit sind ältere Angaben bei Zimmermann (wie Anm. 208) S. 55 f. präzisiert.

385 Klemm (wie Anm. 372) S. 419.

386 wie Anm. 381.

387 Heres (wie Anm. 373) S. 105.

388 v. Werlhof (wie Anm. 371) S. 150.

389 Der folgende Überblick basiert hauptsächlich auf der hervorragend kommentierten Dokumentensammlung von Horst Schlechte, Die Staatsreform in Kursachen 1762–1763, Berlin 1958.

390 Schlechte a. O. S. 46 ff. – Fischer (wie Anm. 23) S. 215 Anm. 199.

391 Jakob Friedrich von Fritsch (1731–1814), 1772 an der Spitze der weimarischen Regierung, in der er seit 1776 mit Goethe zusammenarbeitete. Er hatte Winckelmann kennengelernt, der ihm 1755 ein Exemplar seiner Erstlingsschrift überreichen ließ, und korrespondierte regelmäßig mit dem Bibliothekar Johann Michael Francke. Vgl. Winckelmann, Briefe, Bd. 1 (wie Anm. 356) S. 534; Bd. 4 (wie Anm. 366) S. 129 ff.

392 Vortrag Fritschs vor dem Kurfürstenpaar, 24. 11. 1763: Schlechte (wie Anm. 389) S. 539.

393 Ebert (wie Anm. 368) S. 79 und 81. – W. Schultze, Heinrich v. Bünau, phil. Diss. Leipzig 1933, S. 60 ff. – Ders. (wie Anm. 344) S. 345.

394 Staatsarchiv Dresden, Loc. 2407: Acta die Veräußerung derer bey der Chur Fürstl. Bibliothec befindlichen Doubletten ... betr. 1774 sq., Vorträge und Resolutionen 1777–78.

395 Staatsarchiv Dresden, Loc. 2407: Acta die Chur-Fürstliche Bibliothec und dabey stehende Persohnen betr. vol. 1, 1764 sq.

396 Fischer (wie Anm. 23) S. 225 und 270.

397 Vgl. G. Lehmann, Der Prozeß gegen Karl Heinrich von Heinecken und Genossen, in: Neues Archiv für sächsische Geschichte 25, 1904, S. 264 ff. – Schmidt (wie Anm. 282) S. 339 ff.

398 M. Stübel, Christian Ludwig von Hagedorn, Leipzig 1912. – J. v. Schlosser, Die Kunstliteratur, Wien 1924, S. 574. – W. Frh. v. Löhneysen, in: Neue Deutsche Biographie 7, 1966, S. 465 f. – M. Altner, Der Beitrag Ch. L. v. Hagedorns zur Gründung und Entwicklung der Dresdner Kunstakademie, in: Sächsische Heimatblätter 33, 1987, S. 56 ff.

399 J. J. Winckelmann, Briefe, hrsg. W. Rehm, Bd. 3, Berlin (West) 1956, S. 19.
400 Staatsarchiv Dresden, Loc. 894: Acta, Die neuerrichtete Kunst-Academie – betr., vol. 1, 1763–66, fol. 28.
401 Ch. L. v. Hagedorn, Betrachtungen über die Mahlerey, Leipzig 1762, S. 85.
402 wie Anm. 400, fol. 134 f.
403 Zimmermann (wie Anm. 208) S. 49.
404 Das Kupferstichkabinett verdankt Hagedorn einige bedeutende Erwerbungen, vgl. Dittrich (wie Anm. 167) S. 21.
405 v. Seidlitz (wie Anm. 374) S. 186 f.
406 Zimmermann (wie Anm. 208) S. 56 ff.
407 wie Anm. 400, fol. 142 f.
408 Vgl. Rudolf Graf Vitzthum von Eckstädt, Beiträge zu einer Vitzthumschen Familiengeschichte, Leipzig 1935, S. 310 ff.
409 Staatsarchiv Dresden, Loc. 895: Acta die Oberaufsicht über die K. Sammlungen ... betr. 1771–1815, fol. 1 a–1 y.
410 K. W. Daßdorf, Beschreibung der vorzüglichsten Merkwürdigkeiten der Churfürstlichen Residenzstadt Dresden, Dresden 1782, S. 637 f.
411 Zur Verpfändung der Juwelen in Holland vgl. Staatsarchiv Dresden, Loc. 896: Sachen das Grüne Gewölbe betr. 1704 sqq., fol. 94 h-l.
412 Staatsarchiv Dresden, Karten usw. Schrank 7/86, Blatt 18 c.
413 Staatsarchiv Dresden, Loc. 895: Das Müntz-Cabinet und die dazu bestellte Persohnen betr. ao. 1713–1771, fol. 54.
414 a. O. fol. 57.
415 a. O. fol. 59 und 68.
416 Staatsarchiv Dresden, Loc. 2407: Acta die Veräußerung derer bey der Chur-Fürstl. Bibliothec befindlichen Doubletten ... betr. ao. 1774, fol. 7.
417 wie Anm. 258.
418 wie Anm. 416, fol. 27.
419 a. O. fol. 35 f.
420 a. O. fol. 44 f.
421 Lieber (wie Anm. 34) Nr. 325–334. – Vgl. Graesse (wie Anm. 247) S. 14.
422 wie Anm. 416, Vorträge Marcolinis, 24. 3. 1786 und 1. 7. 1787.
423 wie Anm. 416, Reskript vom 7. 7. 1787.
424 wie Anm. 416, fol. 67 ff.
425 wie Anm. 416, fol. 71.
426 wie Anm. 417, fol. 71.
427 wie Anm. 258, fol. 76.
428 Institut für Denkmalpflege Dresden, Planarchiv M 16 V (Mappe mit 15 Blättern) sowie mehrere Einzelblätter.
429 Löffler (wie Anm. 7) Abb. 409 f.
430 wie Anm. 258, Resolution vom 10. 9. 1775.
431 B. G. Weinart, Topographische Geschichte der Stadt Dresden, Dresden 1777, S. 343.
432 wie Anm. 258, Resolution vom 5. 7. 1777.
433 Vgl. Fischer (wie Anm. 23) S. 271 f.
434 wie Anm. 416, Vortrag Marcolinis vom 3. 5. 1781.
435 Das Datum überliefert J. G. Lipsius, Beschreibung der Churfürstlichen Antiken-Galerie in Dresden, Dresden 1798, S. 35. – Wie Anm. 416, Vortrag Marcolinis vom 24. 3. 1786.
436 Vgl. M. Raumschüssel, Die Dresdener Sammlung antiker Skulpturen im 18. Jahrhundert, in: Glyptothek München 1830–1980, München 1980, S. 354 ff.
437 Lipsius (wie Anm. 435).
438 S. Röttgen, Die Villa Albani und ihre Bauten, in: Forschungen zur Villa Albani (Frankfurter Forschungen zur Kunst 10), Berlin (West) 1981, S. 149 ff.
439 H. v. Steuben, Das Museo Pio-Clementino, a. O. S. 149 ff.
440 Seling (wie Anm. 122) S. 175 ff. – V. Plagemann, Das deutsche Kunstmuseum 1790–1870, München 1967, S. 12 f.
441 Vgl. H. Protzmann, Polychromie und Dresdner Antikensammlung, in: Gottfried Semper zum 100. Todestag, Dresden 1979, S. 101 ff. – W. Werner, Die Malereien Gottfried Sempers im Japanischen Palais zu Dresden, in: Dresdener Kunstblätter 29, 1985, S. 1 ff.
442 P. Arnold, in: Dresdener Kunstblätter 22, 1978, S. 166.
443 Staatsarchiv Dresden, Loc. 951: Acta Die Sequestration des Gräflich-Brühlischen Nachlasses betr. vol. 1, 1765, fol. 2: Kurtze Notice derer antiques Pieces welche beym Müntz Cabinet vorhanden sind. – Eine Beschreibung der Antiken im Münzkabinett bei Lipsius (wie Anm. 435) S. 515 ff.

444 Lieber (wie Anm. 34) S. 73.
445 Vgl. S. Wollgast, Zum kulturhistorischen und kulturphilosophischen Klima Dresdens 1780 bis 1830, in: Sächsische Heimatblätter 28, 1982, S. 77 f.
446 Staatsarchiv Dresden, Loc. 775: Acta die zum Behuf der Herstellung und des Ausbaues der Zwingergebäude ... betr. vol. 1, 1782 sq. – Vgl. Ermisch (wie Anm. 64) S. 64 ff. – Von 1783 bis 1795 standen jährlich etwa 10 000 Taler zur Verfügung.
447 S. Röttgen, Zum Antikenbesitz des Anton Raphael Mengs und zur Geschichte und Wirkung seiner Abguß- und Formensammlung, in: Antikensammlungen im 18. Jahrhundert (Frankfurter Forschungen zur Kunst 9), Berlin (West) 1981, S. 129 ff.
448 Zu Mengs und seiner Bedeutung für den Klassizismus vgl. G. Lammel, Deutsche Malerei des Klassizismus, Leipzig 1986, S. 40 ff.
449 Staatsarchiv Dresden, Loc. 894: Acta Die Kunst-Academie und Zeichenschulen betr., vol. 6, 1782 sq., fol. 102 f. – Ein spezieller Aktenfaszikel, der 1902 von der Generaldirektion der Königlichen Sammlungen an das Königliche Hauptstaatsarchiv abgegeben wurde, ist Kriegsverlust (Acta, Vorträge und Nachrichten den Ankauf der Mengs'schen Gyps-Sammlung und deren Aufstellung betr. 1782 bis 1829).
450 a. O. fol. 102 f.
451 a. O. fol. 105.
452 Röttgen (wie Anm. 447) s. 139 Anm. 42.
453 G. Heres, Die Anfänge der Berliner Antikensammlung, in: Staatliche Museen zu Berlin, Forschungen und Berichte 18, 1977, S. 100 f.
454 W. Schiering, Der Mannheimer Antikensaal, (wie Anm. 447) S. 257 ff.
455 Ch. Boehringer, Lehrsammlungen von Gipsabgüssen im 18. Jahrhundert am Beispiel der Göttinger Universitätssammlung, (wie Anm. 447) S. 273 ff.
456 Vgl. Seling (wie Anm. 122) S. 173.
457 Vgl. G. Heres, Zur ersten Aufstellung der Mengs'schen Abgußsammlung, in: Dresdener Kunstblätter 23, 1979, S. 53 ff.
458 Zitate nach Heres a. O. S. 54.
459 Verzeichnis der ... durch ... den ... Oberkammerherrn Grafen Marcolini in Rom erkauften Gipsabgüsse von den vorzüglichsten Antiken ..., welche nunmehr in dem einen Seitenflügel unter der Bildergalerie aufgestellt worden durch Johann Gottlob Matthäi. Dresden, am 4. Octobris 1793. Lieber (wie Anm. 34) Nr. 506. – Catalogue des jets de stuc des plux excellentes Antiques en figures, Basreliefs, têtes, mains, pieds etc. ... Jean Gottlob Matthaei. Dresden, 5. März 1794. Beide werden in der Skulpturensammlung der Staatlichen Kunstsammlungen Dresden aufbewahrt. – Entwürfe auch im Planarchiv des Instituts für Denkmalpflege Dresden: M 16 VI Blatt 19 (linke Fensterwand). M 58 II Blatt 28 (Fenster- und Wandfelder, Decke). M 9 Ic Blatt 4 (Grundriß).
460 J. G. Matthäy, Verzeichnis der im Kgl. Sächs. Mengs'ischen Museum enthaltenen antiken und moderen Bildwerke in Gyps, Dresden/Leipzig 1831.
461 Die folgenden Ausführungen basieren z. T. auf früheren Studien des Verfassers: G. Heres, Gloria Dresdensis, in: Jahrbuch der Staatlichen Kunstsammlungen Dresden 10, 1980 (1976–77), S. 7 ff. – Das Grüne Gewölbe im Urteil der Goethezeit, in: Dresdener Kunstblätter 23, 1979, S. 87 ff. – Besuch und Besucher der Dresdener Kunstsammlungen zur Goethezeit, a. O. 26, 1982, S. 70 ff.
462 Staatsarchiv Dresden, Loc. 895: Die Kunst-Cammer, Curiositäten und Antiquitäten-Cabinette ... betr. 1718–1762 sq., fol. 95 b.
463 Staatsarchiv Dresden, Loc. 896: Sachen das Grüne Gewölbe betr., ohne Zählung.
464 Staatsarchiv Dresden, Loc. 380: Sachen, die Kunstakademien, Kunstwerke, Mahlerei und Bildergalerie betr. 1699 sq., fol. 60 ff.
465 Nomina illustrium qui Bibliothecam Regio-Electoralem Dresdensem inviserunt. Sächsische Landesbibliothek, Archiv I A 19 d.
466 Erhalten in der Skulpturensammlung der Staatlichen Kunstsammlungen Dresden, die Publikation wird von M. Raumschüssel vorbereitet. Zwei anschließende Bände befinden sich im Staatsarchiv Dresden. – F. Reichel, Berühmte Gäste der Porzellansammlung zur Goethezeit, in: Dresdener Kunstblätter 27, 1983, S. 176 ff.
467 Ch. Kosegarten, Meine Freuden in Sachsen, Leipzig 1801, S. 166.
468 Seling (wie Anm. 122) S. 159 ff.
469 Catalogue des tableaux de la Galerie electorale à Dresde, Dresden 1765. – Verzeichniß der Gemälde in der Churfürstl. Gallerie in Dresden, Leipzig 1771. – Vgl. Th. Distel, Zur Geschichte der Kataloge der K. Gemäldegalerie in Dresden, in: Kunstchronik N. F. 7, 1895/96, S. 341 f.
470 Seling (wie Anm. 122) S. 202 ff. – V. Plagemann, Das deutsche Kunstmuseum 1790–1870, München 1967, S. 15 ff.
471 wie Anm. 435. 472 wie Anm. 273 und 410.

LITERATURVERZEICHNIS

Arnold, Paul: Das Münzkabinett Dresden. In: Commission Internationale de Numismatique, Compte rendu 30, 1983, S. 34–39.

Berge, Rudolf: Das Schicksal der Dresdner Kunstkammer. In: Dresdner Anzeiger, Wissenschaftliche Beilage 10, 1933/1, S. 1 f.

von Berger, Johann Wilhelm: De monimentis veteribus Musei Dresenensis Regii praefatus, Wittenberg 1745.

Beutel, Tobias: Chur-Fürstlicher sächsischer stets grünender hoher Cedern-Wald ... oder Kurtze Vorstellung der Chur-Fürstl. Sächs. Hohen Regal-Wercke, nehmlich: Der Fürtrefflichen Kunst-Kammer, und anderer ... Dinge allhier bey der Residentz Dresden, Dresden 1671. 2. Aufl. 1683. 3. Aufl. 1703.

Beschreibung des Grünen Gewölbes in Dreßden, Leipzig 1737. 2. Aufl. 1739. Abdruck: Curiosa Saxonica 1737, S. 306–320. 3. Aufl. 1749 unter dem Titel: Neu-vermehrte Beschreibung des Grünen Gewölbes, Dresden 1749.

von Boetticher, Friedrich: Der Dresdner Bilderraub im Jahre 1788, Riga/Dresden 1859.

Böttiger, Carl August: Über die Dresdener Antiken-Galerie, Dresden 1814. Auch in: C. A. Böttiger, Kleine Schriften, Bd. 2, Dresden/Leipzig 1838, S. 25–52.

Clodius, Heinrich Jonathan: Kurtzgefaßte Historische Nachricht von der ehemaligen und gegenwärtigen Einrichtung der Königl. und Churfürstl. Sächß. Bibliothec zu Dreßden, Dresden/Warschau 1763.

Daßdorf, Karl Wilhelm: Beschreibung der vorzüglichsten Merkwürdigkeiten der Chf. Residenzstadt Dresden, Dresden 1782.

Distel, Theodor: Zur Geschichte der Kataloge der K. Gemäldegalerie in Dresden. In: Kunstchronik N. F. 7, 1895/96, S. 341 f.

Dittrich, Christian: Der »Rembrand Graveur« des Johann Heinrich von Heucher. In: De Kroniek van het Rembrandthuis 25, 1971, Nr. 3/4, S. 53–73.

– Zur Geschichte der Sammlung von Zeichnungen im Dresdner Kupferstich-Kabinett. In: Die Albertina und das Dresdner Kupferstich-Kabinett, Dresden 1978, S. 19–22.

– Heinecken und Mariette. Eine Untersuchung zur Erwerbungspolitik des Dresdener Kupferstich-Kabinettes im zweiten Drittel des 18. Jahrhunderts. In: Jahrbuch der Staatlichen Kunstsammlungen Dresden 13, 1981 (1984), S. 43–66.

– Die Zeichnungssammlung Gottfried Wagner. In: Jahrbuch der Staatlichen Kunstsammlungen Dresden 19, 1987 (1989), S. 7–38.

Ebert, Friedrich Adolf: Geschichte und Beschreibung der kgl. öffentlichen Bibliothek zu Dresden, Leipzig 1822.

von Ehrenthal, Max: Führer durch das K. Historische Museum zu Dresden, Dresden 1896. 3. Aufl. 1899.

– Führer durch die K. Gewehr-Galerie zu Dresden, Dresden 1900.

Eilenburg, Christian Heinrich: Kurzer Entwurf der Königlichen Naturalienkammer zu Dresden, Dresden/Leipzig 1755.

Erbstein, Albert: Beschreibung des K. Historischen Museums und der K. Gewehr-Galerie zu Dresden, Dresden 1889. 2. Aufl. 1892.

Erbstein, Julius und Albert: Das K. Grüne Gewölbe zu Dresden, Dresden 1884. 4. Aufl. 1906.

Fichtner, Fritz: Von der kurfürstlichen Kunstkammer zur Staatlichen Porzellangalerie im Zwinger. Sonderabdruck aus: Berichte der Deutschen Keramischen Gesellschaft 20–22, 1939–41.

Fischer, Walther: Mineralogie in Sachsen, Dresden 1939.

– Das ehemalige Bernsteinkabinett im Dresdner Zwinger. In: Dresdner Anzeiger, Wissenschaftliche Beilage 9, 1932/44, S. 175 f.

– Augusts des Starken letzte große museale Erwerbung: Das Modell des Salomonischen Tempels im Dresdner Zwinger. In: Dresdner Anzeiger 1933 Nr. 10 (10. 1.) S. 5; Nr. 21 (21. 1.) S. 5.

von Friesen, Hermann Freiherr: Ein Beitrag zur Geschichte der Dresdner Gemälde-Gallerie. In: Neues Archiv für Sächsische Geschichte und Altertumskunde 1, 1880, S. 315–333.

Glaser, Gerhard: Das Grüne Gewölbe im Dresdener Schloß. Diss. TU Dresden 1974.

– Das Grüne Gewölbe im Dresdener Schloß ... In: Jahrbuch der Staatlichen Kunstsammlungen Dresden 12, 1980 (1983), S. 21–67.

Graesse, Johann Georg Theodor: Beschreibender Catalog des K. Grünen Gewölbes zu Dresden, Dresden 1872. 5. Aufl. 1881.

– Beschreibender Catalog der K. Porzellan- und Gefäß-Sammlung zu Dresden, Dresden 1873.

Haenel, Erich: Der alte Stallhof in Dresden (Geschichtliche Wanderfahrten 50), Dresden 1937.

Hantzsch, Viktor: Beiträge zur älteren Geschichte der kurfürstlichen Kunstkammer zu Dresden. In: Neues Archiv für sächsische Geschichte und Altertumskunde 23, 1902, S. 220–296.

Hasche, Johann Christian: Umständliche Beschreibung Dresdens, 2 Bde, Leipzig 1781 und 1783.
von Heinecken, Carl Heinrich: Recueil de quelques desseins de plusieurs habiles Maîtres tirès du Cabinet de S. E. Msgr. le Prem. Ministre Comte de Brühl, Dresden 1752.
– Recueil d'Estampes gravées d'aprés les tableaux de la Galérie et du cabinet S. E. M. le Comte de Brühl, Dresden 1754.
– Recueil d'estampes d'après les Tableaux originaux de la Galerie royale, 2 Bde, Dresden 1753 und 1757.
– Idée générale d'une Collection d'Estampes, Leipzig/Wien 1771.
Hempel, Eberhard: Der Dresdner Zwinger, Leipzig 1964.
Heres, Gerald: Zur ersten Aufstellung der Mengsschen Abgußsammlung. In: Dresdener Kunstblätter 23, 1979, S. 53–56.
– Das Grüne Gewölbe im Urteil der Goethezeit. a. O S. 87–94.
– Gloria Dresdensis: Dresdens Ruhm in der Goethezeit. In: Jahrbuch der Staatlichen Kunstsammlungen Dresden 10, 1976/77 (1980), S. 7–27.
– Die museale Aufstellung der Kabinettstücke Dinglingers im Grünen Gewölbe. In: Dresdener Kunstblätter 25, 1981, S. 25–31.
– »Zur Ewigen Schande der Preußischen Unmenschlichkeit«. Schicksale der Dresdener Kunstkammer im Siebenjährigen Krieg. a. O. S. 101–107.
– Die Dresdener Sammlungen in Keyßlers »Neuesten Reisen«. In: Jahrbuch der Staatlichen Kunstsammlungen Dresden 11, 1978/79 (1982), S. 101–116.
– Besuch und Besucher der Dresdener Kunstsammlungen zur Goethezeit. In: Dresdener Kunstblätter 26, 1982, S. 145–149.
– Longuelunes Museumsprojekt und die Mineraliengalerie im Zwinger. a. O. S. 145–149.
– Der Zwinger als Museum: Aufstellung und Ausstattung der Sammlungen im 18. Jahrhundert. In: Jahrbuch der Staatlichen Kunstsammlungen Dresden 12, 1980 (1983), S. 119–133.
– Zur Entstehungsgeschichte von Leplats Tafelwerk ›Recueil des marbres antiques‹. In: Dresdener Kunstblätter 27, 1983, S. 39–42.
– Der erste Umbau des Dresdener Stallgebäudes im Lichte der Engelbrechtschen Architekturstiche. In: Jahrbuch der Staatlichen Kunstsammlungen Dresden 13, 1981 (1984), S. 103–107.
– August der Starke und die Reorganisation der Dresdener Sammlungen. In: Dresdner Hefte 1984/3 (Beiträge zur Kulturgeschichte 3), S. 48–58.
– Zur Aufstellung der Dresdener Rüstkammer im 18. Jahrhundert. In: Jahrbuch der Staatlichen Kunstsammlungen Dresden 16, 1984 (1987), S. 71–74.
– Die Dresdener Sammlungen zwischen 1733 und 1763. In: Dresdner Hefte 1987/1 (Beiträge zur Kulturgeschichte 11), S. 52–59.
– Eine Denkschrift über die Dresdener Kunstkammer von 1730. In: Jahrbuch der Staatlichen Kunstsammlungen Dresden 17, 1985 (1988) S. 31–33.
– Winckelmanns Beschreibung der Dresdener Gemäldegalerie. In: Dresdener Kunstblätter 32, 1988, S. 66–72.
– Tendenzen der Aufklärung im Dresdener Museumswesen. Zu einer Denkschrift des Oberkammerherrn Graf Vitzthum von Eckstädt aus dem Jahre 1771. In: Dresdner Hefte 1988/6 (Beiträge zur Kulturgeschichte 16), S. 57–64.
Heyn, Konrad: Aus den Fremdenbüchern der Dresdner Kunstkammer. In: Mitteilungen aus den K. S. Kunstsammlungen 6, 1915, S. 72–83.
– Graf Francesco Algarotti und seine Beziehungen zur Dresdner Gemäldegalerie. In: Neues Archiv für sächsische Geschichte und Altertumskunde 34, 1913, S. 272 ff.
Holzhausen, Walter: Lage und Rekonstruktion der kurfürstlichen Kunstkammer im Schloß zu Dresden. In: Repertorium für Kunstwissenschaft 48, 1927, S. 140–147.
– Die Bronzen der kurfürstlich sächsischen Kunstkammer zu Dresden. In: Jahrbuch der Preußischen Kunstsammlungen 54, 1933, Beiheft S. 45–88.
– Die Bronzen Augusts des Starken. In: a. O. 60, 1939, S. 157–186.
Hübner, Julius: Verzeichniss der K. Gemälde-Gallerie zu Dresden, Dresden 1856. 5. Aufl. 1880.
Jaacks, Gisela: Abbild und Symbol. Das Hamburger Modell des Salomonischen Tempels, Hamburg 1982.
Keyßler, Johann George: Neueste Reisen durch Teutschland, Böhmen, Ungarn, die Schweiz, Italien und Lothringen, Hannover 1741. 2. Aufl. 1751.
Klemm, Gustav: Zur Geschichte der Sammlungen für Wissenschaft und Kunst in Deutschland, Zerbst 1837. 2. Aufl. 1838.
Kusnezow, Juri I.: Die Zeichnungen-Sammlung des Grafen Brühl. In: Zeichnungen alter Meister aus der Ermitage zu Leningrad: Die Sammlung Brühl, Dresden 1972, S. 8 f.
Lehmann, Georg: Der Prozeß gegen Karl Heinrich von Heinecken und Genossen. In: Neues Archiv für sächsische Geschichte und Altertumskunde 25, 1904, S. 264–295.

Lehninger, Johann August: Abrégé de la vie des peintres, dont les tableaux composent la Galerie électorale de Dresde, Dresden 1782.

Leplat, Raymond: Recueil des marbres antiques qui se trouvent dans la Galerie Royale du Roy de Pologne à Dresde, Dresden 1733.

Lieber, Elfriede: Verzeichnis der Inventare der Staatlichen Kunstsammlungen Dresden 1568–1945, Dresden 1979.

Lipsius, Johann Gottfried: Beschreibung der Churfürstlichen Antiken-Galerie in Dresden, Dresden 1798. Tafelband 1803.

Ludwig, Christian Gottlieb: Terrae Musei regii Dresdensis ... accedunt terrarum sigillatarum figurae, Leipzig 1749.

Marx, Harald: Vom Residenzschloß ins Stallgebäude am Neumarkt. In: Dresdener Kunstblätter 23, 1979, S. 44–52.

– Pierre Jean Mariette und Dresden. a. O. S. 77–87.

– »Die Mißbilligung aller Kunst- und Vaterlandsfreunde« oder: Schlimme Folgen guten Geschmacks. In Dresdener Kunstblätter 34, 1990, S. 9 ff.

Matthäy, Johann Gottlob: Verzeichnis der im K. S. Mengs'ischen Museum enthaltenen antiken und modernen Bildwerke in Gyps, Dresden 1831.

Menz, Henner: Kunstkammer und Gemäldegalerie in Dresden und der Gedanke der Sammlungseinheit. In: Dresdener Kunstblätter 29, 1985, S. 162–167.

Menzhausen, Joachim: Die zweite Bauperiode des Grünen Gewölbes 1727–1730. In: Jahrbuch der Staatlichen Kunstsammlungen Dresden 8, 1970/71 (1973), S. 117 ff.

– Dresdener Kunstkammer und Grünes Gewölbe, Leipzig 1977.

Müller, Walter: Der erste Inspektor der Dresdner Abgußsammlung. Zur Erinnerung an Johann Gottlob Matthaey. In: Dresdner Nachrichten 1932, 11.6., S. 5.

Murray, David: Museums, their History and their Use, 3 Bde, Glasgow 1904.

Neickelius, Caspar Friedrich: Museographia, Leipzig 1727.

Niedner, Carl: Der sächsische Kabinettsminister Graf A. Chr. v. Wackerbarth und die K. Gemäldegalerie in Dresden. In: Neues Archiv für sächsische Geschichte und Altertumskunde 31, 1910. S. 86–99.

Oelsner, Norbert und Prinz, Henning: Zur politisch-kulturellen Funktion des Dresdner Residenzschlosses vom 16. bis 18. Jahrhundert. In: Sächsische Heimatblätter 31, 1985, S. 241–254.

Pichelkastner, Eleonore: Die Rekonstruktion der Dresdner Kunstkammer. In: Jahrbuch 1960 der Staatlichen Kunstsammlungen Dresden S. 33–38.

Pötsch, Christian Gottlieb: Kurze Beschreibung des Naturalienkabinetts in Dresden, Dresden 1805. 2. Aufl. 1811.

Posse, Hans: Die Briefe des Grafen Francesco Algarotti an den sächsischen Hof und seine Bilderkäufe für die Dresdner Gemäldegalerie 1743–1747. In: Jahrbuch der Preußischen Kunstsammlungen 52, 1931, Beiheft S. 1–73.

Raumschüssel, Martin: Die Dresdener Sammlung antiker Skulpturen im 18. Jahrhundert. In: Glyptothek München 1830–1980, München 1980, S. 354–359.

– Die Antikensammlung Augusts des Starken. In: Antikensammlungen im 18. Jahrhundert (Frankfurter Forschungen zur Kunst 9), Berlin (West) 1981, S. 169–186.

Reichel, Friedrich: Berühmte Gäste der Porzellansammlung zur Goethezeit. In: Dresdener Kunstblätter 27, 1983, S. 176–182.

Riedel, Johann Anton und Wenzel, Christian Friedrich: Catalogue des tableaux de la galerie electorale à Dresde, Dresden 1765.

– Verzeichniß der Gemälde in der Churfürstlichen Gallerie in Dresden, Leipzig 1771.

Sächsische Landesbibliothek Dresden 1556–1956. Festschrift zum vierhundertjährigen Bestehen, Leipzig 1956.

Scherer, Valentin: Deutsche Museen, Jena 1913.

Schmidt, Otto Eduard: Minister Graf Brühl und Karl Heinrich von Heinecken (Schriften der sächsischen Kommission für Geschichte 25), Leipzig 1921.

Schramm, Carl Christian: Neues Europäisches Reise-Lexicon, Leipzig 1744.

von Seidlitz, Woldemar: Die Schicksale der Dresdner Gemäldegalerie während des Siebenjährigen Kriegs. In: Dresdner Geschichtsblätter 4, 1895, S. 184–187.

Seling, Helmut: Die Entstehung des Kunstmuseums als Aufgabe der Architektur, phil. Diss. Freiburg i. B. 1952 (Maschinenschrift).

Singer, Hans Wolfgang: Unika und Seltenheiten im K. Kupferstich-Kabinett zu Dresden, Leipzig 1911.

Sponsel, Jean Louis: Kabinettstücke der Meißner Manufaktur, Leipzig 1900.

Stübel, Moritz: Christian Ludwig von Hagedorn. Ein Diplomat und Sammler des 18. Jahrhunderts, Leipzig 1912.

– Dresdner Sammler des 18. Jahrhunderts. In: Das Sammler-Cabinet 3, 1924/25, Heft 10, S. 1–6.

– Deutsche Galeriewerke und Kataloge des 18. Jahrhunderts. In: Monatshefte für Bücherfreunde 1, 1925, S. 247 ff. 301 ff.

– Raffaels Sixtinische Madonna, Dresden 1926.
Vierhundet Jahre Dresdener Kunstsammlungen. Von der kurfürstlichen Kunstkammer zu sozialistischen Bildungsstätten des Volkes. Ausstellung zur 400-Jahr-Feier der Dresdener Kunstsammlungen 1560–1960, Dresden 1960.
Walther, Angelo: Die Sixtinische Madonna. In: Raffael zu Ehren, Dresden 1983, S. 7–21. 68–71.
von Watzdorf, Erna: Johann Melchior Dinglinger. Der Goldschmied des deutschen Barock, 2 Bde, Berlin (West) 1962.
Weck, Anton: Der Chur-Fürstlichen Sächsischen weitberufenen Residentz- und Haupt-Vestung Dresden Beschreib- und Vorstellung, Nürnberg 1680.
Weinart, Benjamin Gottfried: Topographische Geschichte der Stadt Dresden ..., Dresden 1777.
Winckelmann, Johann Joachim: Briefe, Bd. 1, hrsg. W. Rehm, Berlin (West) 1952.
– Kleine Schriften – Vorreden – Entwürfe, hrsg. W. Rehm und H. Sichtermann, Berlin (West) 1968.
Woermann, Karl: Katalog der Königlichen Gemäldegalerie zu Dresden, Dresden 1887. 7. Aufl. 1908.
Zimmermann, Ernst: Führer durch die Staatliche Porzellansammlung zu Dresden, 2. Aufl. Dresden 1928.
Zimmermann, Konrad: Vorgeschichte und Anfänge der Dresdener Skulpturensammlung. In: Die Dresdener Antiken und Winckelmann (Schriften der Winckelmann-Gesellschaft 4), Berlin 1977, S. 9–32.

REGISTER

Fotonachweis

Sächsische Landesbibliothek Dresden, Abt. Deutsche Fotothek: Seiten 9, 11, 13, 14, 15, 16/17, 31, 32, 44, 45, 46, 50, 53, 55, 56, 58, 59, 60, 65, 66, 68, 69, 85, 86, 87, 88, 94, 99, 102, 103, 104, 112, 115, 117, 118, 123, 126, 132, 138, 143, 144, 147, 148, 150, 155, 156, 159, 161, 162, 198, 205, 206
Staatliche Kunstsammlungen Dresden: Seiten 12, 49, 57, 72, 84, 100, 101, 113, 116, 120, 121, 122, 123, 127, 129, 151, 152, 154, 174, 199
Jürgen Karpinski, Dresden: Seiten 22, 23, 90, 91, 163, 164, 165, 170, 177, 178, 179, 180, 181, 182, 183, 185, 187, 189, 192, 193, 194, 195, 196, 197, 202
Institut für Denkmalpflege Dresden: Seiten 24, 51, 54, 61, 62, 136, 137, 145, 146, 149
Staatsarchiv Dresden: Seiten 37, 41, 42, 43, 46, 49, 80, 81, 82, 90, 96, 142
Klaus G. Beyer, Weimar: Seite 77
Constantin Beyer, Weimar: Seite 83
Christoph Sandig, Leipzig: Seite 207
Die übrigen Vorlagen entnahmen wir unserem Verlagsarchiv.

Veröffentlicht unter der
Lizenz Nr. 460
Gestaltung: Hans-Jörg Sittauer
Satz und Druck: Interdruck Leipzig GmbH
Printed in Germany
Best.-Nr. 505 985 8